浙江经贸职业技术学院

省级示范性高职院校建设项目——市场营销专业建设成果

营销团队协作

主　编　张志乔　潘茜茜

副主编　李艳军　杜　江　何雪英

浙江工商大学出版社
ZHEJIANG GONGSHANG UNIVERSITY PRESS
·杭州·

图书在版编目(CIP)数据

营销团队协作 / 张志乔,潘茜茜主编. — 杭州:浙江工商大学出版社,2012.7(2019.7 重印)
ISBN 978-7-81140-517-0

Ⅰ. ①营… Ⅱ. ①张…②潘… Ⅲ. ①企业管理—市场营销学—高等职业教育—教材 Ⅳ. ①F274

中国版本图书馆 CIP 数据核字(2012)第 095877 号

营销团队协作
YINGXIAO TUANDUI XIEZUO
张志乔　潘茜茜 主编

责任编辑　任晓燕
封面设计　刘　韵
责任印制　包建辉
出版发行　浙江工商大学出版社
(杭州市教工路 198 号　邮政编码 310012)
(E-mail:zjgsupress@163.com)
(网址:http://www.zjgsupress.com)
电话:0571-88904980,88831806(传真)
排　　版　杭州朝曦图文设计有限公司
印　　刷　虎彩印艺股份有限公司
开　　本　787mm×960mm　1/16
印　　张　18.5
字　　数　303 千
版 印 次　2012 年 7 月第 1 版　2019 年 7 月第 3 次印刷
书　　号　ISBN 978-7-81140-517-0
定　　价　38.00 元

浙江工商大学出版社营销部邮购电话　0571-88904970

前　言

市场经济条件下，市场营销工作至关重要，市场营销工作的方方面面需要团队协作来完成。团队协作能力是高等职业学院市场营销专业学生的拓展能力之一，团队协作与管理训练为学生就业后担当营销员、主管、经理等管理职位，做好了职业准备和铺垫。

本教材以学生就业和职业发展为导向，以能力训练为主旨，精选学习项目，优化教学模式，全书共分 7 个学习项目，16 个训练任务，4 个参考学习任务。其中 16 个训练任务均按“任务要求、任务分析、实施准备、实施步骤、效果评价、点评交流”6 个板块进行“学、做一体化”设计，后续的相关知识为学生完成该项任务提供理论支撑和学习参考，课后实训练习引导学生巩固、拓展课堂所学知识和技能。教材内容的安排兼顾一般岗位、基层主管、中层管理岗位对协作能力的需求，支撑学生初次就业岗位及职业生涯发展的需要。

项目一至六着重培养学生团队协作的单项技能，项目七以典型案例介绍营销团队的协作过程，设计为 4 个参考学习任务。

本书参考学时为 32—48 学时，建议采用“任务驱动、学做合一”的教学模式，各项目的参考学时见下表。

项　　目	课 程 内 容	学　　时
项目一	团队及角色认知	4—6
项目二	团队执行力	4—6
项目三	工作沟通与协调	6—10
项目四	团队领导力	6—8
项目五	团队激励	4—6
项目六	团队绩效管理	4—6
项目七	营销团队协作案例评析	4—6
课 时 总 计		32—48

本教材由浙江经贸职业技术学院张志乔、潘茜茜任主编，李艳军、杜江、何雪英任副主编。张志乔编写了项目三，潘茜茜编写了项目四、项目五，李艳军编写了项目一、项目二的任务一和任务二，杜江编写了项目六、项目二的任务三，何雪英编写了项目七。最后由张志乔、潘茜茜统稿。此外，杭州大厦的汪晶、杭州传化日用品有限公司的于泳洋对本书写作提出了宝贵意见，在此深表感谢。

由于时间仓促，书中难免有不妥之处，恳请读者批评指正。

编　者

2011 年 12 月

目　　录

项目一 团队及角色认知

知识目标

- ◆ 掌握高效团队的特征；
- ◆ 熟悉团队成员的组成及分工；
- ◆ 掌握团队不同角色的特征；
- ◆ 了解团队角色与组织角色的区别；
- ◆ 熟悉团队及工作组的区别。

技能目标

- ◆ 能初步建立团队；
- ◆ 能理解自己在团队中的角色并充分表达自己的意愿；
- ◆ 会运用贝尔宾团队角色自测问卷进行角色认知；
- ◆ 会根据简单任务对团队成员进行初步分工；
- ◆ 会分析成员性格特征，对团队成员进行角色定位。

任务一　团队认知

任务引入

"team"一词在英文词典中有明确的意思，意指"（游戏或体育运动的）队、团队、工作组"。但是，仅仅因为一同工作的人聚在一起共享午餐或者彼此相处得很好并不能就此构成一支真正意义上的团队，即使有些管理人员美其名曰“团队”，也是名不副实的。

一、任务要求

查阅资料（教材、期刊、网络等）、企业访谈，完成以下事项：

1. 在教师引导下完成教师预设的团队认知游戏。
2. 完成团队认知游戏后的讨论及理论学习。
3. 完成后面的案例分析及实训练习。
4. 小组内分工协作完成任务。

二、任务分析

团队中的“团队”＝群队中的“一群人”吗，是什么使得“团队”比同样的“一群人”可以创造出更多的东西？本次任务就将说明这一点。本次任务以游戏参与、学生自主分析解决问题为主线，教师协助辅导，点评中引出相关理论知识，让学生在角色演练过程中更好地认知团队与群队的不同。

三、实施准备

1. 材料准备：气球或皮球。
2. 场地准备：篮球场大小的场地。
3. 学生 4—6 人一组，确定管理人员（组长）1 名，分工协作。

四、实施步骤

1. 用气球或皮球进行类似足球的比赛，组织者为比赛设立简单的规则。组织者可以与参与者一起商量这些规则，这些规则可以随着实际空间和时间而调整。

2. 将参与者分成几个 4—6 人的小组。半数小组称作“群队”，另外半数小组称为“团队”。群队 1 将与团队 1 比赛，群队 2 将与团队 2 比赛，依次类推。相互竞争的两队的人数相同，而且每一个群队对应着一个团队。

3. 团队中的每个人都有 15 分钟的机会为马上开始的竞赛作战略规划，并安排每个人的角色。在这段时间内不允许群队的人以整体的小组形式互相接触。可以把所有群队的人随便集中在房间的一角，或者干脆让他们在房间外稍事休息。

4. 随着一声哨响，比赛开始。

注意：这个游戏最好分几场进行，每场不超过 5 分钟。每场结束时，迅速将比分记录下来。通过几场比赛，观察比赛结果。当所有场次比赛结束后，讨论为什么会出现上述结果。

组织者应该尽量保证团队和群队在能力方面是匹配的，通过掷硬币或者其他随机分配的方法，将参与者安排到各个小组中去。

讨论、点评交流：

(1)群队与团队有什么不同？

(2)接近真实的“足球队”怎样胜过群队（至少在几场比赛中），这有助于团队击败群队吗？

(3)群队应怎样变成一个团队？

五、效果评价

对学生的学习过程及完成质量给予评价，见表 1-1。小组成绩主要考核团队整体的完成情况，个人部分主要考核个人的执行情况。

表 1-1　团队认知训练评价表

小组序号：			学生姓名：　　　　学号：		
小组成绩（教师评价或小组互评，结合“游戏过程表现＋交流汇报表现”）			个人最终成绩：游戏过程表现＋交流汇报表现		
任务及标准	满分	得分	项目及标准	满分	得分
团队规则讨论	5		团队规则讨论	20	
游戏过程表现	10		个人角色及执行	20	
团队认知讨论陈述	10		团队认知发言	20	
群队认知讨论陈述	10		群队认知发言	20	
讨论及合作情况	5		团队协作表现	20	
合计	40		合计	100	
评价者：			评价者：		
评价时间：　　年　　月　　日			评价时间：　　年　　月　　日		

六、点评交流

学做合一的教学模式，学生每次完成学习任务，教师及时组织交流，重点点评，穿插引出相关理论知识及下一步要进行的内容，启发学生积极思考，较好地完成本次学习任务。

大家可以从游戏的结果深刻体会到群队不同于团队，是什么使得团队比同样的群队可以创造出更多的东西。

相关知识

第二次世界大战后，日本经济迅速腾飞，创造出令世界各国关注的“经济奇迹”。管理界的研究者发现了一个重大的秘密：日本企业强大竞争力之根源正是在于其强大的“团队合力”。这种团队型的先进管理模式不仅使得日本在激烈的竞争和危机中安然无恙，而且也使其跃居世界经济强国之列，并对美国的经济霸主地位提出了强有力的挑战！

正是在这样的背景下，受到冲击最大的美国于 20 世纪 70 年代末以及 20 世纪 80 年代初两度派出专家和企业家前往日本研究和学习，“团队文化”理论也正是在日本经济的崛起和美国人的反思中兴起的。由此人们认识到，在 20 世纪 80 年代以前，西方的企业突出强调个人业绩，其同事间容易产生冲突，影响了生产效率，增加了员工流动率。目前，团队文化正在深刻改变着西方企业的面貌，也正在成为信息时代的企业所需要的一种基本文化。

从一定意义上讲，团队协作与管理正在成为管理学的一个新的分支学科，学习和研究团队科学有着广阔的发展前景。学习团队建设与管理知识，对于变革企业的工作方式以及经营模式，适应快速变化的经营环境，有着重要的实践意义。中国改革开放的不断深入和中国加入世界贸易组织后与国际的全面接轨，都为搞好团队建设与管理创造了巨大的需求空间和机遇。

一、团队的含义和特征

相信每个人都明白“队”的含义。在学校里，如果你当选过足球队队长或者在学校的橄榄球队、篮球队、棒球队效过力，你就会立即明白需要各个成员协作的“队伍”意味着什么。

当然，即使是成年人也喜欢看球队打球。人们总会不计他们所热爱的球队的成败而始终为其加油助威。球队是什么？它们就是体育运动的灵魂。然而，对于大多数人而言，“团队”的概念仅限于这种体育运动中的队伍模式。

如今，公司员工在一起工作又构成另一种“团队”的模式。人们置身于不同的团队中，朝九晚五地上下班，无论在私人还是在公共组织中，这种现象已形成一股潮流。

不过，一谈起工作，我们就可以抛开大多有关体育的类比了。因为并非每个人都喜爱运动，更不能苛求每个人都会成为狂热的球迷，更重要的是人们加入团队工作不同于择队打球，团队的工作目标较之打球击败对手这一单纯的目的更为广泛。

事实上，只要你想象一下工作中的商业环境马上就会意识到将体育运动与之类比是不能成立的。试想，在 NBA 这样的职业联赛中，有希望成为球员的运动员必须通过相互竞争才能在球队中获得一席之地。尽管这些职业运动员身着统一的球衣在比赛中配合出色，他们也必须在每场比赛中努力打拼，竭力证明自己仍有继续留在球队中的价值。这就是人人所见的现实且明显的竞争。

当然并不是说员工间就不存在竞争，事实上员工间的竞争同样是充分而激烈的。只不过，直接去要求团队中员工相互竞争终会有损于团队的团结。成功的工作团队中，其团队成员必须做到密切配合、精诚合作，做到这一点并不容易。

（一）团队的含义

工作团队是为完成同一目标共同分担责任，有组织地在一起工作的一组人。这个定义有三个要素：一是组织人们一同工作。这些员工要像左右手一样可以完美配合，天衣无缝。二是有共同的目标。团队成员一同工作就是为了达到同一个终极目的。三是分担责任。这意味着在完成团队使命的过程中，团队中的每一个成员将承担相同的责任。

（二）团队的特征

1. 不确定性。如果把团队看做一种“机构”，则它的组建、调整和撤销需要根据组织的实际情况决定，甚至随时会有变更。而由一般群体构成的职能部门则是一个稳定的机构，其成员的角色很难变化，变化的只是其中的某些人员，正所谓“铁打的营盘流水的兵”。

2. 职责明确。团队对其中的每个成员的工作职责范围划分很明确，并且规定了信息的出口和入口，有严格的工作流程。一般群体则是部门职能很清楚，而每位成员的具体工作往往由部门经理随意安排。

3. 没有等级区别。在团队之中，没有科层制即等级制，也没有领导者或管理他人的人，只有"团队协调人"。团队协调人既可以由组织任命，也可以由团队成员选举产生。群体则有部门经理，且部门经理一般很难更换。团队协调人没有命令团队其他成员工作的权力，只是在团队内部发生冲突和团队对外交往时起到调解人的作用。而且，团队协调人也有在团队中自己要完成的本职工作。此外，团队协调人与团队的其他成员关系平等，他并不一定是团队中待遇最高的成员；与其他成员相比，他没有任何额外津贴。

4. 成员都具有决策权。团队中的成员要对自己的岗位负责，因而都拥有一定的决策权，可以直接向组织的决策层反映意见。而在一般群体中，成员往往听从本部门管理者的工作安排，成员有意见往往只能反映到部门经理那里，很难直达决策层。

5. 信息沟通充分。在团队之中，信息沟通的方向是平行的。而一般群体的信息沟通是依据组织的层级结构，按"自下而上"，再"自上而下"的垂直方向进行。

6. 有利于组织取得效益。与上一特点相关，在一个组织的团体之中没有内耗，成员们"马不扬鞭自奋蹄"，组织的高层领导人需要直接处理的事情很少，因而能够把精力集中在本组织重要问题的处理和重大决策上。可以说，团队的这种格局与现代组织的扁平化趋势是一致的，非常有利于组织取得效益。

二、团队构成要素

团队的构成有几个重要的因素，管理学家把它们总结为"五个 P"。

(一)目标(Purpose)

每个团队都应该有一个既定的目标，这可以为团队成员们导航，使其知道向何处去。没有目标的团队是没有存在意义的。

(二)人员(People)

个人是构成团队的细胞。一般来说，三个人以上就能构成团队。团队目标是通过其成员来实现的。因此，人员的选择是团队建设与管理中非常重要的部分。

(三)团队定位(Place)

团队的定位包含两层意思:一是团队整体的定位,包括团队在组织中处于什么位置,由谁选择和决定团队的成员,团队最终应该对谁负责,团队采取什么方式激励下属等;二是团队中个体的定位,包括成员在团队中扮演什么角色,是指导成员制订计划还是帮助其具体实施或评估等。

(四)职权(Power)

团队的职权取决于两个方面:一是整个团队在组织中拥有什么样的决定权;二是组织的基本特征,例如,组织的规模有多大,业务是什么等。

(五)计划(Plan)

从团队的角度看,计划包括两层含义:一是由于目标的最终实现需要一系列具体的行动方案,因此,可以把计划理解成目标的具体工作程序;二是按计划保证团队的工作顺利进行,只有在计划的规范下,团队才会一步步地贴近目标,从而最终实现目标。

三、团队的类型

(一)问题解决型团队

在团队出现的早期,大多数团队属于问题解决型,由同一个部门的若干名员工临时聚集在一起而组成。他们每周都聚会,一起讨论如何提高产品质量、增加生产效率、改进工作程序和工作方法等问题,互相交换看法或提供建议。但是,这些团队没有对自己形成的意见和建议单方面采取行动的决策权。

问题解决型团队应用最广泛的类型,是“质量圈”(QC)或“全面质量管理小组”(TQC)。

(二)自我管理型团队

问题解决型团队在员工参与决策方面权力缺乏、功能不足。为了弥补这种缺陷,就需要建立能独立自主地解决问题,并对工作的结果承担全部责任的团队,即自我管理型团队。

自我管理型团队的人数通常为10—15人,他们承担了一些原本是上级所承担的责任。一般来说,他们的责任范围包括控制工作的节奏,决定工作任务的分配。这种自我管理型团队甚至可以自由组合，并让成员相互绩效评估，这就使得主管人员的重要性相应下降，甚至可能会取消主管人员的职位设置。

需要注意的是，自我管理型团队并不一定带来积极的效果。例如，其缺勤率和流动率偏高。这就说明，自我管理型团队形式的采用有一定的范围限制，需要具备一定的条件。

(三)多功能型团队

多功能型团队通常是由来自同一等级、不同工作领域、跨越横向部门界限的员工组成的，他们聚集在一起的目的就是完成一项特定的任务。可以说，盛行于今天的项目管理与多功能型团队有着内在联系。

多功能型团队是一种有效的形式，它能使组织内(甚至组织之间)不同领域的员工互相交换信息，激发出新的观点，协调复杂的项目，解决面临的问题。但是，多功能型团队的组成不是“野餐聚会”，而是有其“硬任务”。在其形成的早期阶段往往要消耗大量的时间来使团队成员学会处理复杂的工作任务，使背景、经历和观点不同的成员之间建立起相互信任的关系。

(四)虚拟型团队

随着通信技术的普遍应用，一种新型的团队形式应运而生，这就是所谓的虚拟型团队。虚拟型团队是一种以虚拟组织形式出现的新型工作组织模式，是一些因共同理想、共同目标或共同利益而结合在一起的团队。虚拟型团队只需要通过电话、网络、传真或可视图文来沟通、协调，甚至共同讨论、交换文档，便可以分工完成一份事先拟定好的工作。换句话说，虚拟型团队作为一种新型的组织形式，具有优于传统的实体型团队的特征。

1. 组织资源的最优整合。虚拟型团队大多是跨企业(或是某企业的子公司)，甚至是跨地区、跨国界的组织形式。虚拟型团队以信息技术为支撑，进行跨空间的实时交流，从而完成特定任务，因而组织边界非常宽泛。虚拟型团队在整合团队的各种资源时，要同时在组织内部和跨越组织边界来进行，其资源的选择余地和优化程度就可能非常高。

不仅如此，虚拟型团队的资源整合深度还能达到很高的程度。这种资源整合可以是垂直的，即供应商、自身和顾客的整合，也可以是跨越部门的横向整合，使虚拟型团队成为寻求资源优势组合，实现资源价值，完善资源边界的最佳选择之一。

2. 多元文化的最优整合。虚拟型团队的成员，虽然分散于不同的时间、空间和组织，但他们却是一起完成工作任务。很多虚拟型团队是由不同国籍、不同文化背景、承担不同经营管理职能的个人构成的跨国界团队。虚拟型团队的这种多元文化特征，可以帮助企业员工，特别是组织的经营管理人员和技术人员具有全球化的视野和意识，提高国际知识水平和跨文化交流能力，并使其具备多元文化意识，从而避免公开的和潜在的文化冲突与障碍。

3. 低成本、高效率。虚拟型团队成员的大部分信息交流活动都是借助于互联网和通信技术等来完成的，因此也就减少了公务差旅费、办公与会议场地的租用费等一系列费用。例如，IBM采用虚拟型团队模式减少了世界各地的办公室数量，大幅度节省了费用开销，同时也极大地提高了生产率；惠普公司的统计数量表明，以虚拟型团队方式工作的销售人员，其创利水平是传统销售人员的两倍。

4. 满足成员工作和生活的需求。虚拟型团队的成员可以实现"在家办公"，这有利于帮助成员协调工作和分配闲暇时间，满足组织员工追求高效益工作和高品质生活的双重需要，从而达到提高生产率和提高员工满意度的双重功效。

四、团队与工作组的区别和联系

可以说，"团队"一词脱胎于工作组，又高于工作组。所谓工作组，是指为了实现某个特定目标，有两个或两个以上相互作用、相互依赖的个体的组合。在优秀的工作组中，成员之间有着一种相互作用的机制，他们共享信息，作出决策，帮助在其中的其他成员更好地承担责任、完成任务。这其实已经蕴含着一些"团队"的精神。但是，在工作组中的成员，不存在成员之间的积极的协同机制，因而工作组是不能够使组的总体绩效水平大于个人绩效之和的。

团队为组织创造了一种潜力，能够使组织在不增加投入的情况下，提高产出水平。但组建团队并不能"包治百病"，仅仅把工作组换个称呼，改成工作团队，并不能保证在组织中一定会产生协同作用，提高组织绩效。

（一）团队与工作组的区别（见表1-2）

1. 与团队不同的是，工作组成员相互之间不承担责任，他们也不想做出要求两个或更多小组成员共同努力的有增量的业绩成果，因此就没有业绩增量；而团队既需要个人责任感，又需要相互负责，通过团队成员的共同努力往往能实现业绩增量。而且团队比工作组更依赖于讨论、争论和决策，更依赖于分享信息和交流对最佳经验的看法，更依赖于在业绩水平上的相互提高。

2. 与团队相比，工作组承担较少的风险。工作组在业绩上依赖的是“个人优点”的综合，个人业绩目标和责任，他们绝不寻求需要齐心合力工作的集体工作产品。人们如果选择了团队而不是工作组，就要为建立共同的目的、目标、方法相互负责，并承担必要的发生矛盾冲突的风险和集体行动的风险。

3. 团队的目标更加集中，其成员必须更密切地协作，更侧重于成员应如何交往、如何沟通；工作组的侧重点则是如何实现目标，个人业绩目标和责任。

4. “人数不多”是团队的另一个比较实际的方面。大多数团队只有不到10个人。因为数量较多的人群，尽管有规模上的好处，但作为一个团队却很难相互配合，采取有意的行动，对具体可行的事情常常不易达成共识，而且有后勤方面的问题，如找不到足够大的空间和没有足够多的时间聚到一起。当协同工作崩溃时，这些团队就又回到先前的层级制、结构、政策和办事方法上去了。而在层级结构中广泛运作的工作组受此影响较小，当人数较多时，工作组到达破裂点的时间通常要比团队更迟一些。

5. 工作组中必须有正式的领导。工作组的目标、任务、计划、日程安排都是领导的事。绩优团队中的领导作用是分担的，仍然有正式的领导角色，但那大多数是礼节性的或者是给外人看的。

表 1-2　团队与工作组的区别

工作组	团队
●承担个人责任	●承担个人及共同的责任
●聚会共享信息、交流观点	●经常聚会讨论，作决策，解决问题，订计划
	●注重团队目标
●注重个人目标	●共同出谋划策做好集体工作
●只做好分内工作	●分派每个人的职责、任务以便互相协作完成团队工作，共同分担任务或者替换角色
●分派每个人的职责、任务	
●关注自我成绩和挑战	●团队每位成员的成绩都会受到关注，成员也会留心团队面临的挑战
●由管理人员决定工作目标和策略	●团队领导和成员共同协商确定工作目标和策略

团队与工作组的根本区别在于业绩：工作组主要靠小组成员为小组业绩付出的个人努力；而团队则力求放大了的效果，它作为整体所产生的效益大于

个人能力相加总和，那是团队成员在其个人作用所取得成就上的一个增量。这种选择在很大程度上要取决于个人成就是否能产生集体的业绩成果，或必须有的集体工作产品、技能和相互信任，我们使用“集体工作产品”这种说法时要牢记，任何团队都必须生产某种增大的业绩价值，这种价值大于每个成员的努力。卡曾巴赫和史密斯在对多个工作组和团队做了研究以后，得出这样的结论：“工作组的绩效主要依赖于成员的个人贡献，而团队的绩效则依赖每个人的不同角色和能力而尽力产生的乘数效应。”

（二）团队与工作组的联系

1. 团队和工作组作为新型的应运而生的组织形态，都是对组织常规构成形态的破坏性再造应用形式，一个优秀工作组，就像一支团队，能从明确的目的和该如何评价业绩的共识中得到好处。

2. 规模大的工作组可以作为延伸了的团队发挥作用，即处于核心的一支真正的团队，延伸了团队强有力的作用。核心团队延伸给工作组的好处是通过促使工作组下面的小组建立重要的相关业绩目标，然后帮助其更有效地影响整个工作组的业绩。

3. 无论是工作组还是团队，都包括两个互相作用、互相渗透的流程：维护关系和履行任务。这两个流程都能够为企业建立一种富有创造力、实现组织目标并能够充分施展个人空间的生存与发展生态，也是企业面对竞争压力、提高效率、增强企业的柔性、整合多种人力资源、进行企业扁平化的选择。

团队和工作组作为新型的应运而生的组织形态，是对组织常规构成形态的破坏性再造应用形式，两者既有区别也有联系，在不同情况下可以选择应用，而且通过一定努力工作组可以过渡到团队。各国管理者和企业家已经开始对其表现出浓厚的研究兴趣，认为在未来的组织形态中，二者将占据非常关键和重要的地位。

任务一案例介绍

野狼传奇

奔跑速度快过野马，在野地里一口气飞奔35公里可以毫不停歇，在距离两公里的地方即可嗅到被捕猎动物的味道。这不是凭空捏造的超级英雄，而是一种真实存在的动物——狼。

狼不同于虎和豹，它是一种群居动物。狼群狩猎的时候依靠集体的力量，既有明确的分工，又有密切的协作；既有敏锐的观察力，又有卓越的战略战术，齐心协力战胜比自己强大的对手。许多大型动物并不怕单独的狼，但是一群狼，一群有着团队精神和严密组织并配合默契的狼，足以让狮、虎、豹、熊等猛兽变色，足以使任何比其更为凶狠的野兽汗颜。

在过去的几个世纪中，狼一直在人们心目中留有恶名。而今天的学者们通过对狼的深入研究，观念已经发生了很大的改变。他们发现狼本身具有很多独特的品质。狼同别的动物迥然不同，它代表着原始的生命与野性，它具有自由的天性和征服世界的勇气，而这正是人类所需要的。更为重要的是，如果狼不是群体动物，就无法生存到现在。

同样，组织性越严密的公司，越是能够在激烈的市场环境中生存下来。每一个公司都是一个团队，而团队的组织纪律几乎决定了这个集体的凝聚力与战斗力。如何在竞争中生存下来是每一个公司面临的现实挑战，现在我们可以从狼群的身上获得一些很有意义的启发。（有删改）

（资料来源：[美]特曼·托尔瑞，《狼阵——团队合作之终极哲学》，中国民航出版社2005年版）

实训练习

天马公司的烦恼

天马公司成立已经快三年了，在公司成立之初，许多事情都是由老总马黎明一个人说了算。好在前两年的形势不错，公司的经营业绩也好，所以去年公司的规模几乎扩大了一倍。人多了，管理的问题就出来了。公司最近业务非常繁忙，因此许多部门的人不时需要加班。按照惯例，公司不鼓励加班，而且也没有加班费。如果确实有人需要加班，可以把加班的时间换成调休。公司虽然对于加班没有特别的规定，但却有严格的工资制度。天马公司一贯实行员工打卡制度，要求员工在上下班的时候都必须打卡。如果迟到10分钟以上，要被扣除部分工资。另外，对于员工因事假或病假而不上班的情况，也有相应的规定，也会被扣掉工资。对于无偿加班和一旦请假就扣工资的规定，许多员工非常有意见。有的员工认为努力工作完成自己的职责和任务就可以了，没必要去白白加班；再者，既然公司那么在乎有效的上班时间，迟到几分钟都扣工资，那么加班就没有理由不付加班费。而公司却认为员工没有严格要求自己，没有表现出真正的付出和奉献精神。矛盾便由此产生。有人认为不是自己工作职责中的事情强加给自己；也有人认为以后再也不用过分地对工作付出，得过且过罢了。大家之间的合作气氛越来越差了，一些鸡毛蒜皮的小事往往也能引起轩然大波。

（资料来源：北海电大，《个人与团队管理》课程资料）

思考题：

1. 请从团队的角度分析天马公司出现的问题，管理者应采取什么态度去解决？

2. 为了缓和员工与管理者之间的矛盾，天马公司应该怎样确定团队角色？

任务二　团队成员角色认知

任务引入

团队组织者洞察到人们工作时存在的潜在的相互依赖性，就有意识地把这些人组织在一起，让每位团队成员互相配合、取长补短，从而更高效快捷地完成一项工作。

一、任务要求

查阅资料（教材、期刊、网络等）、企业访谈，完成以下事项：

1. 在教师引导下完成教师预设的案例任务。
2. 完成任务后的讨论及理论学习。
3. 小组内分工协作完成任务。

二、任务分析

在一个团队中，需要有很多不同的角色，每个角色的任务不同、分工不同，但都有一个共同的目标，就是要完成整个团队的任务。那么，一个成功的团队到底需要什么样的角色，我们应怎样去进行角色的定位，以期让团队发挥高效率？

三、实施准备

1. 材料准备：模拟案例材料及问题每组各一份。
2. 场地准备：能分组讨论演练的实训室。
3. 学生约6人一组，确定管理人员（组长）1名，分工协作。

四、实施步骤

1. 布置任务：教师向每个学生讲解模拟案例。

阮经理的软件开发部共有9个人，也就是说他手下有8个人，除小王外，都是软件工程师。在接受了团队概念以后，阮经理也想把这个部门建成一个完美的团队，首先，他把手下的这几个人进行了定位（见表1-3）。

表1-3 软件开发部的团队角色定位

现有成员	组织角色	可能的团队角色	团队"职责"	组织职责
小王	秘书	?	?	行政
小李	工程师	?	?	软件设计
老孙	工程师	?	?	软件设计
大李	工程师	?	?	软件设计
小赵	工程师	?	?	软件设计
小钱	工程师	?	?	软件设计
小朱	工程师	?	?	软件设计
小杨	工程师	?	?	软件设计

（注：小王、小李、老孙、大李、小赵、小钱、小朱、小杨只是称谓，案例分析者可以任意赋予其性格特征，以期达到最佳的团队效果。）

（资料来源：根据相关资料整理）

在软件开发部发展团队角色的话，你认为如何定位就会出现以下良好的结果。

（1）结果一：可能同一件事由两个或两个以上的人来做。

（2）结果二：团队角色是自觉形成的，所以做起工作来更迅速，办事效率更高。

例如，小赵是软件开发部的信息者，当部门要开发新软件产品时，他不用经理安排，就会主动地去收集这方面的资料。他经常工作到很晚，从无怨言。

如果在组织角色中，经理给小赵安排收集资料的工作，小赵可能就放下手中的工作，专门去收集资料甚至会跟经理讨价还价。

(3)结果三：团队的领导有时间去考虑团队发展方面的事情。

(4)结果四：对于团队中发生的意外事件，有人去管，有人去做。

2. 学生小组内进行团队角色分配讨论。

3. 小组学生阐述讨论结果，并详细阐明原因。

4. 教师最后点评，引出团队角色认知的重要性。

五、效果评价

对学生学习过程及完成质量给予评价(见表 1-4)。小组成绩主要考核团队整体完成情况，个人部分主要考核个人执行情况。

表 1-4 团队角色认知训练评价表

小组序号：			学生姓名： 学号：		
小组成绩(教师评价或小组互评)			个人最终成绩		
任务及标准	满分	得分	项目及标准	满分	得分
团队角色认知讨论	20		团队角色认知陈述	50	
团队成员定位讨论	15		团队成员定位陈述	50	
讨论及合作情况	5				
合计	40		合计	100	
评价者：			评价者：		
评价时间： 年 月 日			评价时间： 年 月 日		

六、点评交流

学做合一的教学模式，学生每次完成学习任务，教师及时组织交流，重点点评，穿插引出相关理论知识及下一步要进行的内容，启发学生积极思考，较好地完成本次学习任务。

相关讨论：

1. 通过案例的完成，你对团队角色有了怎样的认识？

2. 你认为团队成员角色定位应考虑的因素有哪些？

相关知识

一、团队角色分工

在讨论团队角色时我们采用贝尔宾团队角色表。贝尔宾团队角色(Belbin Team Roles),亦被称为贝尔宾团队角色表(Belbin Team Inventory),由雷蒙德·梅瑞狄斯·贝尔宾博士(Dr. Raymond Meredith Belbin)率先提出,并首次出现在他的著作《管理团队:成败启示录》(*Management Teams: Why They Succeed or Fail*, 1981)中。贝尔宾团队角色模型用以描述各具特征的团队成员角色,借此对团队成员的行为形成更为深刻的认识。贝尔宾团队角色模型通过对团队成员所表现出来的角色特征进行判分,从而辨识出每一个成功团队都必须具有的八种角色,即实干者、协调者、推进者、创新者、信息者、监督者、凝聚者、完善者。

(一) 团队角色特征(见表 1-5)

表 1-5　团队角色特征

类型	典型特征	积极特性	能容忍的弱点
实干者(IM)	保守,顺从,务实可靠,计划性强	有组织能力、实践经验,工作勤奋,有自我约束力,相信一分耕耘一分收获,立足于本职	缺乏灵活,对没有把握的主意不感兴趣,当变革产生时最易感到紧张
协调者(CO)	沉着,自信,有毅力,属于众星捧“月”,可以称得上民间领导人	对各种有价值的意见不带偏见地兼容并蓄,甚为客观;个人魅力极强;有时可以解决公司内解决不了的问题	在智能及创造力方面并非超常,不依靠权力压制别人,有时会认为团队贡献自己最大
推进者(SH)	思维敏捷,开朗,主动探索,新事物的倡导者	有干劲,随时准备向传统和低效率、向自满自足挑战;说干就干;受领导赏识;说到做到	好激起争端,爱冲动,易急躁,反对拖拉;有争议的角色;注意准确性
创新者(PL))	有个性(内向),思想深刻,不拘一格,点子型人才	才华横溢,富有想象力,智慧,知识渊博,亚洲经理人最缺乏的角色,企业创建初期和需要变革时最需要	高高在上,不重细节,不拘礼仪,与群体距离远,不喜欢条条框框

续　表

类型	典型特征	积极特性	能容忍的弱点
信息者（RI）	性格外倾，热情，好奇，联系广泛，消息灵通，做规划时需要信息者帮助	有广泛联系人的能力，不断探索新的事物；勇于迎接新的挑战；电话随时响，下班通常不直接回家	事过境迁，兴趣马上转移；喜新厌旧
监督者（ME）	清醒，理智，谨慎，最高决策团队中的一员	判断力强，分辨力强，讲求实际，站在很远处观察，善于权衡利弊	缺乏鼓动力和激发他人的能力，对任何事顶多说还行，挑剔别人
凝聚者（TW）	擅长人际交往，温和，敏感，牺牲自己照亮别人，不过分强调自己	有适应周围环境及人的能力，能促进团队的合作，团队中的润滑剂	在危急时刻优柔寡断，考虑人际关系过多，太在意“和”为贵
完善者（FI）	勤奋有序，认真，有紧迫感，追求卓越，精益求精，注意细节	持之以恒，理想主义追求完美，不会做没把握的事，120%成功，专家型人物，要求别人和他一样好	常拘泥于细节，不洒脱；自己累，手下人更累；成长快，可以学到很多技巧；过于注重小事，多授权

（二）团队角色作用（见表 1-6）

表 1-6　团队角色作用

类型	在团队中的作用
实干者（IM）	把谈话与建议转换为实际步骤 考虑什么是行得通的，什么是行不通的 整理建议，使之与已经取得一致意见的计划和已有的系统相配合 实干家就是好的执行者，能够可靠地执行一个既定的计划，但却未必擅长制订一个新的计划
协调者（CO）	时刻想着团队的大目标，明确团队的目标和方向 选择需要决策的问题，并明确它们的先后顺序 帮助确定团队中的角色分工、责任和工作界限 总结团队的感受和成就，综合团队的建议
推进者（SH）	寻找和发现团队讨论中可能的方案 使团队内的任务和目标成形
创新者（PL）	提供建议 提出批评并有助于引出相反意见

续 表

类型	在团队中的作用
信息者(RI)	提出建议,并引入外部信息 接触持有其他观点的个体或群体 参加磋商性质的活动
监督者(ME)	分析问题和情景 对繁杂的材料予以简化,并澄清模糊不清的问题 对他人的判断和作用做出评价 敢于直言不讳地提出和坚持异议
凝聚者(TW)	给予他人支持,并帮助别人 打破讨论中的沉默 采取行动扭转或克服团队中的分歧
完善者(FI)	强调任务的目标要求和活动日程表 在方案中寻找并指出错误、遗漏和被忽视的内容 刺激其他人参加活动,并促使团队成员产生时间紧迫的感觉

(三) 贝尔宾团队角色模型的运用

1. 确保项目团队中必须有人担当上述八种角色。

2. 确保各团队成员肩负的行为活动更具逻辑性。

3. 促使团队成员去担负他们最喜欢、最胜任的角色,从而提高团队整体绩效。

4. 角色平衡的团队能够降低风险,减少管理需求。

(四) 贝尔宾团队角色模型的局限

尽管可以把贝尔宾团队角色和管理团队剖面放在一起进行比较,但我们必须意识到贝尔宾团队角色代表的是一种对任务和活动实施自我管理所表现出的个人行为特征,而非个性类型或思维类型。尽管有各种测试帮助你确定理想团队角色,但这并不代表在实践中你不能够担当其他角色。

贝尔宾自己亦坦言承认,如果团队构成中有一位塑造者和一批好好先生(Yes Man),这个团队的绩效往往较高,尤其是当众人对团队的期望值较高的时候。在项目执行的实际过程中,团队活动是不断变化着的。在实践中也许需要多于一位塑造者,为团队带入更多的主张和见解。该模型没有将人际等级关系纳入考虑范畴。团队中很可能存在互不喜欢、互不买账的团队成员,对于他们来说,很难和睦相处,协同工作。

二、团队角色分工启示

（一）角色齐全

一个人不可能完美，但团队可以。我们都是有缺陷的人，一个人不可能具有以上八个角色的多种特征，所以，一个人不可能承担团队中的全部角色。但是，团队可以通过不同角色的组合而达到完美。比如，在一家计算机公司的软件开发部，把这个部门作为一个团队来看，它不但需要实干者，也需要创新者、信息者、协调者……一个人即使是人们公认很能干的部门经理，他也只能担当一种角色，而不可能担当起一个团队的所有角色。俗话说，三个臭皮匠顶个诸葛亮，说的就是这个道理。每一个角色都很重要。

（二）尊重差异

团队中每一个角色都是优点和缺点相伴相生的。例如，“创新者”，他们勇于创新、才华横溢，充满聪明和智慧；即便如此，他们也免不了高高在上、不注重细节、好夸夸其谈、瞧不起别人的“坏毛病”。例如，“实干者”，在人们的眼里是“老黄牛”，团队的收获离不开他们的耕耘，他们勤勤恳恳、任劳任怨、脚踏实地；但是，他们也免不了应变能力不强、墨守成规、不思进取等方面的缺点。

（三）用人之长

没有无用的人，只有放错位置的人。要在专业上和秉性上把人性看透，知道这个人怎么用，什么时候用，在什么岗位上用，跟谁搭配着用。

（四）容人之短

要分清什么样的短处可以容，什么样的短处不能容。那些思想意识错误，人品有问题的人，不能容；但成员之间气质、个性上的短处是必须容忍的。

（五）主动补位

短板原理指出，木桶盛水取决于最短的那块木板。一个团队的成员不能总在变化，当出现不均衡时，团队中的每一个成员都有义务主动把这种角色空间填补起来。

（六）增强弹性

现代企业的团队不再仅仅需要“一把筷子”式的团队，更需要的是一把“瑞士军刀”式的团队。

三、组织角色与团队角色

(一) 团队角色与组织角色的差异(见表 1-7)

1. 产生方式。组织角色是按照指挥链层层任命的。如董事会任命总经理,总经理聘用部门经理,员工由公司聘用,等等。团队角色是自发的,是自然形成的。

2. 地位问题。在组织机构中,按照指挥链形成了由上到下的指挥系统,从而产生了职位上的高低,也产生了职等与职级。各个职位上的权力是不一样的,但都要遵守基本的组织原则。团队里的各角色是完全平等的,并不因为你是领导,就拥有高于其他成员的特权。

表 1-7　组织角色与团队角色的差别

	组织角色	团队角色
描述	职位说明书	互相认知
产生方式	任命、聘任	自觉、自愿、自然
强制性	组织强制	成员之间的自觉约束和规范
做得好时	表扬、奖励、晋级、晋升、加薪	团队绩效提高,从而奖励个人
做得不好时	惩戒	团队绩效下降,从而惩戒个人
实现方式	履行职位职责	充当合适的角色
地位	依组织中指挥链而定	平等

相关案例 · 阮经理的团队角色

某计算机公司有一个软件开发部。这个软件开发部共有九名员工,其中部门经理一名。因为要和公司的各部门打交道,阮经理整天忙得不可开交,在工作中免不了有些不耐烦,有些人认为他总是摆架子。最近,阮经理开始在部门里倡导团队精神:“我们部门是一个团队,大家扮演着不同的团队角色,我是团队的一员,与大家是平等的,只能充当创新者这一角色,大家都充分发挥自己的角色特征,优势互补,形成一支高绩效的团队……”当阮经理慷慨激昂时,有的人就在下边唱起了反调:“别提什么团队角色！在公司里总经理就是总经理,部门经理就是部门经理,咱就是干活的老百姓,谁认你是什么团队角色呀,甭听那一套!”

（资料来源：德信诚企业培训资料，http://www.qs100.com/）

很多企业的领导者会因为自己是领导，经常在团队中摆架子，不愿意以一种平等的角色参与到团队当中，这样，团队的整个角色系统就打乱了。所以对团队造成破坏的往往是这个团队的领导。他不把自己看成是团队的成员，按照自己作为组织角色的身份来指挥其他成员，当然会遇到挑战。

3. 奖惩方式。组织中有一定的考核系统，就是事先设定一个绩效目标，如达到标准的有什么奖励，达不到的有什么惩戒等。团队角色之间的奖惩是团队给予个人的。不同角色之间的相互协作，形成了高绩效的团队，最后获益者是团队的所有成员，而不是具体的某一个人。

（二）团队角色与组织角色的互补

在团队建设中，经常会遇到以下两个问题：

问题一是重视组织角色，忽视团队角色。

问题二是用组织角色看问题。

相关案例·张工程师的组织角色与团队角色

软件开发部的张工程师是个非常关心国内、国际计算机及软件行业发展动态的人，他经常喜欢看有关这方面的一些资料和最新报道。并且常常在部门里发牢骚，抱怨目前开发的软件过时：“开发这种老掉牙的软件卖给谁！真是劳民伤财！也不知头儿们是怎么想的。跟在人家的屁股后面跑，什么时候才能和人家竞争，在这个公司有什么干头呀!”

（资料来源：德信诚企业培训资料，http://www.qs100.com/）

思考题：

请问如果你是软件开发部的阮经理，你会如何处理这事？

对此，阮经理可以采取两种不同的处理方式：

处理方式一是按照组织角色处理。

处理方式二是按照团队角色处理。

一项调查表明，组织角色所规定的职责实际只是一个组织真正需要的职责的30%，而余下的70%组织所需要做的事情是无法通过组织角色来完成的，或者说无法用职位职责来加以规定的，这70%的完成，必须依靠团队角色。

四、团队角色定位

(一)认知自己在团队当中的角色

团队成员在团队中扮演什么样的角色并不是天生确定的。不像组织角色,有具体的职位,有具体的规定。团队成员的这种角色的扮演,是自然形成的,不是硬性规定的。

如果你认知自己是信息者的角色,就会强化这种角色,扮演好这个角色。而且你可以主动地告诉别人,你喜欢当一个信息者,请大家多多地沟通和交流。这样,团队成员之间的相互配合就变得很容易了。

相关案例·要认清楚自己(寓言)

当百兽之王辛巴达还是个小狮子的时候,猴子杰克就和他是好朋友了。辛巴达长大后,便从老狮王手里接过了百兽之王的桂冠,开始统治森林。猴子杰克自然是他首选的得力干将,成为重臣,帮助辛巴达处理日常公文。猴子杰克不禁洋洋得意起来,逢人就炫耀自己和狮王的关系,将别人都不放在眼里,别的动物们都很不服气。有一天,狮王辛巴达梦见山的那面有一片美丽的草原,就问森林里的动物们:“你们谁愿意到山的那边看一看有没有美丽的草原?”熊将军负责森林的治安,对周边的地势情况都非常了解,但一直都不服气猴子的显要位置,于是就对狮王说:“猴子杰克非常能干,这件事非他莫属。”狮王同意了。这下,猴子杰克为难了,虽然他能做到显要位置,但却不擅长翻山越岭,长途跋涉,但是碍于面子,只好硬着头皮去了。可他最终在试图要翻越一座山的时候,不小心掉下了悬崖。

(资料来源:付伟编著,《团队建设能力培训全案》,人民邮电出版社 2008 年版)

思考题:

1. 团队成员如何才能认清自己在团队中的角色?
2. 管理者应如何帮助下属认清各自的团队角色?

(二)认知他人在组织当中的团队角色

对于每一位团队成员来说,认知别人的角色,有时候比认知自己的角色还要重要。因为团队角色没有职位说明书,也没有任何标志,所以对别人的认知更困难,很容易导致偏差。为了避免偏差,就需要和其他团队成员经常、及时地沟通。通过这种方式，会达成两种结果：一种是别人的角色绝对和想象的不同，另一种会发现他的团队角色和组织角色相距甚远。

相关案例·最好还是回到原处

有一天，眼睛、鼻子及嘴在开会。大家都对眉毛表示抗议。眼睛说："眉毛有什么用处？凭什么要在我们的上面？我眼睛可以看东西，我要是不看，连走路都不行了！"鼻子听了不服气，道："我鼻子可以嗅香味和臭味，感觉最灵敏，眉毛算什么？它怎么可以站在我们的上面？"听了这一段话后，嘴也不服气了，鼓起嘴说："脸上我最重要，我是最有用的！我一不吃东西谁也活不了。我应该站在最上面。眉毛最没用，他应该站在最下面才对！"眼睛、鼻子及嘴都在互相争执，对眉毛发出抗议。

眉毛听后，心平气和地对他们说："既然你们都以为自己最有用，那我就在你们的下面吧！"说完，眉毛便走到眼睛下，后到鼻子下，再到嘴下，结果大家都认为难看极了，只好决定让眉毛回到原处去，那儿看起来比较合适。

（资料来源：付伟编著，《团队建设能力培训全案》，人民邮电出版社 2008 年版）

思考题：

1. 团队成员如何客观地看待自己和他人？
2. 团队成员如何有效地学习他人的长处？

任务二案例介绍

含山县在干部考察中运用"团队角色测试"着力打造"和谐型"领导班子

为准确掌握各级领导班子中成员的个性特征与和谐度，增强班子配备、交流的准确性、科学性，打造一支"和谐型"领导班子，从 2006 年年底开始，含山县探索性地在干部考察中运用"团队角色测试"方法，掌握班子成员之间在性格气质、心理素质、思维方式等方面的"柔合度"，并作为调整配备班子和培训干部的重要依据，在推进领导班子建设中发挥了积极作用。

一是科学制定测试措施，保证测试结果的真实性。针对县委工作部门、县直各单位及乡镇领导班子的不同特点，编写角色测试试题，严格保密，每年调换一次。在考察班子时，通过班子成员填写测试问卷方式进行。在此基础上，由专门组建的专家组对测试试卷填写情况进行综合分析，了解干部的个性特征，分析其在领导集体中适合担任的角色，逐人下评语。专家组成员由组织人事部门临时提出，提交县委常委会议研究确定，一年一定。

二是合理设置测试内容，提高测试结果的准确性。团队角色测试试卷内容设置分能力测试、兴趣测试、动机测试和性格测试四大类。能力测试主要是测试班子成员的智力水平和智力结构；兴趣测试主要是测试班子成员的职业兴趣倾向，包括喜欢当决策者、参谋者，还是执行者等；动机测试主要是测试班子成员生活、工作的内在动力，包括一般生活动机和工作动机；性格测试主要是测试班子成员的思维方式和行为风格，包括处事方式、表现方式等。

三是突出进行角色分类，增强测试结果的实用性。充分运用团队角色测试结果，对班子成员进行角色分类，角色主要分协调型、谋划型、交际型、决策型、执行型和劳模型等六种，并由专家组按照适合度（高、中、低）分别进行评价。测试结果写入干部考核材料，输入干部信息管理系统，并作为班子配备、干部调整的重要依据。

四是明确规范测试要求，确保角色测试的长效性。把团队角色测试作为班子考核的一项重要辅助措施，结合年底班子考核，每年开展一次，长期坚持下去，逐步走向规范化、制度化。测试对象目前主要是县委工作部门、县直各单位及乡镇领导班子成员，从明年开始，逐步向单位内设机构、学校、医院等二级事业单位考核延伸，不断扩大团队角色测试的范围，推进在更大的范围内识人、选人和用人。

团队角色测试为合理使用干部、科学配备班子打下了良好基础，在实践中取得了明显成效。其作用表现为：一是丰富了干部考察内容，提高了考察质量。在干部考察中借助团队角色测试方法，对班子成员个性特质进行分析，并结合考核情况相互验证，既丰富了考察内容，又提高了考察质量。实践表明，通过团队角色测试、分析，有利于对考察对象的特点、不足和岗位适应度作出更全面、准确的评价，改变了过去干部考察中注重外在特点了解而忽视个性特质分析的状况，为选准用好干部奠定良好基础，有利于人尽其才。二是提供干部调整依据，优化了班子结构。一个结构优良的领导班子需要班子中每个成员都能各自发挥不同的角色功能，但由于个性、认识、能力等差异的影响，每个人在组织角色方面的倾向性都不同。通过团队角色测试分析，为科学合理地进行角色搭配提供了科学依据。在去年初开展的乡镇人大、政府领导班子换届和今年初的县直班子调整中，他们充分运用团队角色测试结果，对全县 56 个单位 92 名班子成员的进退留转作出适当安排，实现了领导班子年龄、性别、学历等“刚性结构”与性格、特长等“柔性结构”整体配备的最佳效果，形成了一批功能匹配的“和谐型”领导班子。三是找出干部的存在需求，增强了培训实效。通过运用团队角色测试结果来分析班子成员的素质结构，明确培训需求，对班子配备中稀缺的、干部本身又可开发的角色特征，按需设置课程，进行有针对性的培训。先后举办了招商引资、行政执法、领导艺术等七个专题培训班，效果比较明显，干部反映较好，参加培训的班子成员能够主动调整转换角色，有效地融入到班子中，使班子整体功能保持最佳状态。

（资料来源：安徽先锋网，http://yq.ahxf.gov.cn）

实训练习

贝尔宾团队角色自测问卷

对下列问题的回答，可在不同程度上描绘您的行为。每题有8句话，请将总分10分分配给每题的8个句子，可以出现0.5分。分配的原则是：最体现您行为的句子分最高，以此类推。最极端的情况也可能是10分全部分配给其中的某一句话。请根据您的实际情况把分数填入后面的表中。这里有份Excel表，可以帮助你校验每题的分数。将每列得分相加得到总计分数，得分最高的列所对应的角色即是你相对比较胜任的团队角色。

一、我认为我能为团队作出贡献的原因是：

A. 我能很快地发现并把握住新的机遇。

B. 我能与各种类型的人一起合作共事。

C. 我生来就爱出主意。

D. 我的能力在于，一旦发现某些对实现集体目标有价值的人，就及时把他们推荐出来。

E. 我能把事情办成，这主要靠我个人的实力。

F. 如果最终能导致有益的结果，我愿面对暂时的冷遇。

G. 我通常能意识到什么是现实的，什么是可能的。

H. 在选择行动方案时，我能不带倾向性，也不带偏见地提出一个合理的替代方案。

二、在团队中，我可能有的弱点是：

A. 如果会议没有得到很好的组织、控制和主持，我会感到不痛快。

B. 我容易对那些有高见而又没有适当地发表出来的人表现得过于宽容。

C. 只要集体在讨论新的观点,我总是说得太多。

D. 我的客观算法,使我很难与同事们打成一片。

E. 在一定要把事情办成的情况下,我有时使人感到特别强硬以至专断。

F. 可能由于我过分重视集体的气氛,我发现自己很难与众不同。

G. 我易于陷入突发的想象之中,而忘了正在进行的事情。

H. 我的同事认为我过分注意细节,总有不必要的担心,怕把事情搞糟。

三、当我与其他人共同进行一项工作时:

A. 我有在不施加任何压力的情况下,去影响其他人的能力。

B. 我随时注意防止粗心和工作中的疏忽。

C. 我愿意施加压力以换取行动,确保会议不是在浪费时间或离题太远。

D. 在提出独到见解方面,我是数一数二的。

E. 对于与大家共同利益有关的积极建议我总是乐于支持。

F. 我热衷寻求最新的思想和新的发展。

G. 我相信我的判断能力有助于做出正确的决策。

H. 我能使人放心的是,对那些最基本的工作,我都能组织得"井井有条"。

四、我在工作团队中的特征是:

A. 我有兴趣更多地了解我的同事。

B. 我经常向别人的见解进行挑战或坚持自己的意见。

C. 在辩论中,我通常能找到论据去推翻那些不甚有理的主张。

D. 我认为,只要计划必须开始执行,我有推动工作运转的才能。

E. 我有意避免使自己太突出或出人意料。

F. 对承担的任何工作,我都能做到尽善尽美。

G. 我乐于与工作团队以外的人进行联系。

H. 尽管我对所有的观点都感兴趣,但这并不影响我在必要的时候下决心。

五、在工作中,我得到满足,因为:

A. 我喜欢分析情况,权衡所有可能的选择。

B. 我对寻找解决问题的可行方案感兴趣。

C. 我感到,我在促进良好的工作关系。

D. 我能对决策有强烈的影响。

E. 我能适应那些有新意的人。

F. 我能使人们在某项必要的行动上达成一致意见。

G. 我感到我的身上有一种能使我全身心地投入到工作中去的气质。

H. 我很高兴能找到一块可以发挥我想象力的天地。

六、如果突然给我一件困难的工作，而且时间有限，人员不熟：

A. 在有新方案之前，我宁愿先躲进角落，拟定出一个解脱困境的方案。

B. 我比较愿意与那些表现出积极态度的人一道工作。

C. 我会设想通过用人所长的方法来减轻工作负担。

D. 我天生的紧迫感，将有助于我们不会落在计划后面。

E. 我认为我能保持头脑冷静，富有条理地思考问题。

F. 尽管困难重重，我也能保证目标始终如一。

G. 如果集体工作没有进展，我会采取积极措施去加以推动。

H. 我愿意展开广泛的讨论意在激发新思想，推动工作。

七、对于那些在团队工作中或与周围人共事时所遇到的问题：

A. 我很容易对那些阻碍前进的人表现出不耐烦。

B. 别人可能批评我太重分析而缺少直觉。

C. 我有做好工作的愿望，能确保工作的持续进展。

D. 我常常容易产生厌烦感，需要一两个有激情的人使我振作起来。

E. 如果目标不明确，让我起步是很困难的。

F. 对于我遇到的复杂问题，我有时不善于加以解释和澄清。

G. 对于那些我不能做的事，我有意识地求助于他人。

H. 当我与真正的对立面发生冲突时，我没有把握使对方理解我的观点。

后附自我评价分析表。

大题号		IM		CO		SH		PL		RI		ME		TW		FI
一	G		D		F		C		A		H		B		E	
二	A		B		E		G		C		D		F		H	
三	H		A		C		D		F		G		E		B	
四	D		H		B		E		G		C		A		F	
五	B		F		D		H		E		A		C		G	
六	F		C		G		A		H		E		B		D	
七	E		G		A		F		D		B		H		C	
总计																

这八种团队角色在前面相关知识中已有介绍，请参考。

［资料来源：R. Meredith Belbin，*Management Teams：Why They Succeed Or Fail*.（中译本）《管理团队：成败启示录》，机械工业出版社 2001 年版］

综合练习

马林是联合化学公司流程设计中心的主任，手下有八名工程师，均系男性。多年来，小组成员之间关系良好。随着工作任务的增加，马林招聘了一名刚刚获得某名牌大学工学硕士学位的姜丽加入，组成一个旨在提高设备运行效率的项目小组。该项目小组原先只有三人，由巩森任组长。

作为一名新成员，姜丽非常喜欢这项具有挑战性的工作，因为工作中能够用到不少专长。她工作十分认真，对其他项目小组的成员也非常友好，但在业余时间，她从不和同事闲聊。由于工作主动，姜丽总是率先完成自己分担的那份任务，而且还经常帮助其他同事。

五个月后，巩森找到马林讨论项目小组的问题。巩森汇报说："姜丽骄傲自大，好像什么都懂。对人不友好，大家都不愿意和她一起工作。"马林回答说："据我所知，姜丽是个优秀的工程师，成绩很突出。大家对她的印象这么不好，这怎么可能呢？这几天我找她谈谈。"

一周后，马林找姜丽谈话，说："姜丽，自从你来到流程设计中心，工作很勤奋，能力很出众，我非常赞赏。但是，听说你和同事的关系处理得不好，怎么回事？"姜丽大吃一惊，回答说："没有啊！"马林提醒道："具体一点，就是有些同事说你骄傲自满，好像无所不能，而且常常对他人的工作指手画脚。"姜丽反驳道："我从来没有公开批评过其他同事。而且，每当我完成自己的任务后，还常常帮助他们。"马林问："为什么别人对你的意见那么大呢？"姜丽感到愤愤不平，说："那几位同事根本没有尽全力工作，他们更热衷于足球、音乐、酒吧。还有，他们从未把我当做一名称职的工程师，仅仅把我看做是一名闯入他们专业领域的女性。"马林说："工程师的考评与激励属于管理工作，你的职责是做好本职工作。关于性别，公司招聘你只是由于你的能力、知识符合条件。好好干，把管理问题留给我。"

（资料来源：李剑峰，《组织行为管理》，中国人民大学出版社 2000 年版）

思考题：

你认为马林应如何处理项目小组出现的问题？

项目二

团队执行力

知识目标

◆熟悉执行力的概念及特点；

◆掌握个人执行力的素质表现；

◆掌握提升个人执行力的途径和方法；

◆熟悉团队执行力不佳的表现；

◆掌握打造团队执行力的途径；

◆了解愿景与目标之间的联系与区别；

◆了解团队愿景与团队执行力之间的联系。

技能目标

◆会分析个人执行力不佳的原因；

◆能结合个人执行力不佳的原因提出一定的改进建议；

◆会分析团队执行力不佳的原因；

◆能结合团队执行力不佳的原因提出一定的改进建议；

◆能够将个人愿景和团队愿景结合起来；

◆会使用愿景合理构建团队目标；

◆会使用愿景激励团队；

◆能够使用愿景促进团队文化建设。

任务一　个人执行力的提升

任务引入

执行力决定了工作质量。有效的执行力，是在不违反企业制度，严格执行的情况下，在约定的时间内获得企业所要的绩效。执行力并不仅仅是基层员工的事情，每个层级的人员都应该认真负起责任。各个环节的人员都要相互配合，密切协作。

一、任务要求

查阅资料（教材、期刊、网络等）、企业访谈，完成以下事项：

1. 在教师引导下完成教师预设的执行力案例分析。
2. 小组内分工协作完成任务。
3. 完成后面的案例分析及实训练习。

二、任务分析

个人执行力的高低直接决定团队目标的完成情况，一个组织的员工拥有什么样的素质就会具有什么样的执行力；也就是说，员工的素质高低反映了组织的执行力强弱。

三、实施准备

1. 材料准备：模拟案例材料及问题每组各一份。
2. 场地准备：能分组讨论演练的实训室。
3. 学生约 6 人一组，确定管理人员（组长）一名，分工协作。

四、实施步骤

团队执行力案例——致加西亚的信。

1. 布置任务：教师向每个学生讲解模拟案例。

美西战争发生后，美国必须立即跟古巴的起义军首领加西亚将军取得联系。加西亚将军在古巴丛林里——没有人知道确切的地点，所以无法写信或打电话给他。但美国总统必须尽快地和他合作。怎么办呢？有人对总统说："有一个名叫罗文的人，有办法找到加西亚，也只有他才能找到。"

他们把罗文找来，交给他一封写给加西亚的信。罗文把它装在一个油布制的口袋里，封好，吊在胸口，划着一艘小船，在四天之后的一个夜里在古巴上岸，消逝于丛林中。接着在三个星期之后，罗文从古巴岛那边回来，已徒步走过危机四伏的国家，把那封信交给了加西亚。

他送的不仅仅是一封信，而是美利坚的命运，整个民族的希望。

（资料来源：根据相关资料整理）

2. 学生小组内进行分组讨论。

问题一：这个送信的传奇故事说明了什么？

问题二：为什么有些受过良好教育、才华横溢的年轻人在公司里却得不到提升，你认为可能的原因有哪些？

3. 学生阐述原因、讨论观点。教师最后点评，穿插引入个人执行力。

五、效果评价

对学生学习过程及完成质量给予评价（见表 2-1）。小组成绩主要考核团队整体完成情况，个人部分主要考核个人执行情况。

表 2-1 个人执行力提升训练评价表

小组序号：			学生姓名：　　学号：		
小组成绩（教师评价或小组互评）			个人最终成绩		
任务及标准	满分	得分	项目及标准	满分	得分
个人素质评价	20		个人执行力评价	50	
个人执行力内容讨论	10		案例问题结果陈述	50	
讨论及合作情况	10				
合计	40		合计	100	
评价者：			评价者：		
评价时间：　年　月　日			评价时间：　年　月　日		

六、点评交流

学做合一的教学模式，学生每次完成学习任务，教师及时组织交流，重点点评，穿插引出相关理论知识及下一步要进行的内容，启发学生积极思考，较好地完成本次学习任务。

相关知识

我们常常看到，许多年轻人以频繁跳槽为能事，以善于投机取巧为荣耀。老板一转身就懈怠下来，没有监督就没有工作。工作时推诿塞责，画地自封；不思自省，却以种种借口来遮掩自己缺乏责任心。懒散、消极、怀疑、抱怨……种种职业病如同瘟疫一样在企业、政府机关、学校蔓延，无论付出多么大的努力都无法彻底消除。

一、执行力(Execution)

所谓执行力，指的是贯彻战略意图，完成预定目标的操作能力。执行力可分为团队执行力和个人执行力。以下是商界领袖对执行力的认识。

1. GE的前CEO杰克·韦尔奇：所谓执行就是公司所运作的细节。
2. 前IBM的CEO郭士纳：把战略转化为计划，并对结果进行测量。
3. 戴尔电脑总裁迈克·戴尔：要求每个员工每个阶段都要一丝不苟。
4. 联想集团总裁柳传志：选拔合适的人到合适的岗位上来。
5. 海尔集团CEO张瑞敏：就是把一件事做到底的韧性。
6. 国外著名的《执行》一书的作者拉里·博西迪和拉姆·查兰说：执行力应该成为一家公司战略目标的重要组成部分，它是目标与结果之间不可缺少的一环。
7. 世界组织行为学大师保罗·赫赛博士：执行力问题就是领导力问题。
8. 中国著名讲师余世维先生：按质按量地完成任务。

执行力并不是一门高深的学问。与其说它是一门系统的知识，不如说它为团队的领导者提供了一个考虑问题的视角。在这一视角下，组织战略的制定、组织工作系统的规划、组织结构的构建、组织人才的招聘和使用、组织控制系统的设立都应该围绕着组织构造良好执行力而布局谋篇，这是一个新的视角，一个新的管理思维方式，一个新的竞争焦点。以制定战略为例，有执行力的组织在制定战略时并不要求越大越宏伟越好，而是要求与企业自身的经营能力，与企业内外部环境相匹配，这样的战略才是好的战略。执行力强调的是与组织的实际情况相匹配，提倡一种实事求是的观点。

二、个人执行力

个人执行力整体上表现为“执行并完成任务”的能力，对于企业中不同的人要完成不同的任务需要不同的具体能力。它包含了战略分解力、时间规划力、标准设定力、岗位行动力、过程控制力与结果评估力，是一种合成力，这六种“力”实际上是六种职业执行（做事）技能，对于企业中不同位置的个体所需要的技能需求并不完全一致。（见表 2-2）

个人执行力是指每一单个的人把上级的命令和想法变成行动，把行动变成结果，从而保质保量完成任务的能力。

个人执行力是一个人获取结果的行动能力。总裁的个人执行力主要表现为战略决策能力，高层管理人员的个人执行力主要表现为组织管控能力，中层管理人员的个人执行力主要表现为工作指标的实现能力。

表 2-2　个人执行力

要求 层级	战略分解力	标准设定力	时间规划力	岗位行动力	过程控制力	结果评估力
高层管理	√	√	√	√	√	√
中层管理		√	√	√	√	√
基层管理			√	√	√	√
普通员工				√	√	√

三、有执行力人的九大特点

（一）自动自发

一个人除了会做还是远远不够的，还要有工作意愿（动机），即要自动自发。所谓自动自发不是一个口号一个动作，而是要充分发挥主观能动性与责任心，在接受工作后应尽一切努力与想尽一切办法把工作做好。乍听起来，这似乎只是一条普通的定义，但细细品读后，反而觉得它更像一种面对人生的态度，现在的我们，生活在高速发展的现代社会，每时每刻都会接受一些新的挑战和挫折。其实，人的一生不可能永远一帆风顺，总会经历一些小风小浪。在这些小风小浪面前，有人退却了，就这么平庸一生，甚至怨天尤人；当然，也有人在同样的环境中脱颖而出，成为了强人或名人。其实，这一切的一切，就在于那一念之差。而所谓的一念之差，其实就是一种态度。面对生活，面对工作，面对人生的态度，仔细想来，“自动自发”就是一种可以帮助你扫平一切挫折的积极健康的人生态度。

老板不在身边却更加卖力工作的人，将会获得更多奖赏。如果只有在别人注意时才有好的表现，那么你永远无法达到成功的顶峰。最严格的表现标准应该是自己设定的，而不是别人要求的。如果你对自己的期望比老板对你的期许更高，那么你就无需担心会失去工作。同样，如果你能达到自己设定的最高标准，那么升迁晋级也将指日可待。

自动自发地做事，同时为自己的所作所为承担责任，那些成就大业之人和凡事得过且过的人之间最根本的区别在于，成功者懂得为自己的行为负责。没有人能促使你成功，也没有人能阻挠你达成自己的目标。

（二）注重细节

应把做好工作当成义不容辞的责任，而非负担，要认真对待、注重细节，来不得半点马虎及虚假；做工作的意义在于把事情做对，而不是做到五六成，甚至到最后完全走形，应以较高的、大家认同和满意的标准来要求自己。

密斯·凡·德罗是20世纪世界最伟大的四位建筑师之一，在被要求用一句最概括的话来描述他成功的原因时，他只说了五个字“魔鬼在细节”。他反复强调的是，不管你的建筑设计方案如何恢弘大气，如果对细节的把握不到位，就不能称之为一件好作品。细节的准确、生动可以成就一件伟大的作品，细节的疏忽会毁坏一个宏伟的规划。

看不到细节，或者不把细节当回事的人，对工作缺乏认真的态度，对事情只能是敷衍了事。这种人无法把工作当做一种乐趣，而只是当做一种不得不受的苦役，因而在工作中缺乏工作热情。他们只能永远做别人分配给他们做的工作，甚至即便这样也不能把事情做好。而考虑到细节、注重细节的人，不仅认真对待工作，将小事做细，而且注重在做事的细节中找到机会，从而使自己走上成功之路。

相关案例 · 赢在细节

无限的爱(组织)日用品和化妆品连锁超市 DM 在德国遍地皆是。多年前,格茨·维尔纳白手起家创建了 DM 连锁店。他有自己的一套注重细节的经营理念,有的地方还会为注重细节做出一些特别"古怪"的行为。

当维尔纳走进一家 DM 分店时,他要求分店经理拿扫帚来。这家分店的经理把扫帚递给维尔纳,非常疑惑地说:"维尔纳先生,我不明白您要它做什么?"维尔纳指着地面上的灯光说:"您看,灯光的亮点聚在地上,什么用处也没有。"于是,维尔纳用扫帚柄拨了一下上面的灯,让灯光照在货架上。

这样的小事也要由大老板过问,并且亲自动手,岂不把他累死?可就是这样一个大老板现已拥有 1370 家连锁店、2 万名员工,2002 年的销售额高达 26 亿欧元。维尔纳也是同行业中最富有的,2003 年年初他的个人财产达到上亿欧元。

维尔纳解释他注重细节的用意时说:"这样做给人留下的印象远比下达批示深刻得多。当然,我不可能每天到所有的分店跑一圈,每一个细节都不放过,但是,'商业教皇'布鲁诺·蒂茨说得对:'一个企业家要有明确的经营理念和对细节无限的爱'。"

作为一个公司领导,不需要、也不可能事必躬亲,但一定要明察秋毫,能够在注重细节当中比他人观察得更细致、周密,做到能够细致,像维尔纳那样,在某一细节的操作上做出榜样,使员工有效法的标本,并形成一种威慑力,使每个员工都不敢马虎,无法搪塞。只有这样,企业的工作才能真正做细。

(资料来源:余世维,《培训资料·赢在执行》)

(三) 诚信,敢于负责

诚信是立身处世的准则,是人格的体现,是衡量个人品行优劣的道德标准之一。正如孔子所说"言必信,行必果",即"人无信不立"。只有诚信,一个人才会去为了实现自己的许诺而积极肯干;一个真正注重诚信的人或组织,在不能履约的时候,必定会对自己失信的行为负责,及时采取必要的措施弥补受诺主体的损失。

(四) 善于分析判断,应变力强

在信息社会和纳米时代,分析判断、快速应变能力的重要性是不言而喻的。远的不说,在证券市场,鼠标早击和迟击十分之一秒,是否成交或成交价格就有很大区别。照相机为什么设计了千分之一秒和万分之一秒快门，原因就是万一之差，本质上就已经截然不同。

机会是为有准备者提供的，快速应变能力往往并不表现为一时的灵感。对于客观环境和市场形势可能出现的变化，我们必须提前作出预测，并备有应付各种变化的预案（不管成文还是不成文的）。很多人都懂得去做这方面的准备工作，为事业的发展设计了很多种“可能”，但由于个人和所处环境的局限性，“不可能”的因素便被忽略了，但当所有的“可能”都变为“不可能”时，原来认为的“不可能”就是唯一的“可能”，千虑一失的情况就是这样发生的。可以说，善于分析、快速应变能力是在竞争日益激烈、变化日益迅速的今天有效执行的必要条件。

相关案例

《三国演义》第71回，描写了赵云临敌应变以“空营计”吓退曹兵的故事。汉献帝建安二十四年，魏国大将夏侯渊在定军山被黄忠斩杀，曹操得知后亲率大军20万杀奔汉中，要为夏侯渊报仇。黄忠自告奋勇深入敌后去夺取曹军粮草。诸葛亮放心不下，令赵云也领一支人马同去。黄忠在北山脚下被围，苦战多时，不得脱身。赵云见黄忠去后许久不归，急忙披挂上马，前去接应，曾先后两次杀入重围，救出黄忠及其部将张著。曹操在高处看到赵云东冲西突、所向无敌，愤然大怒，自领左右将士追赶。眼看大军追到蜀营军门以外，守营将领张翼看到敌我悬殊，情势危急，慌忙要关闭营门，赵云喝止，一面将弓弩手埋伏到寨外，一面令大开营门，偃旗息鼓，自己单枪匹马立于营外。魏将张郃、徐晃先到，看到这番情景，疑心设有伏兵，不敢向前。曹操到后，却催督众军，大喊一声，杀奔营前。这时，赵云大智大勇，依然纹丝不动，魏兵以为确有伏兵，转身就往后逃。赵云乘机把枪一招，蜀军鼓声震天，杀声动地，强弩硬弓一齐射出，魏兵心慌意乱，只顾逃命，互相践踏，死伤累累。拥到汉水边时，又互相争渡，落水淹死者无数，大批辎重器械丢弃，蜀军无一伤亡，取得了出乎意料的胜利。刘备得知后，亲到现场了解作战经过，对诸葛亮说：“子龙（即赵云）一身都是胆也！”

在这个战例里，看不到也不可能有任何牵强附会、袭人故技的痕迹，所有的只是赵云的英勇气概和随机应变、创造发挥的能力。

（资料来源：德信诚经济咨询公司，《培训资料·如何提高个人执行力》）

（五）乐于学习，追求新知，具有创意

一位哲学家曾说过："未来的文盲不是不识字的人，而是没有学会怎样学习的人。"学习能力、思维能力、创新能力是构成现代人才体系的三大能力，其中，善于学习又是最基本、最重要的第一能力。没有善于学习的能力，其他能力也就不可能存在，因此也就很难去具体执行。

相关案例

远大空调集团总裁张跃，拥有资产 2 亿美元以上，1989 年创业时只有 25 岁。张跃的座右铭是："要孜孜不倦地追求知识。"当然这里不是指那种很刻板的知识，还包括生活方式的认知和品位、感受，这是决定一个人是否幸福的重要方面。要在知识中找到美感，体会到享受。

拥有全国政协委员、全国民营企业家杰出代表头衔的刘汉元，四川眉山县人，通威集团总裁。他经过 18 年的创业，成为了国内最大的水产饲料及主要畜禽饲料的生产商。他所在的集团拥有 4000 名员工，正在向世界水产业霸主地位前行。2002 年，他被《财富》杂志认定为全球 40 岁以下最成功的商人——在亚洲仅有 13 人获此殊荣。作为一个如此规模企业的老板，刘汉元的时间是非常紧张的，他的办公桌上总是摆满了各种各样留给他批阅的商务文件。然而，不管再忙，哪怕身处天涯海角，每月的月底他都要飞到北京大学光华管理学院参加 EMBA 班的学习，这是专门为在职的老板举办的学习班。

当今社会，一切均在不断的发展变化之中，要想适应世界的变化，跟上社会的变化速度，必须努力学习，学习能力是一个成功者必须具备的能力，是未来新一代成功人士的第一特质。

（资料来源：王大庆著，《35 岁之前成功的 12 条黄金法则》，新华出版社 2004 年版）

（六）工作投入

全力投入工作的热忱不仅仅是管理者成功的要素，也是每个人获得成功的要素。没有对工作的热忱，就无法全身心投入工作，就无法坚持到底，对成功也就少了一份执著；有了对工作的热忱，在执行中就不会斤斤计较得失，不会吝啬付出和奉献，不会缺乏创造力。

（七）有韧性

韧性是指具备挫折忍耐力、压力忍受力、自我控制力和意志力等，能够在

艰苦的、不利的情况下，克服外部和自身的困难，坚持完成任务，并在较大的压力下坚持目标和自己的观点。

韧性首先表现为一种坚强的意志，一种对目标的坚持。"不以物喜，不以己悲"，认准的事，无论遇到多大的困难，仍千方百计完成。克劳塞维茨《战争论》中有一句很著名的话：要在茫茫的黑暗中，发出生命的微光，带领着队伍走向胜利。战争打到一塌糊涂的时候，将领的作用是什么？就是要在茫茫黑暗中，用自己发出的微光，带领队伍前进，谁挺住了最后一口气，胜利就属于谁。在工作中能够保持良好的体能和稳定的情绪状态，同样体现出坚韧。当处于巨大压力或产生可能会影响工作的消极情绪时，能够运用某些方式消除压力或消极情绪，避免自己的悲观情绪影响他人，并不是人人都能做到的。

麦当劳的创始人雷·克洛克最欣赏的格言是："走你的路，世界上什么也代替不了坚忍不拔：才干代替不了，那些虽有才干但却一事无成者，我们见得多了；天资代替不了，天生聪颖而一无所获者几乎成了笑谈；教育也代替不了，受过教育的流浪汉在这个世界上比比皆是。唯有坚忍不拔，坚定信心，才能无往而不胜。"一位经理在描述自己心目中的理想员工时说："我们所急需的人才，是意志坚定、工作起来全力以赴、有奋斗进取精神的人。我发现，最能干的大体是那些天资一般、没有受过高深教育的人，他们拥有全力以赴的做事态度和永远进取的工作精神。做事全力以赴的人获得成功的几率大约占到九成，剩下一成的成功者靠的是天资过人。"这种说法代表了大多数管理者的用人标准：除了忠诚以外还应加上韧性。具有韧性的人能够经受挫折，决心固然宝贵，但有时会因力量不足、能力有限而受阻；而唯有借助韧性，方能长驱直入，无人能敌。

相关案例

美国石油大亨约翰·洛克菲勒，标准石油公司的创始人，也是世界上第一位亿万富翁。16 岁时，他为了得到一份"对得起所受教育"的工作，翻开克利夫兰全城的工商企业名录，仔细寻找知名度高的公司。每天早上 8 点，他离开住处，身穿黑色衣裤和高高的硬领西服，戴上黑领带，去赴新一轮预约面试。他不顾一再被人拒之门外的尴尬，一连坚持了六个星期。在被全城所有大公司拒之门外的情况下，他并没有像很多人那样选择放弃，而是"敲开一个月前访问过的第一家公司"，从头再来。有些公司甚至去了两三次，但谁也不想雇个孩子。可是洛克菲勒越受到挫折,他的决心反而越坚定。

1855 年 9 月 26 日上午,他走进一家从事农产品运输代理的公司,老板仔细看了这孩子写的字,然后说:"留下来试试吧"。并让洛克菲勒脱下外衣马上工作,工资的事提也没提。过了三个月洛克菲勒才收到了第一笔补发的微薄的报酬。这就是他的第一份工作,是他自己都记不清被拒绝多少次后得到的工作。他一生都把 9 月 26 日当做"就业日"来庆祝,那热情,胜过他自己过生日。

做梦的价值为零。行动起来才有可能成功。相比洛克菲勒遇到的挫折,也许我们幸运得多。我想很少有人在找工作时,在推销自己的想法或产品时,会遇到几百次乃至上千次的拒绝。拒绝本身并不可怕,可怕的是遇到几次挫折就畏缩不前,就怀疑自己,这样的人是永远不会成功的。

(资料来源:余世维著,《赢在执行》,中国社会科学出版社 2005 年版)

(八)团队精神

团队精神不仅仅是对员工的要求,更应该是对管理者的要求,团队合作对管理者的最终成功起着举足轻重的作用。

对管理者而言,真正意义上的成功必然是团队的成功。脱离团队,即使得到了个人的成功,往往也是变味的和苦涩的,长此以往对公司是有害的。因此,管理者的执行力绝不是个人的勇往直前、孤军深入,而是带领下属共同前进。

相关案例

"经营之神"松下幸之助在 1945 年就提出:"公司要发挥全体职工的勤奋精神"。他不断向职工灌输"全员经营""群智经营"的思想。这种思想认为:"松下的经营,是用全体职工的精神、肉体和资本集结成一体的综合力量进行的。"为打造坚强团队,直至 20 世纪 60 年代,松下公司还在每年正月的一天,由松下幸之助带领全体职员,头戴头巾,身着武士上衣,挥舞着旗帜,把货物送出。在目送几百辆货车壮观地驶出厂区的过程中,每一个工人都会升腾出由衷的自豪感,为自己是这一团体的成员感到骄傲。

下者用己之力,中者用人之力,上者用人之智。一个人的力量总是有限的,成功 30%靠自己,70%靠别人。人脉就是财脉,每一个管理者都是通过组建一个团队来实现自己伟大梦想的。

（资料来源：余世维著，《赢在执行》，中国社会科学出版社 2005 年版）

（九）求胜的欲望强烈

欲望是一切行动的源泉，是积极人生必备的条件，没有欲望，任何事情都不可能做成。当然，人的欲望形形色色，其中不乏偏激的。此类欲望对人生有害无益，应当压抑和克制。积极的求胜欲望可以使人的潜能发挥到极致，为事业的成功献出一切。

相关案例

华为将它的产品打入美国市场伊始，就碰到了思科这一强大的对手。思科在 2003 年对华为发起了声势浩大的知识产权诉讼。不管这一知识产权诉讼最后的赢家是谁，在中国的企业里面，能够给美国思科带来威胁的毕竟不太多，而华为就是其中一个。

"求胜欲望"在华为公司有着很好的体现，他们以"狼"代表他们的文化，因为狼有三个特性：第一，嗅觉特别灵敏，哪里有血腥味就会冲过去，他们把这解释为商机；第二，狼寒天出动，他们把这解释为市场的状况再险恶，华为也不会畏缩；第三，狼通常都是成群结队，这表示狼善于发扬团队精神。

狼性哲学使华为具有强大的凝聚力、不屈不挠的斗志。正是凭借这种哲学，华为走出了"冬天"，冲出中国，走向世界，成就了事业的第二次高峰。

（资料来源：余世维著，《赢在执行》，中国社会科学出版社 2005 年版）

四、如何提升个人执行力

个人执行力取决于本人是否有良好的工作方式与习惯，是否熟练掌握管人与管事的相关管理工具，是否有正确的工作思路与方法，是否具有执行力的管理风格与性格特质等。

（一）管好自己的工作

大多数管理者的日常生活可以用一个词来概括：劳役。其实有效的管理不是像"奴隶"一样工作，而是更聪明、更灵活、更有效地工作。系统的、讲究方法的工作是把能力转化为结果和成就的关键，也是个性化的工作。

1. 时间与日程管理。有效的管理者总是会围绕自己的主体业务制订月工作计划（日程）、周工作计划（日程）与日工作计划（日程）；他们总能很好地区分事情的轻重缓急，并根据“重要且紧急—重要但不急—不重要但较急—不重要也不急”进行排序，从而让真正重要的事情得到较好的处理。

相关案例

美国企业家威廉·穆尔在为格利登公司销售油漆时，第一个月仅挣了160美元。他仔细分析了自己的销售图表，发现他的80%收益来自20%的客户，但是他却对所有的客户花费了同样的时间。于是，他要求把他最不活跃的36个客户重新分派给其他销售员，而自己则把精力集中到最有希望的客户上。不久，他一个月就赚到了1000美元。穆尔从未放弃这一原则，这使他最终成为凯利—穆尔油漆公司的主席。

用好80/20原则。要学会抓住重点，首先解决重要问题，然后解决次要问题。

（资料来源：王大庆著，《35岁之前成功的12条黄金法则》，新华出版社2004年版）

2. 授权与任务管理。有效的管理者很明白什么事情必须自己处理，什么事情应交由下属去处理，而自己只负责跟踪监督；有效的管理者还有一个特征是从来都不会轻易帮下属“做事”，下属职责范围内的，经本人思考和努力可以达成的工作一定要让他自己完成，从而使自己有更多的时间处理重要的事情，不至于因耽误部门的、下属的、同事的、上司的工作，使整个部门陷入恶性循环。

相关案例

法国的拿破仑皇帝是很多人崇拜的英雄，他有一句名言，叫做“替才能开路”。这样的思想使得众多的人才云集他的麾下，成就了他的千秋功业。范·弗利辛根是欧洲最富有的人之一，他拥有SHV控股公司。SHV公司总部在荷兰，经营能源和消费品，在过去的几年里，范·弗利辛根新的用人方式使公司的销售额和年收入都增加了9倍。范·弗利辛根的成功就在于，他懂得授权他人。他的用人观念是：相信“时势造英雄”——给属下造势，他们会发挥巨大能量，成为真正的英雄。

适当的授权是成功的一半，一个事无巨细都要亲自过问而不懂得授权的人，永远也做不了大事情。

（资料来源：和仁著，《人才三策：选人育人留人》，西北大学出版社2006年版）

3. 抗干扰管理。有效的管理者总是能有效运用电话、手机、E-mail，但又不会让它们轻易干扰自己的工作，更不会成为它们的“奴隶”，特别是自己在开会、写方案等时，不会让其干扰会场、打断思路。

4. 会议与报告管理。有效的管理者善于利用会议与工作报告来布置工作、了解情况，从来不开无效会议和看无效报告，同时要求所有报告与文件都应简洁明了(易看)、清楚准确(可信)、生动形象(易记)。

5. 备忘录。有效的管理者会随身携带一本轻便的备忘录，随时把看到、听到、想到、遇到的问题记录下来，然后依轻重缓急编排到工作日程里面去，把工作做得井井有条、疏而不漏。

6. 记忆系统。有效的管理者能把自己的工作场所、文件资料、电子文件整理得井井有条；能把自己的经验、灵感、心得随时写到活页文件夹中归类保存，方便随时取用。

7. 助理或秘书的运用。有效的管理者能充分利用自己的助手跟踪工作、专案调查、稽查工作、收集整理信息、传达信息指令、整理文件资料等。

8. 检查清单。有效的管理者会针对有规律重复性的工作设计一份程序清单，按照清单“按部就班”地做，从而提高工作效率。如：出差时用品清单，招聘时事项清单，现场巡查时检查清单等。

因此，有效的工作方式＝时间日程管理＋优先顺序管理＋授权与任务管理＋意外干扰管理＋会议管理＋报告管理＋备忘录管理＋检查清单管理＋记忆系统管理＋助手运用管理＋……一切聪明有效的工作方式。

(二)管好下属

管理者必须管人，否则不能成为真正的管理者。管人是件困难的事情，如果采用人盯人的方法你只能管一个人。其实，管人也可以很简单，那就是利用岗位、任务、目标、预算、责任来管人。即给每个人一个合适的岗位，明确工作内容或任务，清楚告知目标效果，在执行任何一项工作时都要求有预算计划。最后，责任心也很重要。责任心是职场的杀手锏，是做好工作的第一要素。只要有责任心，80％以上的工作都能做好。

人员的管理，除了让下属利用目标自主管理之外，上司适当地进行控制也是必需的。我们应把信任与监控放在一起来看待，两者是并存的；如果把信任与监控割裂开来，都无法把管理工作做好。

通常可以用以下几种方法去调控下属的行为，让工作得到有效控制与开展。

工作日程：通过属员的工作日程安排表，我们可以知道他要干什么，有什么没有干；工作日程安排与属员的工作职责和工作性质及规律是分不开的。

工作日志：通过员工的工作日志（日记），我们可以知道下属工作进度与工作结果；工作日志与工作日程往往是连在一起的。

工作报表：工作报表是属员的工作结果的反映，也是属员执行工作的证明。

工作指令清单：一式两份，下属一份，助手跟踪一份，是布置与落实工作很有效的办法。

报备与回馈制度：可分为例行（周期性的、定时的）报备与意外报备，可随时掌握工作的进展状况。

检查与稽查：一是可发现问题与解决问题，二是可指导工作鼓舞士气，与工作布置连在一起进行。

定期述职与考评：一是可对下属前一阶段工作状况的分析与评估（好的与不足的）回馈给下属，并提出改进要求；二是可提出下一阶段的期望（布置工作与明确要求及成长期望）；三是倾听属员的想法、期望、要求、建议，并提供相关的必要的协助与支持。

管理制度：通过制定劳动纪律、工作规范来控制雇员的工作行为。

越级指挥与上报：在必要时合理使用，可使属员在心理上产生微妙的变化，但不能滥用。

周工作会议：总结本周工作状况，布置下周工作，听取属员意见、想法、要求等。

（三）管好事情

不同的事情有不同的完成方法，要用到不同的管理工具。但任何事情的完成都有一个通用管理流程，我们统称为“5W3H”。

工作任务（What）：工作内容、工作量和工作要求与目标。

做事的目的（Why）：这件事情是否有必要（我亲自）去做，或做这件事情的目的意图是什么。

组织分工（Who）：这件事由谁或哪些人去做，他们分别承担什么工作任务。

工作切入点（Where）：从哪里开始入手，按什么路径（程序步骤）展开，到哪里终止。

工作进程(When):工作程序步骤对应的工作日程与安排(包括所用时间预算)。

方法工具(How):完成工作所需用到的工具及关键环节策划布置(工作方案的核心)。

工作资源(How much):完成工作需哪些资源与条件,分别需要多少。资源包括人、财、物、时间、信息、技术等,条件包括权力、政策、机制等。

工作结果(How do you feel):工作结果预测指工作结果对别人的影响以及别人的评价或感受。

要注意在制订方案之前必须弄清工作目标——活动所需达到的指标或结果,政策——工作开展的指导思想与行为准则(即可以怎样做,不可以怎样做),程序——确切方式、行事方法及其时间或逻辑顺序与行为规划。

在管理的过程中,通常可以通过关注下列问题确保自己不被架空:一是要抓住主计划及相关信息;二是发现(或预计到)问题后要深入到业务中去,深入了解工作的实际状况;三是要很好地利用目标与指令;四是关注异常处理状况及相关信息;五是掌握人事动态及其心理状况;六是注意项目工作开展状况;七是注意例外事项的管理。做到以上七点,通常是不会架空在部门业务之外的。

任务一案例介绍

洗手套的启示

一个冬天的晚上,9 时许,美国西点军校一位军官交代给他的学生一个任务:把军官的脏手套洗干净,次日要用。学生立刻回宿舍帮军官清洗手套,洗手套不难,难的是如何让手套在第二天变干。学生先是把手套拧干,再拿干毛巾把手套卷起来吸干水分。到了凌晨 3 点,学生就把手套靠在窗口,晃动双手,让风把手套吹干,吹了一晚上,到了早上 6 点,学生终于把晾干的手套交到了军官手上。

这个故事告诉我们:"不要推诿责任,不要逃避挑战,用心地完成上级交给你的任务,这是一个基层员工执行力的表现。"

(资料来源:杨立国译,《西点军校的经典法则》,学林出版社 2006 年版)

实训练习

某家民营企业的困惑

有家企业发展速度很快，销售额每年以30%的速度增长，但是内部运营系统无法跟上销售的脚步，企业高管焦头烂额，却效果不佳。

当他们听说有关执行力培训的时候，感觉眼前一亮，仿佛找到了济世良方，立刻组织大范围员工培训，公司内部大力推行执行力，要求各种任务布置下去之后，应该立即执行。时间过去了几个月，这家企业各种运营系统依然滞后。销售人员经常遭到质量、交货等方面的投诉，研发、生产、采购、财务人员尽管工作努力积极，仍无法满足销售部门的要求。

（资料来源：《企业执行困惑》，企业管理网，http://www.cs360.cn/）

思考题：

这家企业出了什么问题，你认为应怎样解决。

任务二　团队执行力的打造

任务引入

执行力指企业实现战略目标、完成任务的能力。执行的过程指在执行制度和组织架构的保证下，完成任务的细节过程，是全体人员（包括高层领导者、中层执行者、基层实施者）共同努力的过程。执行是介于目标和结果之间的环节。

一、任务要求

查阅资料（教材、期刊、网络等）、企业访谈，完成以下事项：

1. 在教师引导下完成教师预设的团队执行力游戏。
2. 完成游戏后的讨论及理论学习。
3. 完成后面的案例分析及实训练习。
4. 小组内分工协作完成任务。

二、任务分析

团队执行力是指整个工作群体贯彻执行目标并最终实现战略的能力。一个企业执行力的高低取决于执行团队的整体素质。团队执行力高，表明团队目标清晰、团队成员协作性强、成员的责任感强、团队之间沟通良好并有优秀的领导者。团队成员之间相互协作、执行到位，才会使企业运转高效。

三、实施准备

1. 场地准备：能分组讨论演练的实训室。

2. 团队成员：分成七组，第七组坐在中间（以下叫做核心小组），其余六组围坐在周围（以下叫做执行小组）。

3. 材料准备：五种颜色的七巧板，分发给各执行小组。同时，核心小组和各执行小组都收到了一份任务书（见图 2-1、图 2-2）。

执行小组任务书

你们组的任务是：

1. 用五种颜色的图形分别组成图一至图六，每完成一个图案将得到 10 分。（每个图形须五种颜色）

2. 用同种颜色的图形组成图七，完成后将得到 20 分。

3. 用三种颜色的七块图形组成一个长方形，完成后将得到 30 分。

每完成一个图案请通知教师，教师确认后，将登记分数。

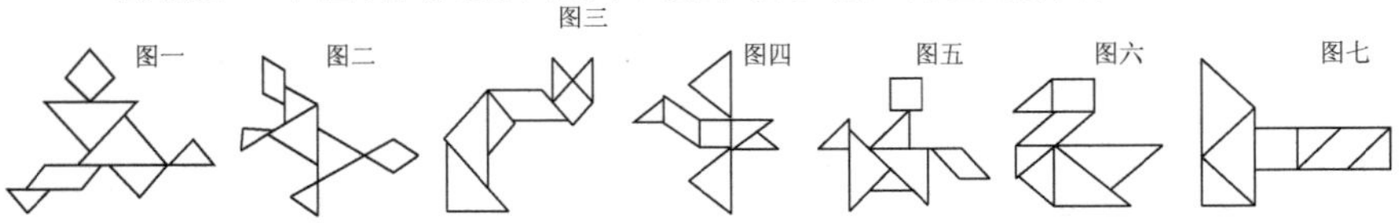

图 2-1　执行小组任务书

核心小组任务书

你们组的任务是：

1. 领导团队在规定时间内完成任务，达到 1000 分的目标。

2. 指挥其他各组成员，用所有的 35 块图形组成 5 个正方形，每个正方形必须由同种颜色的 7 块图形组成。每完成一个正方形，你将得到 20 分，组成正方形的那个组将得到 40 分。

3. 支持其他各组成员，在规定时间内得到更多的分数，其他各组总分的 10%将作为你们的加分奖励。

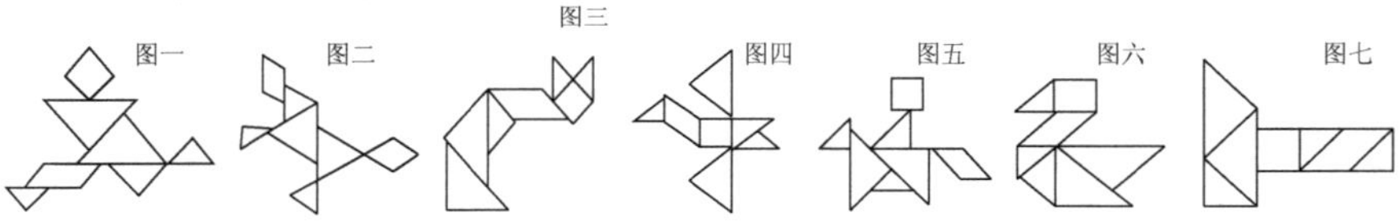

图 2-2　核心小组任务书

四、实施步骤

1. 各组在半个小时内按照任务书内容完成工作。每完成一项任务，组织者给完成任务的小组积分，各小组的积分合计形成团队总分，最后按照目标分数和实际分数来衡量是否完成团队绩效目标。

2. 为了完成任务，各组之间可以交换七巧板，但不能站起来传递，可以通过其他小组帮忙传递。

五、效果评价

对学生学习过程及完成质量给予评价（见表 2-3）。小组成绩主要考核团队整体完成情况，个人部分主要考核个人执行情况。

表 2-3　团队执行力训练评价表

小组序号：			学生姓名：　　　　学号：		
小组成绩(教师评价或小组互评)			个人最终成绩		
任务及标准	满分	得分	项目及标准	满分	得分
游戏完成及讨论	5		小组分解得分	40	
倾听讨论	10		个人角色及执行	20	
个人执行力内容讨论	10		代表发言陈述	10	
团队执行力内容讨论	10		讨论发言	20	
讨论及合作情况	5		友好互助	10	
合计	40		合计	100	
评价者：			评价者：		
评价时间：　　年　　月　　日			评价时间：　　年　　月　　日		

六、点评交流

学做合一的教学模式，学生每次完成学习任务，教师及时组织交流，重点点评，穿插引出相关理论知识及下一步要进行的内容，启发学生积极思考，较好地完成本次学习任务。

1. 分析得分较高的团队执行情况，以及你所在小组在游戏过程中存在的问题。

2. 你认为团队执行力应如何提升打造？

相关知识

一、团队执行力

一个企业是一个组织，一个完整的机体，企业的执行力也应该是一个系统、组织和团队的执行力。执行力是企业管理成败的关键。只要企业有好的管理模式、管理制度，好的带头人充分调动全体员工的积极性，管理执行力就一定会得到最大的发挥，企业就一定能创造百年企业的目标。企业要实现“办一流企业、出一流产品、创一流效益”的经营宗旨，解决管理中存在的问题，就必须在员工中打造一流的企业执行力。一个执行力强的企业，必然有一支高素质的员工队伍，而具有高素质员工队伍的企业，必定是充满希望的企业。

从企业管理的流程来讲，要实现管理的目标，首先需要制定可行的战略，战略制定以后，就进入了实施阶段，要求确立合适的目标，采用有效的组织结构形式，激励员工和配置资源，以便使制定的战略得以贯彻执行。在执行的过程中，需要对战略的执行情况对照组织的目标进行控制，及时纠正偏差。

团队执行力是团队竞争力的核心，是把团队目标、规划转化成为效益、成果的关键。能够高效实现目标的团队称为有执行力的团队。团队执行力是指整个工作群体贯彻执行目标并最终实现战略的能力。一个企业执行力的高低取决于执行团队的整体素质。团队执行力高，表明团队目标清晰、团队成员协作性强、成员的责任感强、团队之间沟通良好并有优秀的领导者。团队之间相互协作、执行到位，才会使企业运转高效。

二、团队执行力不佳的表现

现实中存在着大量悄悄衰亡的企业，这些企业常常是策略、愿景一大箩筐，议而不决，光说不练，流于“口号管理”，策略、愿景没有落实到具体的目标、计划上，也未将目标、执行方法列出时间表，更没有根据达到的程度订立赏罚标准。

这样的企业，必然患上一种“组织末梢神经麻痹症”，越到执行最关键的基层，员工越是对工作拖拖拉拉、敷衍了事；偶尔认真起来，却又呆头呆脑不知灵活变通；整顿来了，头一低；风头一过，依然我行我素。这样的基层员工，在每个企业中都大量存在。

同时，几乎每一个企业中还活跃着这样一些人：他们是高谈阔论的思想家；他们是牢骚满腹的改革倡导者；他们常常身居中层要职，却将自己的“职责范围”视为“势力范围”；他们左右逢源关心每一个人和每一件事，最擅长在高层领导和其他人面前搬弄是非，散布谣言。这样的人，不但自己执行力差，还影响他人执行力的正常发挥。

相关案例 · 联想集团 ERP 改造

联想集团，也曾因基层和中层执行不力而险遭崩盘。1999 年企业进行 ERP 改造时，业务部门不积极配合。柳传志不得不施以“铁腕”手段，才消灭企业内部试图拖垮 ERP 以保全既得利益的阴暗心态。柳传志在一次会议上雷霆震怒:“(ERP)必须做好,做不成,我会受很大影响,但我会把李勤(当时的联想集团副总裁)给干掉!”李勤当即站起来:“做不好,我下台,不过下台前我先要把杨元庆和郭为干掉!”

(资料来源:陈永亮编,《团队执行力》,北京大学出版社2009年版)

员工执行力不强的案例,早已不胜枚举。那些活跃在企业中善于搬弄是非的人,还必然使组织陷入一种“办公室政治”之中。更为严重的是,“办公室政治”必然加速形成“组织末梢神经麻痹症”,最后导致恶性循环,使企业的执行力一塌糊涂。

相关案例·20世纪90年代初期的IBM

IBM的战略和经营策略天下一流,但在20世纪90年代初期,它却陷入四面楚歌、风雨飘摇之中。原因多样而复杂,但我们可以通过其信用部以管窥豹。IBM信用部为顾客提供融资服务的步骤是:首先,现场销售人员获得一名有购买意向的客户,然后电告总部办公室人员,办公室人员将要求记录在一张表格上;第二步,这张表格被送到信用部,信用部专人将其输入电脑,并审核客户信用度,把审核结果填入表格,然后将表格交给下一环节——经营部;第三步,经营部接到此表格后,又有专人负责根据客户的申请,对标准的贷款合同作必要的修改填写;第四步,此融资申请单被送到核价员处,他将有关数据输入电脑,计算出对该客户贷款的适当利率,然后连同其他材料一起,转到下一环节——办事组;第五步,办事组中一位行政人员将所有这些材料装入一个特定的信封内,并委托快递公司送到销售人员手中。这一流程长达两星期,平均花费7天(后来的“综合办事员”仅4小时即能完成)。在等待的7天中,销售代表和顾客谁也不知道他的申请公文到了哪个环节,电话询问也不得而知。于是没有耐心等待的顾客,最后都离IBM而去。显然,IBM信用部门组织本身的执行力是低下的。

这样的流程也许曾经是正确的,但随着需求的变化,它就会渐渐变得疲软乏力。但大多数企业经营者并不能及时发现,即便发现也不能及时改革,因为他们怕损害既有的利益基础,于是企业在犹豫不决的拖延中江河日下。

(资料来源:君合智联咨询,《培训资料·打造高效执行力组织——构建企业执行力体系》)

许多企业执行力低下的表现还有：管理虎头蛇尾，不能一以贯之；管理制度常常朝令夕改，员工无所适从，导致真正好的制度得不到有效执行；制度缺乏针对性和可行性，或者过于繁琐不利于执行，企业每定一个制度如同给执行者加了一个紧箍咒，增加了执行者的逆反心理；流程过于繁琐，缺乏科学的考核监督和奖惩制度……

曾经有一家权威公司做过一项调查：整整一年时间里，许多公司只有15%的时间在为顾客提供服务，其余85%的时间所做工作对顾客而言根本没有意义。换言之，公司为了维护组织自身平衡稳定，将大量的时间和精力花在了企业内部协调、开会、解决人事问题、处理各种管理纷争上了，此时企业组织变成了“为了存在而存在”而不是“为了顾客而存在”。然而顾客却必须为15%的价值，向公司支付100%的货币。显然，这样的组织是没有执行力的，更是没有竞争力的。

在现实中，每一个企业都会被以上种种执行力低下的问题所困扰。当然更多的企业并未察觉，他们只是觉得，自己总是被一些琐碎、复杂而又突发的事情弄得焦头烂额。其实这就是企业执行力低下的表现，是企业管理中最大的黑洞。

三、团队执行力的打造

一个团队的执行力至少包括五方面内容。首先是人和组织的和谐关系，也就是建立良好的组织构架。一定要有合适的组织架构，组织成员才能明晰自己在这个组织内的职责范围。其次是组织成员的素质。组织战略的执行最终要落实在每个成员的身上，组织成员是否有能力完成任务尤为重要。一方面领导者要知人善任，另一方面适当的培训也必不可少。第三是在组织内形成“执行”的文化。组织是由不同的个体构成的，所以不同的个体在思考、行动时难免会产生差异。如何尽可能使不同的“分力”最终成为一股推动组织前进的“合力”，只有依靠企业文化。优秀的企业内部都有一种强烈的“执行文化”，它们注重承诺、责任心，强调结果导向，这一切都是“执行文化”的具体表现。第四是组织的绩效管理。绩效管理的核心就是考核评价与激励机制挂钩的问题。绩效管理将组织成员进行有效区分，奖励先进，淘汰落后，这是促进组织有效“执行”的关键。第五是明确员工职责。企业的执行力是组织执行力，组织执行力是一个团队的系统工程，高、中、基层都要学习执行力，只是在执行中，每个层级的职责不同。

（一）适当的团队组织架构

有人认为组织中的职责不清对于加强团队意识是一件好事情，因为人们知道他们必须合作才能完成任何事情。但是，如果那些高明的人以及那些愿意合作的人清楚自己在集体中应有的作用以及他们之间的相互关系，则组织的执行效率将大大提高。

例如在足球比赛中，有一位或者二至三位足球明星作为核心组成的球队与全是足球明星组成的球队相比，前者的表现以及成绩反而会更出色。究其原因是因为在前一支球队中，其他球员都明白自己的职责，知道自己是辅助角色，在机会合适的情况下，会将获得的球传给球星。整个球队职责分明，运转流畅。而后一支球队，球星们可能个个都想表现自己，只要球在自己脚下，就猛冲猛带，球队组织的效率自然大打折扣。一个足球队是这样，一个企业和团队也是这样。从本质上说，设计并保持这种角色系统就是组织工作的职能。

有执行力的组织结构的构成要素应该包括制订适应组织的战略，合理划分部门，合理确定管理跨度与组织层次，处理好集权与分权关系，选用合适的组织结构形式，及时进行组织结构的调整。

（二）团队组织成员的素质

1. 领导者执行力的素质要求。对一个组织来说，良好的执行力必须以适宜的结构、流程、企业文化和员工的素质能力为基础。对于一个特定的管理者而言，执行力主要体现为一种总揽全局、深谋远虑的业务洞察力；一种不拘一格的突破性思维方式；一种“设定目标，然后坚定不移地完成”的态度和行为；一种雷厉风行、快速行动的管理风格；一种勇挑重担、敢于承担风险的工作作风等。

因此，管理者的执行力是多种素质的结合和表现，而绝不是某项单一素质的凸现。单一的“领导说啥，就是啥”的盲目服从；不计后果、不顾大局的冲动鲁莽；说一不二、大搞一言堂；对待下属的简单粗暴等，都不是我们需要的执行力。

一个团队领导者要表现出有效的执行力，至少要具备三方面的素质：思维能力、团队精神和坚韧性。

(1)思维能力。思维能力包括演绎思维和归纳思维两方面。演绎思维是指在理解问题时将其分拆成更小的部分，通过一步一步符合逻辑的演绎，排除不相关的资料，找出事物发生的前因后果。归纳思维就是运用已有的概念和理论作归纳性的分析和总结。

管理者的快速执行必须首先建立在强大思维的能力基础上。杰出的管理者能够不断探寻业务模式和事物的因果关系，能够不断尝试从新的角度看问题。AT&T 公司要求员工能够从五个方面全面分析问题，这五个方面被概括为“五个 C”。

同事的角度(Colleague perspective)。特别是其他部门同事，他们更能从不同的角度找出可能的遗漏，提出有用的建议。

客户的角度(Customer perspective)。谁能够更准确地理解和把握客户需求，谁就能赢得客户。我们必须从客户的角度来审视自己的计划和方案。

竞争对手的角度(Competitor perspective)。我们需要对竞争对手采取的每一个行动了如指掌，而不能凭感觉主观臆断、盲目猜测。我们必须从竞争对手的角度来评估自己的计划和方案，并思考应对策略，不能因为竞争对手一反击，就没了主意。

公司的角度(Company perspective)。请求上级解释清楚自己的工作与公司的目标有何种关系，从而使自己能站在公司的立场上考虑问题。

创造性的角度(Creative perspective)。摆脱本行业的条条框框，接受其他领域中的优秀思想。

总之，只有具备宽阔的视野、敏锐的洞察力，管理者才能真正地快速执行。

(2)团队精神。团队精神不仅仅是对员工的要求，更应该是对管理者的要求。团队合作对管理者的最终成功起着举足轻重的作用。据统计，管理失败最主要的原因是管理者和同事、下级处不好关系。以下这个案例很能说明问题。

相关案例 · A 经理和 B 经理

某公司有两位刚从技术岗位提升到技术管理职位的年轻管理者：A 经理和 B 经理。

A 经理上任后觉得责任重大，技术进步日新月异，部门中又有许多技术问题没有解决，很有紧迫感，每天刻苦学习相关知识，加班加点解决技术问题。他认为，能否向下属证明自己在技术方面是如何的出色十分重要。

B经理也清楚技术的重要性和自己部门的不足，因此他花很多的时间向下属介绍自己的经验和知识；当他们遇到问题，他也帮忙一起解决，并积极地联系相关部门协调解决。

三个月后，A经理和B经理都非常好地解决了部门的技术问题，A经理似乎更突出。但半年后，A经理发现问题越来越多，自己越来越忙，但下属似乎并不满意，觉得很委屈。B经理却得到了下属的拥戴，部门士气高昂，不仅以前的问题都解决了，还搞了一些新的发明。

（资料来源：根据相关资料整理）

对管理者而言，真正意义上的成功必然是团队的成功。脱离团队，去追求个人的成功，这样的成功即使得到了，往往也是变味的和苦涩的，长期来看对公司是有害的。因此，管理者的执行力绝不是个人的勇往直前、孤军深入，而是带领下属共同前进。

团队精神包括四个方面的内容：

同心同德。组织中的员工应该相互欣赏，相互信任，而不是互相瞧不起，相互拆台，对方反对的我就拥护，对方拥护的我就反对。管理者应该引导下属相互发现和认同别人的优点，而不是拉一派，打一派，故意让下属对立，以突显自己的重要性。

互帮互助。不仅是在别人找你寻求帮助时，提供力所能及的帮助，还要时时寻找机会去主动地帮助同事，自己掌握的那些技能和信息是别人所需要的，就应主动提供给别人。反过来，我们也应坦诚地乐于接受别人的帮助。

奉献精神。组织成员愿为组织或同事付出额外努力。

团队自豪感。团队自豪感是团队里每位成员的一种成就感，这种感觉集合在一起，就成为这个团体战无不胜的战斗力。

领导者的执行力绝不是个人的行为，而必须是整个团队的执行。因此，管理者的团队精神不仅指个人的态度，还必须对整个组织的团队精神负责。

(3)坚韧性。

坚韧性首先是指具备挫折耐受力、压力忍受力、自我控制和意志力等。坚韧性表现为一种坚强的意志，一种对目标的坚持。“不以物喜，不以己悲”，认准的事，无论遇到多大的困难，仍千方百计完成。克劳塞维茨的《战争论》中有一句很著名的话：要在茫茫的黑暗中，发出生命的微光，带领着队伍走向胜利。战争打到一塌糊涂的时候，将领的作用是什么？就是要在看不清的茫茫黑暗中,用自己发出的微光,带着你的队伍前进。谁挺住了最后一口气,胜利就属于谁。

其次是指在工作中能够保持良好的体能和稳定的情绪状态。例如,有较强的耐受力,能够经得起高强度的体能消耗;面对别人批评时能够保持冷静;在与同事、领导和客户的冲突时,能够克服烦躁的情绪,保持冷静。

最后是指当自己处于巨大的压力下或产生可能会影响工作的消极情绪时,能够运用某些方式消除压力或消极情绪,避免自己的悲观失望情绪影响他人。

总之,管理者的执行力是多种素质的结合和表现,其中思维能力是基础,团队精神是保障,坚韧性则是最终体现。

2. 员工执行力的素质要求。员工执行力的要素就是心态,在执行过程中,心态是非常重要的。如果一个人没有健康的心态,即使别人用尽种种办法催其奋进,也不会有什么效果。心态是影响执行力的内在要素。

执行力心态有三个层次:态度、激情和信念。它们层层深入,不断加强。

(1)态度。所谓"态度决定一切",对企业来说也是如此。如果员工工作的态度不端正,让其努力工作简直就是一种奢望。国内的许多企业都缺乏对员工的职业化训练,在这种情况下,强调态度对企业的重要性是非常必要的。

态度其实就是一种职业化精神。以足球运动员为例,不论是在场上还是场外,不论心中怀有怎样的怨恨或者想法,只要一开始比赛,就应竭尽全力地去谋求胜利,这就是职业态度。对于企业的员工来说,不管你对企业有什么看法,一旦到了工作岗位上,就要全力以赴。任何职业都需要工作者去维护它的尊严,这是职业本身的需要,这就是一种态度。

(2)激情。态度在某些情况下是一种被动性行为,但是,当态度转换为激情之后,它就会变成一种主动性行为。所谓激情就是这样的一种心态——我非常想去做我想做的一切。激情与态度相比,能产生更大的执行力,因为它是一种发自内心的主动行为。

爱默生说过"世界上没有一件伟大的事情不是由于热情而成功的",成功的人往往都是激情澎湃的人,激情能让个体产生大量的主动性行为。所以,在企业的经营过程中,特别是在企业的执行过程中,培养员工激情,是管理者需要做好的一项重要工作。要想有效调动人的情绪,一定要善于抓住人的本质,把研究的对象看清楚。

(3)信念。如果说激情是有时效性的，此一时彼一时，那么信念无疑就是相对恒久的。当激情转化为信念的时候，原来主动的情绪就变成了涌动的动力。中国共产党正是抱着"一不怕苦，二不怕死"的信念打败了国民党。国家需要信念，企业也需要信念。

一个基业常青的企业一定是拥有良性的、大家认可的信念的企业，没有信念的企业一定是短命的，这可以看做是企业成功的一条最基本的规律。企业有了信念，它的执行行为才能真正贯彻到底，没有信念的执行行为一定会半途而废。

（三）团队组织内形成"执行"的文化

一曲《敖包相会》使得内蒙古的敖包名声远扬。去过内蒙古你就会知道，原来此"敖包"并非是蒙古包，而是一种由大小石块堆积而成的圆形实心的包状"建筑"。在敖包上面，竖立有木幡杆，上面还挂有一些五色彩带。在蒙语中，敖包就是"堆"的意思。它通常建在山顶、湖畔或者河滩中醒目之处。据说在敖包旁绕三圈，然后再拣三块石头丢到包上，这样就会得到神灵的庇佑。每年阴历六月举行的"祭敖包"宗教活动也是蒙古族最隆重的仪式之一。

据考证，敖包先于神学的意义是一种草原中的导航标志。按理说，建造路标是人人得益的事情，并且，牧民每每遇到路标时奉献几块石头也不是什么难事；然而，放牧时留意石块并且一路要携带着直到遇到路标，的确是件辛苦的活。更何况要那么多人做贡献。但是如果大家都这么想，那么路标建设成本的分担就变得棘手了，谁都需要路标，但是谁都有让别人去添砖加瓦自己却坐享其成的心态，最终好事难成。

聪明的蒙古族人的解决方案让人拍案叫绝，他们赋予了功能性的路标以宗教的意义，让路过的每个人，都自觉地对发挥路标功能的敖包进行建设，在祈福中，完成了自己的贡献。

敖包的故事告诉我们，没有信仰，制度就形同虚设；没有信仰，就不会产生执行力。

企业的执行文化，就是把"执行"作为所有行为最高准则和终极目标的文化。所有有利于执行的因素都予以充分而科学的利用，所有不利于执行的因素都立即排除。以一种强大的监督措施和奖惩制度，促使每一位员工全心全意地投入到自己的工作中，并从骨子里改变自己的行为。最终使团队形成一种注重现实、目标明确、简洁高效、监督有力、团结、紧张、严肃、活泼的执行文化。

（四）团队组织的绩效管理

1. 领导者需要注意的事项。

（1）执行前：根据目标制订执行计划，要明确谁来执行，何时完成，谁来监督验收。下达命令并和执行者深度沟通，明确任务的执行先后顺序，执行的关键点。重要的任务要明确奖惩条例。向监督验收者下达命令，明确任务的验收标准和时间。

（2）执行中：随时跟踪，询问任务的执行情况，和执行者深入沟通，看存在哪些问题，需要领导提供哪些帮助，需要改进的地方和事项有哪些。

（3）执行后：总结执行情况，作出评判。根据执行情况，当奖则奖，当惩则惩。总结经验，达成共识，重要的经验要普及宣传。

2. 员工需要注意的事项。

（1）执行前：听清弄懂领导的指令。向领导反映你需要的资源（人、财、物）及相关的事项和建议。

（2）执行中：重要的任务作好执行记录，及时向领导汇报任务的执行情况，执行时存在的问题需要领导提供帮助的要及时反映。请示领导有没有改进的地方和事项。

（3）执行后：报请领导或监督验收者及时验收。根据验收情况，总结经验得失。向参与工作的同事和提供帮助的领导表示感谢。

（五）界定主体职责

1. 基层员工的执行职责。高、中、基层各有不同的职责。一般来说，基层的员工，应该具备服从力、行动力、协作力和沟通力，这四项是基层员工基本的、必备的能力。服从力摆在第一位，因为企业的执行力从服从开始，到行动终结。服从是执行的前提，行动是执行的最终落脚点。企业大部分的事务都是通过基层的员工去执行的，那么基层员工必须要有强烈的服从意识和正确的服从方法，并且能快速、高效、坚持不懈地付诸行动。

但是执行力指的是团队的执行力、组织的执行力，所以需要员工之间的通力协作和高效沟通。华为公司就曾因沟通不够影响了执行力。有一次，任正非提出要对华为公司的发展历程进行系统的总结和提炼，找出一些普遍性、规律性的东西。当时的总裁办公室主任陈小东按照一贯思路，用了两个月时间将多年来发布的规章制度和内部管理条例加以整理、归纳、删节，进行了一次制度体系的整合。当陈小东将制度汇编送到任正非手里时，任正非十分不满意，认为没有领会他的意思。于是陈小东向城市华为基本法制定者之一的彭剑锋教授请教，想搞清楚任正非究竟想要什么。彭剑锋了解了事情的原委后指出，任正非要的肯定不是这种制度汇编，而是能够指导华为未来成长和发展的管理大纲之类的东西。可见高效执行的前提是充分的沟通和准确地理解对方的意图。

相关案例・分析性报告与流水账

一家企业的老板命令秘书就全年的工作写一份总结报告，并强调越详细越好。秘书接到命令，立即加班加点地执行该项任务，不到两周，他就完成了一份几万字的报告。老板看到报告很高兴，但没读几页，脸就沉下来了。原来，他的意思是希望秘书能够就一年的工作写一份分析性报告，但秘书却误解了他的意思，把报告写成了一份事无巨细的流水账。老板无奈之下，只好自己写了一份。

（资料来源：众人行培训，《培训资料・执行力打造》）

2. 中层干部的执行职责。中层干部在组织的执行力建设中，责任更重大。戴尔蒂说，执行当中的关键人物是中层管理者。此处的中层管理者是一种广义的概念，是指既有上司又有下属的层级，包括班组长、科长、处长、部长、经理、总监这些层级。一个企业，如果中层干部的执行力强大，普通员工的执行力就会很强；中层干部的执行力不强大，只靠高层领导去管，员工的执行力就会很差。所以当务之急，就是要提高中层干部的执行力。中层干部在执行力提升中的职责，具体表现为十项：服从力、计划力、配置力、沟通力、协作力、激励力、监控力、应变力、纠防力和行动力。

3. 高层领导的执行职责。

（1）建设执行文化，创造执行环境。高层领导在企业执行力建设当中的职责是建设执行文化，创造执行环境。把人的价值观改变过来，这是文化的灵魂，但光改变价值观是不够的，还需要一种环境来做支持，比如创新。在海尔，一个员工要是搞创新，公司员工会佩服他，其间要是碰到了困难，公司员工会鼓励他、帮助他。如果创新失败了，大家会安慰他；如果成功了，大家会祝贺他。

（2）让团队拥有自己的愿景。学习型组织的理论奠基人彼得・圣吉提出了"愿景"一词，对于个人来说，愿景就是个人在脑海中所持有的意象或景象。对于团队来说，愿景是团队共同期望达到的目标。

共同愿景的作用已被很多卓越组织的实践所证实。四通的事业就是几位中国科学院的知识分子，借了两万元，在一间破旧的"卖菜的铺子"里开始起步的，"我们献身了一个事业——改革的事业，我们创造了一种形象——改革者的形象。我们奉献给社会的不仅是第一流的产品，还有第一流的人才。"四通集团公司追求的愿景实现了。他们奉献的第一流产品——四通打字机带动了中国办公室自动化事业的起步。他们奉献的第一流人才，有的一直为四通的崛起、发展作出贡献，有的走向了联想、方正、金山、惠普、摩托罗拉、微软公司等优秀企业。

任务二案例介绍

志高空调营销团队执行力的打造

每年志高空调销售业绩良好的市场区域，往往是领导得法和团队建设工作做得非常好的区域。抓紧抓好团队建设工作，一直是志高集团的优良传统，同时也是营销不断获得成功的重要原因之一。

在市场经济时代，必须倡导"顾客至上，员工面对顾客，经理人在员工的底层，支持员工"。作为志高营销系统的管理人员，必须为一线营销人员提供适合其需求的培训，带领营销员工扫清前进过程中各种障碍。总部各项政策的出台，会更多地征询营销一线的意见，更加注重市场的调查和考察，使之更加贴近市场实际。营销系统将围绕"目标、关系和工作方法"三个着力点来抓好团队建设工作，志高总部在提供良好服务的同时，也会加大监控和管理力度，保证营销系统的运行更加稳健，确保年度销售目标的顺利完成。

"打造志高营销铁军"是营销系统提出来的一个重要工作指针。营销系统要真正达到"政治合格，作风过硬，纪律严明，业绩一流"这十六字的要求，还有很长的路要走，其中最为关键的是全面提升系统的执行力。

关于执行力，志高空调一直抓好以下三个核心环节，"做正确的事(战略流程)，用正确的人(人员流程)和正确地做事(运营流程)"。

在"做正确的事"这个环节，多年来实践证明是成功的，这一点没有任何可以怀疑的，只要朝着公司制订的目标前进就可以了。在"用正确的人"这个环节，总部会尽可能地将合适的人放到合适的岗位和平台，尽可能做到人适其职和职得其人，人力资源管理按照“优胜劣汰”和“庸者下、能者上”，选准人是营销系统各级管理者最为重要的工作之一。“正确地做事”这个环节，与具体执行人员的工作息息相关，执行的效率和效果真正决定了执行任务的成败，管理者必须充分发挥监控和指导作用，跟踪到位，授权充分，建立起上下级之间良好的工作信任。布置好任务之后，还必须做好一系列后续工作，直到整个流程的顺利完成。

（资料来源：陈永亮编，《团队执行力》，北京大学出版社 2009 年版）

实训练习

谁去给猫挂铃铛

有一群老鼠开会，研究怎样应对猫的袭击。一只被认为聪明的老鼠提出，给猫的脖子上挂一个铃铛。这样，猫行走的时候，铃铛就会响，听到铃声的老鼠不就可以及时跑掉了吗？大家都公认这是一个好主意。可是，由谁去给猫挂铃铛呢？怎样才能挂得上呢？这些问题一提出，老鼠都哑口无言了。

忙碌的农夫

有一个农夫一早起来，告诉妻子说要去耕田，当他走到 40 号田地时，却发现耕耘机没有油了；原本打算立刻要去加油的，突然想到家里的三四只猪还没有喂，于是转回家去；经过仓库时，望见旁边有几颗马铃薯，他想起马铃薯可能正在发芽，于是又走进马铃薯田；路途中经过木材堆，又记起家中需要一些柴火；正当要去取柴的时候，看见了一只生病的鸡躺在地上……这样来来回回跑了几趟，这个农夫从早上一直到太阳落山，油也没加，猪也没喂，田也没耕……很显然，最后他什么事也没有做好。

买复印纸的困惑

老板叫一员工去买复印纸。员工就去了，买了三张复印纸回来。老板大叫，三张复印纸，怎么够，我至少要三摞。员工第二天就去买了三摞复印纸回来。老板一看，又叫，你怎么买了 B5 的，我要的是 A4 的。员工过了几天，买了三摞 A4 的复印纸回来，老板骂道：怎么买了一个星期，才买好？员工回答：

你又没有说什么时候要。一个买复印纸的小事，员工跑了三趟，老板气了三次。老板会摇头叹道，员工执行力太差了！员工心里会说，老板能力欠缺，连个任务都交代不清楚，只会支使下属白忙活！

（以上三个案例资料来源：中国执行力培训网，http://www.chinazxl.com/）

思考题：

谈谈以上三则小案例给你的启示。

任务三　团队愿景

任务引入

愿景是由组织内部的成员制订，经团队讨论并获得组织一致共识，大家愿意全力以赴的未来方向。团队愿景是所有团队成员从内心认可，并为之努力奋斗和工作的关于团队未来的设想，是团队成员认可的团队存在的价值和意义。具备清晰、明确，得到全体团队成员认可的愿景，是打造团队执行力的基础和前提。

一、任务要求

查阅资料（教材、期刊、网络等）、企业访谈，完成以下事项：

1. 在教师引导下完成教师预设的愿景游戏。
2. 完成游戏后的讨论及理论学习。
3. 完成后面的案例分析及实训练习。
4. 小组内分工协作完成任务。

二、任务分析

一个团队具有能力突出的团队成员，只是构建团队的开始。提升团队的执行力，需要团队成员有共同为之奋斗的愿景。打造团队的执行力，除了有良好、合适的团队成员之外，必须要有清晰、明确的团队愿景。唯有如此才能将团队成员凝聚成一个整体，团队才能真正具备和群体的明显区别，产生一加一大于二的效果。

三、实施准备

1. 材料准备：绳索约 10 米(闭合环状，长度视参与人数而定)，评价表格一份，参与讨论材料一份。

2. 场地准备：能分组讨论演练的实训室。

3. 学生约 5 人一组，不分工，不确定组长。

四、实施步骤

1. 沟通模拟游戏——美丽图形。

(1)布置任务：教师向参与学生布置任务，参与者站在绳圈内。教师宣布纪律，成员之间不许沟通，不许提示。

(2)教师指示，参与同学需要在 30 秒钟之内用身体将绳圈撑成一个美丽的图形。(可能出现的结果：无所适从，图形凌乱。)

(3)针对出现的情况进行讨论：为什么参与者希望组成一个美丽的图形，但是却出现无所适从的情况？

(4)改变条件——允许参与同学讨论达成共识。但是宣布开始之后，不能进行沟通。

(5)讨论：为什么速度加快会有比较规整的图形出现，为什么仍然有同学无所适从，有没有继续提高的余地？

(6)教师针对学生讨论结果进行点评，引出相关理论知识进行讲解。

2. 教师讲解为什么要建立团队愿景，引出团队愿景的形式、团队的重要性等相关知识。

3. 团队愿景建设技能训练。

(1)选择模拟游戏成果突出的小组，成员分别总结该小组是如何达成一致的。

(2)教师点评总结情况，引出建设团队愿景的相关知识。

4. 讨论作为部门、团队主管，如何在团队愿景的形成过程中发挥主导作用。学生发言，教师总结、补充。

五、效果评价

对学生学习过程及完成质量给予评价。小组成绩主要考核团队整体完成情况，个人部分主要考核个人执行情况（见表 2-4）。

表 2-4　沟通类型选择训练评价表

小组序号：			学生姓名：　　　　学号：		
小组成绩（教师评价或小组互评）			个人最终成绩		
任务及标准	满分	得分	项目及标准	满分	得分
游戏第一轮完成及讨论	10		小组分解得分	40	
游戏第二轮完成及讨论	10		个人角色及执行	20	
团队愿景建设技能讨论	10		代表发言陈述	10	
关于部门主管的讨论	10		讨论发言	20	
			友好互助	10	
合计	40		合计	100	
评价者：			评价者：		
评价时间：　　　年　　月　　日			评价时间：　　　年　　月　　日		

六、点评交流

需要提醒的是，团队愿景尽管可以通过种种方式得到一个形式上的愿景，但是希望愿景真正发挥作用，则是一个长期的、潜移默化的过程，需要将愿景逐渐渗入到团队成员的思维方式和行为准则中去。

相关知识

彼得·圣吉在他的《第五项修炼》中提出了创建学习型组织的五项技术——自我超越，改善心智模式，建立共同愿景，团队学习和系统思考。五项修炼被管理学界称为建立学习型组织的圣吉模型。

共同愿景是指组织中人们共同愿望的景象，又称共同远景，是企业员工所共同持有的意象和景象，是企业所追寻的目标。它要求组织的全体成员拥有一个共有的目标、价值观与使命感。为了实现大家衷心渴望实现的目标（即组织目标），而主动地去认真努力学习、追求卓越。它有三个层次：个人愿景、团队愿景和组织愿景。

团队愿景是指团队成员所共同持有的意象和景象，是团队所共同追求的终极目标。建立团队愿景是凝聚团队成员最有力的措施。

一、建立团队愿景的必要性

一个团队想要有一股团结全体成员的凝聚力，使大家从内心深处渴望去完成一项重要任务或使命，这就需要有一个共同的目标和前进的方向，也就是要建立一个团队共同的愿景。

团队愿景是团队全体成员共同愿望的景象，是发自内心的意愿，是全体成员要创造的东西。愿景不是空洞口号，而是“跳起来才能摘到的大苹果”，反映了团队的目标、使命和价值观。团队愿景要有现实的基础，同时又具有挑战性。

团队愿景的形成是建立学习型组织的重要环节。只有当成员致力于实现共同的理想和共同关注的愿景时，才会自觉地创造性地学习，才会有主动而真诚的奉献和投入。有效的团队愿景能为团队学习提供焦点和能量，同时改变成员与组织间的关系，使团队全体成员能够充分地激发潜力，克服障碍，不断创新业绩，一起朝着共同目标前进。

二、如何建立团队愿景

要建立团队愿景，首先应持续不断地鼓励成员发展自己的个人愿景。个人愿景往往定位在本人职责岗位的角色之上，体现出本人对团队发展的责任和承诺。将个人愿景汇聚、提升，最终形成团队的愿景，达到个人愿景与团队愿景的和谐一致，从而使个人为团队愿景全心全意地付出。

建立团队愿景可以分为以下几个步骤。

第一阶段：凝练愿景。

共同愿景不是个人愿景的简单相加，而是来自团队各成员的共同关切。因此，团队愿景的形成是由个人愿景出发，经由团队成员的分享、探询、反思、聆听、讨论逐渐发展出更好的构想，进而塑造出团体的图像。凝练愿景的过程不是轻而易举、一蹴而就的。为了能产生强大的凝聚力和感召力，要在“凝”字上下工夫，做到凝聚人心；要在“炼”字上花时间，做到感召人心，真正发挥团队愿景的作用。

凝练愿景可以通过丰富多彩的活动来进行。例如，某公司在“凝练愿景”

阶段举办的“不仅要勤奋地工作，更要聪明地工作”的讨论、辩论赛，“愿景在我心中”主题演讲，开展标杆学习等，都是一些行之有效的“凝练”方法。

第二阶段：制订实现愿景的实施计划。

在团队愿景提炼出来后，必须制订与之相一致的实施方案和行动计划，并在管理方面进行改进和制度建设，充分调动成员的积极性、主动性、创造性，为实现愿景提供机制保证。

第三阶段：愿景的宣传。

愿景建立后，应及时利用网络媒体、黑板报、宣传栏、标语、愿景发布会、计划分享会等多种宣传手段对愿景进行广泛的宣传，使愿景真正深入人心，成为众心所向。

第四阶段：制定愿景的监督保障措施体系。

为使愿景真正发挥作用，应建立一个保障实施方案，确保愿景目标的实现，避免建立的愿景流于形式，成为贴在墙上空洞的标语口号。这是愿景建设工作最为重要的一个环节。同时，还应建立相应的考核、评价、监督措施。对愿景的实施过程进行有效的监督，对愿景的实施效果进行客观的评价，以便对不利于提高现实生产力的愿景进行及时修改和完善。

三、团队愿景建设的关键

愿景建设的关键是分享和融入。

分享愿景是指分享认知，分享成果。愿景有力量，分享的愿景更有力量。分享愿景的过程，远比愿景源自何处重要。当有更多人分享共同愿景时，愿景变得更加生动、更加真实。愿景要融入到员工的行动中去，才能够避免虚化，使理想的图景能够真切地来到工作之中，成为时时激励人们前进的真实而持久的力量。落到了实处，愿景才有可能逐步产生现实的效益。

建立愿景重在过程，建立愿景是一个学习、宣传、反思、沟通、共享、承诺、奉献和实践的过程，也是创建学习型团队的过程。一个人和一个团队从没有愿景到有愿景就是一个进步，从有愿景到厘清真实渴求的愿景又是一个进步，从有真实的愿景到追求高尚的愿景，是更大的进步。

任务三案例介绍

猎人的判断

猎人在湖边布下罗网，许多鸟儿落网了，然而这些鸟儿很大，带着网飞走了。猎人跟在鸟儿后面跑，农夫看到说："你要跑到哪里去啊，你能用一双腿追上鸟儿吗？"猎人回答说："如果只有一只鸟儿，我是没有办法把它捉住的，但像现在这样，我就十拿九稳的。"后来证明果然如此，那些鸟儿各自要朝自己的方向飞回去，一只要去森林，一只要去沼泽，一只要去田野……到头来就一起连网掉到地上了，猎人便把它们捉住了。

鸟亦如此，那么人类呢，企业呢，团队呢？现在许多证据表明，除非人与人之间都有明确的共同的目标并彼此互信，双方都确信一个人一时的牺牲可以创造后来共同的利益，否则人们本能上总会首先追求眼前利益，其结果必然导致集体的悲剧。如果将网看成一个企业，将鸟儿们看成企业的团队成员，那么，如何优化配置人力资源，发挥团队制胜的力量？

作为一个团队管理者，应该做的是构建共同的愿景，谋求群策群力，共创事业。否则每个人只顾追求自身利益，结果是集体的悲剧。

（资料来源：根据相关资料整理）

实训练习

组织愿景有利于组织持久化地高效运作

一、组织高效需要组织愿景

做任何事情，都必须先有愿景，然后才能付诸行动。组织愿景是组织高效发展的基础，它是一种组织原则，是组织行动的基准。打个比方说，组织愿景就好像黑夜行车时打开的车灯，它让人们看清楚路在哪里，让人们知道自己正奔向何方。从某种意义上说，组织愿景界定了组织努力实现的某种命运，它也是一种创建、发展和表达组织目的的能力。一个良好的组织愿景能够回答如下问题："我们"是谁，"我们"存在的目的是什么，"我们"赖以生存的首要价值主张是什么，这个市场为什么接纳"我们"，"我们"是否拥有一个正式且严格的流程来扫描组织环境？

组织愿景和激励密切相关，许多组织认为激励是施加在员工身上的某种东西，就像给机器加油一样。其实不然，真正的激励来自存在意义，而组织愿景则是存在意义的起始点。一个美好的组织愿景，可衍生出巨大的凝聚力和无限创造力。这时候，工作将变成是在追求一项蕴含在组织工作之中，比工作本身更高的目的。同时，组织愿景还能够掀起热情的狂澜，将看似不可能的组织之梦(组织愿景)转化为可能。例如，索尼公司创始人之一盛田昭夫的愿景是：为“个人可携带音响”提供简便的接入途径，这一愿景导致了“随身听”的发明；苹果电脑公司创始人史蒂夫·乔布斯的愿景是：让电脑计算功能进入到每一个人的手里，结果，Macintosh 系列电脑因此而诞生。从这层意义上讲，一个组织如果缺少了愿景，不管其现状是多么令人兴奋，也无法叩击员工的心弦，让员工感受到激励，组织高效自然也无从谈起。

一切正如《圣经》上所讲的那样，“没有愿景，人类将会毁灭。”令人惋惜的是，一些组织常忽略了“组织愿景”的重要性。导致组织错失发展良机，整体效益迟迟提不上去。还有的组织把“愿景”简单理解为“数字”，使组织运作陷入误区。20 世纪 50 年代末期，Haloid 公司向 IBM 公司表露出合作意向，共同开发复印机市场。对此，IBM 公司专门进行了一次市场调查，调查结果是复印机的销售量绝不会超过 5000 台。“超不过 5000 台”的前景自然吸引不了 IBM 公司，于是，IBM 便拒绝了这一合作项目。令 IBM 公司大跌眼镜的是，仅 8 年之后，Xerox 公司(Haloid 的新公司名称)复印机的销售量就达到 19 万台之多。因此杰克·韦尔奇曾一再强调说：“数字并不是愿景，数字是愿景的产品。我从不谈论数字。”

二、创建组织高效运作的愿景

当然，一个能够让组织高效运作的愿景，不是组织领导者随意就能堆建起来的空中楼阁。首先，应弄清楚组织的来龙去脉；其次，理解透彻组织的核心能力(也即组织的竞争优势)，这两点是组织愿景的奠基石。只有这两点都变得清晰明亮了，组织才可以真正动手拟定组织愿景。

另外，拟定组织愿景还应本着 GIVE 原则。以此制定出的组织愿景，能有效促进组织发展，提高组织绩效。GIVE 这个缩略词代表如下含义：

G 代表的是 Grand，是指组织愿景的制定必须宏伟、激动人心，要能够超越组织成员所设想的“常态”水准。也就是说，宏伟的组织愿景能够满足员工自我超越的欲望。这时，员工愿意付出比组织预想的更多的努力，为组织打造更高的绩效平台。

I代表的是Inspire，是指表达组织愿景的语言必须振奋热烈，有强大的感染力。第二次世界大战期间，面对德国纳粹的胁迫，丘吉尔充满自信地向全国人民阐明他对胜利愿景的渴望。他说："我没有别的，我只有热血、辛劳、眼泪和汗水贡献给大家。……我们的政策就是用上帝所给予我们的全部能力和全部力量在海上、陆地上和空中进行战争；同一个在邪恶悲惨的人类罪恶史上还从来没有见过的穷凶极恶的暴政进行战争。这就是我们的政策。你们问：我们的目的是什么？我可以用一个词来答复：胜利——不惜一切代价去争取胜利，无论多么恐怖也要去争取胜利；无论道路多么遥远和艰难，也要去争取胜利；因为没有胜利，就不能生存。大家都要认识到：没有胜利就没有大英帝国的存在，就没有大英帝国所代表的一切，就没有促使人类朝着远大目标前进的那种时代的要求和动力。我满怀兴奋和希望，担负起我的工作。我深信，人们不会让我们的事业遭到失败。在这个时候，我觉得我有权利要求大家支持我——起来，让我们把力量联合起来，共同前进。"丘吉尔饱含热情的演说，极大地鼓舞了全国人民，最终英国战胜了纳粹德国。

V代表的是Vavid，这是指组织愿景必须清晰、具体且生动。例如，亨利·福特的"使汽车大众化"、惠普公司的"努力在员工层面获取史无前例的友善感"等。清晰是愿景的本质特征。模糊、呆板的组织愿景，会导致误解和含糊不清，难以发挥其提升力和激励力，改善组织绩效。

E代表的是Executable，是指组织愿景必须是组织成员认为能够实现的。管理大师巴纳德说过，组织中的个体"对组织的一般目的的理解或接受并不是十分重要的。但重要的是对事业的信念，而不是理智上对一般目的的了解"。如果员工认为现有的组织愿景高不可攀，根本不能实现，坚定的信念就不可能产生。没有坚定的信念，员工就不会激情满怀地帮助组织达成愿景，有效提高组织缩效。

为确保组织愿景能够有效传递，施乐公司的执行长大卫·肯恩斯首先锁定一群重要主管，说服他们接受提高产品品质的必要性。这些人协助修饰品质愿景，并说服其他员工，让他们相信组织变革将带来好处。与此同时，他们对所有组织成员实施品质提升技巧的实质训练。一有机会，就通过新闻稿、主管演说、布告栏公告等形式，强调品质的重要性。此外，管理阶层也强调日本竞争者给组织带来的危机。通过上述努力，施乐公司的产品和服务的品质得到大幅度提高，组织竞争力和效益也随之“水涨船高”。

三、动态地看待组织愿景

世上没有永恒的东西，任何组织愿景都是动态存在着的。究其原因，是因为极少有组织能够准确地预见未来。而当前能够创造高绩效的组织愿景，不过是因为正确预计了当前可实现的组织目标，顺应了组织大环境。而环境是不断变化的，组织事业是不断发展的，当外界变化到一定程度时，组织必须确定新的组织愿景，以顺应变化的大趋势。只有这样组织愿景才能确保组织运作持久化。因此，西方有一句谚语：“欲使江河停止奔腾是办不到的，最好的方法就是学会能把握方向的游泳。”

每个组织都需要愿景。良好的组织愿景可以让员工“躺在同一张床上，做着同样的美梦”。可以最大限度地调动组织职能，挑战未来，创造高绩效，最终使组织成就伟大。

（资料来源：根据相关资料整理）

思考题：

团队愿景如何在团队构建与管理中发挥作用？

综合练习

施乐的执行落差

当施乐聘请托曼(Richard C. Thoman)时，同样也没料到他会失败，因为他的思考能力算得上是近年来美国大公司领导人中的顶尖者，也是深受敬重的策略专家。1997 年施乐邀他担任营运长时，他是 IBM 的财务长，也是该公司执行长葛斯特纳的心腹之一。托曼进入施乐后被赋予的任务就是改革，而他在营运长任内，也的确推动了无数削减成本的方案，包括裁员以及缩减红利、津贴与出差费用等。

同时，他还为一项新策略做奠基的工作。1999 年 4 月，当董事会将他擢升为执行长后，他即着手进行这项改革大计，希望将施乐由一个提供产品与服务的公司转型为解决方案提供者(solutions provider)，亦即结合软件、硬件与服务，并与微软及康柏等公司形成伙伴关系，建构起整个系统，以协助客户整合书面文件电子信息。

对一个亟须愿景的公司而言，这项提案无疑相当振奋人心。在 1999 年股东年度大会上，托曼告诉投资人，施乐蓄势待发，准备迎接下一波辉煌的成功，同时预测该年的盈余成长可达15%—20%。投资人颇为认同这一乐观的看法，使公司股价创下历史新高。然而这一愿景根本与现实脱节。施乐几十年来一直有执行的问题，因此托曼所开的菜单远非施乐所能消受。例如，在公司调整业务重心的初期，托曼实施了两项攸关重大的方案，而且两者的难度都颇高。其一是要将公司九十几个处理会计、单据、客户服务安排与访视的行政中心，整合简化为四个；其二是重组为数约三万的行销人员，其中半数左右将由原先的地区导向转为产业导向。

这两项行动都有其必要性，也都很重要。整合行政作业可以降低成本并提升效率，而重组行销人力则可为新策略的核心奠定基础，顺利地由硬件供货商转型为提供全套解决方案的企业。然而到了当年年底，施乐的状况却是一团混乱。

在行政作业转型期间，发货单迟迟未能开立、订单遗失、客户的要求无人理会。另一方面，业务代表在处理混乱状况之余，还得适应新组织与新的销售方式。其中有不少人被分派了新客户，还得忙着重新建立关系。可想而知，此举令许多长期的忠实客户产生疏离感。公司士气一蹶不振。来自营运的现金流量变成负值，投资人开始担心施乐财务的健全性，股价由64美元暴跌至7美元。公司不得已只好出售部分业务以应付现金需求。

2000年5月，董事长阿莱尔(Paul Allaire)把托曼叫到办公室，请他走人。

(资料来源：广东培训网，《培训资料·执行力塑造》)

思考题：

施乐究竟出了什么差错？

项目三

工作沟通与协调

知识目标

◆熟悉沟通的渠道和分类；

◆掌握有效沟通的特性；

◆掌握管理沟通的内容和方法；

◆熟悉常见冲突类型；

◆掌握分析冲突原因及管理冲突的方法；

◆掌握跨部门、跨团队沟通注意事项。

技能目标

◆能做到有效倾听；

◆能根据沟通对象、内容选择沟通方式；

◆熟练运用沟通技巧保持较好沟通效果；

◆会分析常见冲突，能解决协调一般冲突；

◆会分析跨部门、跨团队沟通冲突的成因；

◆能进行横向跨部门、跨团队沟通。

任务一　沟通类型选择

任务引入

美国著名的普林斯顿大学曾经对1万份人事档案进行分析，发现“智慧”“专业技术”和“知识”在个人的社会成功中只起25%的作用，影响个人成功的其余75%的因素与良好的个体间的沟通有关。哈佛大学就业指导小组在1995年对500名被解雇者的调查结果表明，82%的被调查对象失去工作岗位与个体间沟通不良有关。沟通是团队工作的核心，沟通能力是团队成员必备的工作能力之一，有效沟通能正确传递工作信息，利于团队共同开展工作，实现组织目标。管理沟通的内容多种多样，掌握有效沟通的特性，做到有效倾听，能根据具体情况选择合适的沟通渠道和形式是保证沟通质量的关键。

一、任务要求

查阅资料（教材、期刊、网络等）、企业访谈，完成以下事项：

1. 在教师引导下完成教师预设的沟通及倾听游戏。
2. 完成游戏后的讨论及理论学习。
3. 完成后面的案例分析及实训练习。
4. 小组内分工协作完成相关任务。

二、任务分析

沟通是工作和生活的重要内容，有效沟通能正确传达思想和工作意图，能使对方正确理解传达的内容。作为管理者，能根据沟通内容选择适当的沟通渠道和形式进行有效沟通，才能鼓舞团队士气并减少冲突发生。熟练进行管理沟通是每个管理者完成工作任务提高工作效率的必备技能。

三、实施准备

1. 材料准备：A4纸（或其他统一规格的纸）每人两张，倾听训练材料每组一份，需要课堂讨论案例或模拟的问题各一份。
2. 场地准备：能分组讨论演练的实训室。
3. 学生约6人一组，确定管理人员（组长）1名，分工协作。

四、实施步骤

1. 沟通模拟游戏——撕纸。

（1）布置任务：教师（管理者）向每位学生（员工）发放一张A4纸，要求学生按照教师口令完成撕纸任务，不许提问。

（2）教师（管理者）发布口令，学生按指令操作。教师指令为：

——大家闭上眼睛,全过程不许向教师和同伴问问题

——把纸对折

——再对折

——再对折

——把右上角撕下来,转 180°,把左上角也撕下来

——睁开眼睛,把纸打开

学生举起手中的撕纸展示给教师和同学。

(3)针对学生手中的不同结果,讨论:为什么同样的指令会出现这么多不同的结果?

(4)学生给出讨论答案,教师点评。

(5)改变条件——教师发指令时允许学生提问题,再按指令完成一次撕纸游戏。

(6)讨论:为什么结果样式减少?为什么还有误差?单向沟通和双向沟通的特点。

(7)教师针对学生讨论结果进行点评,引出相关理论知识进行讲解。

2. 教师讲解有效沟通的特性,引出倾听技能训练、沟通形式训练。

3. 倾听技能训练,按以下步骤完成:

(1)教师选择某组的几位同学,分配案例角色,学生进行倾听模拟表演。

(2)教师点评表演情况,引出有效倾听的四个层次及相关理论知识。

4. 沟通形式训练。语言沟通和非语言沟通,学生模拟表演,讨论注意事项。

(1)语言沟通技巧案例。

解出什么梦

一位国王做了一个可怕的梦,梦见自己的牙齿一个个地全掉光了。他大为不安,于是传见圆梦者。圆梦者仔细听完国王对梦的描述后说:“陛下,这可是一个坏征兆。就像您一个个掉光的牙齿一样,您全家的人将一个个地先您而去。”国王听后大怒,命令将圆梦者投入监狱,并吩咐再传一个圆梦者。

第二个圆梦者听了国王的梦后说:“陛下,这可是一个好兆头呀。梦的意思是您将比您家里所有人活的时间都长。”国王非常高兴,给了这个圆梦者一大笔赏钱。大臣们非常不解,问这个圆梦者说:“你所说的跟先前那个可怜的家伙说的是一个意思呀,为什么他受罚而你得赏呢?”

这个走运的圆梦者说:"大家说得对,我们两个对梦的解释是同样的。但是问题不在于你说什么,而在于你是怎么说的。"

(资料来源:姚裕群,《团队建设与管理》,首都经济贸易大学出版社 2006 年版)

(2)非语言沟通案例——教师准备视频资料,或学生即兴表演。

5. 组织内沟通的渠道通常有哪些?学生举例,教师补充。

6. 下行沟通训练。

演练案例

一名推销员工作热情、工作效率一直都很高,每次都能圆满完成任务,作为直接管理者的你对她的工作十分放心,不必监督。最近你给她分配了一项新工作,认为她完全有能力胜任这项工作;但是,她的工作情况却令你失望,而且还经常请病假和事假,占用了很多时间,你怎么办?

五、效果评价

对学生学习过程及完成质量给予评价(见表 3-1)。小组成绩主要考核团队整体完成情况,个人部分主要考核个人执行情况。

表 3-1　沟通类型选择训练评价表

小组序号:			学生姓名:　　学号:		
小组成绩(教师评价或小组互评)			个人最终成绩		
任务及标准	满分	得分	项目及标准	满分	得分
撕纸游戏完成及讨论	5		小组分解得分	40	
倾听讨论	10		个人角色及执行	20	
上下级沟通内容讨论	10		代表发言陈述	10	
关于部门主管的讨论	10		讨论发言	20	
讨论及合作情况	5		友好互助	10	
合计	40		合计	100	
评价者:			评价者:		
评价时间:　年　月　日			评价时间:　年　月　日		

六、点评交流

学做合一的教学模式，学生每次完成学习任务，教师及时组织交流，重点点评，穿插引出相关理论知识及下一步要进行的内容，启发学生积极思考，较好地完成本次学习任务。

相关知识

一、沟通的含义

(一)沟通的含义

沟通的概念有多种不同的表述。《大英百科全书》认为，沟通就是“用任何方法，彼此交换信息。即指一个人与另一个人之间用视觉、符号、电话、电报、电视或其他工具为媒介所从事交换信息的方法。”沟通是指信息发送者为了实现一定的目标，采取一定的沟通方式，运用一定的沟通工具，通过一定的沟通程序将经过编译的信息传递给信息接收者，然后信息接收者将经过编译的信息进行翻译和解释的过程。通俗地讲，沟通是指在一定的社会环境下，人们借助共同的符号系统，如语言、文字、图像、记号及手势等，以直接或间接的方式彼此交流和传递各自的观点、思想、知识、爱好、情感、愿望等各种各样信息的过程。

沟通至少包含三个方面的内容：

其一，沟通是为特定目标而存在的行为。没有特定的目的，沟通将失去依附的基础和存在的意义。

其二，沟通是信息与意义的传递，也是思想情感的传递。

其三，沟通是对信息与意义、思想与情感的理解。

沟通的内容至少包括四方面的要素：事实、情感、价值取向、意见观点。沟通不只是信息和思想的传送，沟通意味着交流。沟通是指被理解的信息与思想而非发出的信息与思想。要使沟通成功，意义与情感不仅需要被传递，还需要被理解。在沟通时，接收者接收到的仅仅是一些符号（如声音、文字、图像、数字、手势、姿势、表情）而已，而不是信息本身。接收者必须将这些符号按照发信者的原意进行翻译，正确理解发信者的意思，沟通才算成功。假如受信者对这些符号不能理解，不能将这些符号翻译成与发信方原意相符的信息，那么

沟通尚未完成。良好沟通的基本前提应该是经过传递之后，接收者所认知的信息、意义、思想和情感与发送者所表达的完全一致。

比如在一个不懂专业的人面前使用大量深奥的专业术语，就不能达到良好的沟通效果，传递的信息不但没能被接收者正确理解，还可能使接收者产生不被尊重的感觉，结果是沟通失败。"工作完成了吗?"领导一句简单的问话，会因其语调、眼神、手势、时机、场所环境的不同，其表达的意义就不同，信息接收者能否准确理解这些丰富的信息，取决于双方的沟通能力。

(二)组织沟通的定义

组织沟通是指为实现和达成组织目标，传递信息和意义，交流思想和情感，理解并执行信息的过程。所有涉及管理和领导功能内容的沟通都是组织沟通。从管理的角度讲，沟通是指为了一个预期的目标，把信息、思想和情感在个人与组织之间进行传递，并获得接收者理解的过程。

(三)有效沟通

有效沟通就是接收者完整准确理解传送者传达的信息与意义、思想与情感。只有在恰当的时机、适宜的场合，用适合的方式传递信息表达的思想和感情，才能被人正确理解并执行。达成有效沟通需要注意五个要点：时机、场合、方式、内容(信息、思想和感情)和结果(理解、执行和成果)。

有效沟通具有四个特性：双向性、明确性、谈行为不谈个性(对事不对人)、积极聆听。

我们要谈的是一种行为，千万不要帮人家定性：你怎么这么笨，这么懒，怎么每一件事情都要依赖上司，怎么依赖性这么强，你不要事事依赖领导……这些评价都要不得。沟通中可以纠正下属工作中不当的行为，而不能轻易评判人。

(四)沟通的作用

沟通是伴随着物理性的信息传递过程，完成解释和理解相关信号的内容、含义及其心理情感的活动。这种解释和理解需要参与者的知识与技能、价值观念、思维方式和心理态度的整合参与，需要思维活动。

组织沟通是一种要达到某个管理目的的领导与管理的工具。组织沟通重在对信息的理解和执行，有效沟通关键在于执行的结果。

组织沟通的领导职能在于，所有的领导活动，包括方向指引、动机激发、能力培养、文化凝聚，都需要通过沟通来实现；组织沟通的管理职能在于，所有的管理活动，包括计划、组织、检查、控制，也都需要通过沟通来实现。

一般的人际沟通重在传递意义或交流情感，与组织沟通有明显的不同。

二、沟通的渠道及形式

人类沟通的渠道和形式多种多样。从沟通渠道看，一般按沟通的组织性可分为正式沟通和非正式沟通。从沟通有无反馈来看，可分为单向沟通和双向沟通。从信息传递方向看，可分为垂直沟通、横向沟通和斜向沟通等。详细分类参见表 3-2。

表 3-2 沟通的分类及特点

区别特征	类 型	定义与特点
按沟通信息有无反馈分	单向沟通	信息由单方发出，无需反馈（播新闻、发公告、宣传栏等）
	双向沟通	信息发出双方或多方，彼此接受反馈信息（会议沟通、面对面交谈、要求书面反馈等）
按沟通的组织性分	正式沟通	按照组织结构图的路线与层次，通过组织明文规定的渠道进行的沟通。正式沟通与组织的目标达成有关（工作汇报、意见申诉、绩效面谈等）
	非正式沟通	组织内通过私人接触，只是满足人们的个人需要而进行的沟通（人际沟通、非正式组织间的沟通）
按信息传递的方向分	垂直沟通	组织内部上下级之间的沟通
	横向沟通	组织内部同级同层次成员之间的沟通
	斜向沟通	组织内部不属于同一部门和同等级层次人员之间的沟通
按语言信息传递的媒介分	口头沟通	用口头语言进行信息和意义传递的沟通
	书面沟通	采用书面形式进行的信息和意义传递的沟通
	电子媒介	电话、电视、视频、计算机、传真机等系列电子设备进行信息传递的沟通
按信息本身的类属分	语言沟通	包含口头语言沟通和书面语言沟通
	非语言沟通	结构化语言之外的一切刺激，包括语音、语气、语调、面部表情、手势、身体姿势、空间、时间和接触等
按沟通对组织氛围的影响分	鼓励性沟通	鼓励性沟通是与个体或团队进行开放式的交流，促进组织和个体的发展
	防御性沟通	防御性沟通是与个体或团队进行封闭式的交流，对个体和组织是一种威胁，运用不当会降低组织效率

（资料来源：http://www.ceo－m.com/）

相关案例·韦尔奇的沟通技巧

沟通，关键是选择一个适合的渠道。通用电气的首席执行官杰克·韦尔奇的沟通方式值得借鉴。在韦尔奇带领通用电气走出困境，重塑辉煌的过程中，有效沟通发挥着重要作用。

韦尔奇将一半的时间用在他称作的“人的问题”上。他在通用电气公司这样庞大的公司中创造了一种少有的非正式沟通和共享的感觉。他从来没有给任何人发过正式的信件、备忘；几乎所有的信息都是依靠个人便条、打电话或面对面直接沟通传递的。

韦尔奇每年都要为公司设置年度议程和为通用电气新诞生的“英雄”进行庆祝活动，为来自不同事业部的经理和他们的同行创造交换思想的机会。这些非正式的聊天会通常持续到午夜两三点钟，每次这种会晤韦尔奇都会亲自参加。在会议将结束时，他会发表一个精心策划的讲话，讲话被摄制下来，翻译成 8 种语言，然后传递到世界各地通用电气的分公司。在那里通用的经理们用这段录像与自己所属的团队来商讨通用来年所要应对的问题。

其他正式的沟通还有每季度召开的企业执行官理事会，在那里通用公司的 30 名高级官员相互交换意见。执行官们把这种会议誉为利益共享、人人有份，因为不管是好的还是坏的信息都是公开共享的。

韦尔奇的最重要的沟通形式之一是非正式，他时刻与下属保持着高效的沟通状态。每周韦尔奇都要对工厂或办公室进行突击访问，和通用公司各个层次的人员进行交谈。他定期地和那些与自己低好几级的经理们共进他们想都想不到的正式午餐，在进餐间隙，他可以吸收他们的观点和看法。韦尔奇平均每年要会见通用公司的几千名员工并与之交谈。韦尔奇的沟通技巧帮助他在通用电气这样的公司内施加了强有力的影响。

韦尔奇通过个人便条、打电话以及面对面会议而不是给他关心的职工发送正式的信件及备忘。这种沟通方式使韦尔奇获得真实的第一手资料，为其作出正确的决策打下基础。

（资料来源：案例，http://www3.gdin.edu.cn/jpkc/glx/anli/）

（一）单向沟通与双向沟通

按沟通是否存在信息反馈（发信者和接收者地位变换），沟通分为单向沟通和双向沟通。

单向沟通指发信者与接收者地位不变,接收者不许提问和反馈。双向沟通指沟通过程中发信者与接受者地位不断交换,信息与反馈往返多次。二者相比特点是:单向沟通的速度比双向沟通快;双向沟通比单向沟通更准确;双向沟通可以增强接收者的自信心;双向沟通中,接收者的不同意见使发出信息的人常感到有心理压力;双向沟通容易受到干扰,并缺少条理性。

(二)正式沟通与非正式沟通

按沟通与组织的关系,沟通分为正式沟通和非正式沟通。

正式沟通指按照组织明文规定的结构系统和信息流动的路径、方向、媒体等进行的信息传递与交流。正式沟通是利用领导者与被领导者之间的正常渠道把各种消息传播到预定范围。正式沟通的优点是正规、严肃,约束力强,易于保密,可以使信息沟通保持权威性。缺点是依靠组织系统层层的传递,比较刻板,缺乏灵活性,传播速度比较慢。

组织中大量的任务布置、决策说明、工作汇报和反馈、组织建议、绩效面谈等均通过正式沟通来完成。所以组织中顺畅的沟通渠道构建非常重要。

非正式沟通指在一定社会系统内,通过正式组织以外的途径进行的信息传递和交流,这类沟通主要是通过个人之间的接触,途径繁多且无定型。如同事之间的传闻、熟人间的闲谈等,信息无法控制其流向,俗称"小道新闻"。非正式沟通往往是在不受组织的约束和干涉的地点、时间、场合条件下所进行的非严肃性交流,具有自发性、灵活性、迅速性、随意性等特征。其优点是易于表达真实思想状况,所以容易获得在正式沟通情况下难以得到的有用信息,能增进情感交流,对于改变人的态度和行为具有重要的积极作用。其缺点表现在,非正式沟通难以控制,传递的信息不一定确切,易于失真、曲解,而且它可能导致小集团、小圈子的形成,影响人心稳定和团体的凝聚力。

非正式沟通是正式沟通的有机补充。在许多组织中,决策时利用的情报大部分是由非正式信息系统传递的。同正式沟通相比,非正式沟通往往能更灵活迅速地适应事态的变化,省略许多繁琐的程序,真实地反映员工的思想、态度和动机。因此,这种动机往往能够对管理决策起重要作用。

(三)垂直、横向、斜向沟通

按信息的传递方向,沟通分为垂直沟通、横向沟通、斜向沟通。

1. 垂直沟通。组织内部上级与下级相互之间的沟通为垂直沟通。其中地位较高的上级向下级部署的沟通叫下行沟通；反之叫上行沟通。

下行沟通。下行沟通又称向下沟通。管理者通过向下沟通的方式传送各种指令及政策给组织的下层，其中的信息一般包括：有关工作的指示，工作内容的描述，员工应该遵循的政策、程序、规章等，有关员工绩效的反馈，希望员工自愿参加的各种活动等。

下行沟通的优点是：使下级部门和团体成员及时了解组织目标和领导意图，增加员工对团体的向心力与归属感；协调组织内部各个层次的活动，加强组织原则和纪律性，使组织正常运转。下行沟通渠道的缺点是：过多使用会让下属感到上级有高高在上、独裁专横的倾向；下属容易产生心理抵触情绪，影响团体士气；来自最高决策层信息需要层层传递，容易被耽误、搁置，有可能出现事后信息曲解、失真的情况。

上行沟通。上行沟通又称向上沟通，是指组织中地位较低者主动向地位较高者的沟通，其沟通的信息常是报告工作情况，汇报某个成员的问题，向上级提出要求，向上级"诉苦"反映情况等。上行沟通有两种表达形式：一是层层传递，即依据一定的组织原则和组织程序逐级向上反映；二是越级反映，指的是减少中间层次，让决策者和团体成员直接对话。

上行沟通的优点是：员工可以直接把自己的意见向领导反映，获得一定程度的心理满足；管理者也可以利用这种方式了解企业的经营状况，与下属形成良好的关系，提高管理水平。但越级反映要慎用，越级反映仅适合于特定的事项和情境。

2．横向沟通。组织内部同级同层次的个人及团体之间的沟通。

横向沟通。横向沟通又称水平沟通。在企业管理中，横向沟通可分为四种类型。一是企业决策阶层与工会系统之间的信息沟通；二是高层管理人员之间的信息沟通；三是企业内各部门之间的信息沟通与中层管理人员之间的信息沟通；四是一般员工在工作和思想上的信息沟通。横向沟通可采取正式沟通，也可采取非正式沟通的形式。通常是以后一种方式居多，尤其是在正式的或事先拟定的信息沟通计划难以实现时，非正式沟通往往是一种极为有效的补救方式。

横向沟通具有很多优点：第一，可使办事程序、手续简化，节省时间，提高效率。第二，可使企业部门之间相互了解，有助于培养整体观念和合作精神，克服本位主义倾向。第三，可以增加职工之间的互谅互让，培养员工之间的友谊，满足职工的社会需要，使职工提高工作兴趣，改善工作态度。缺点表现在：横向沟通头绪过多，信息量大，易于造成混乱；此外，横向沟通尤其是个体之间的沟通也可能成为职工发牢骚、传播小道消息的一条途径，造成团体士气涣散的消极影响。

3. 斜向沟通。组织内部不属于同一部门和同等级层次人员之间的沟通。

斜向沟通又称为交叉沟通，时常发生在职能部门和直线部门之间。横向沟通和斜向沟通都跨越了不同部门，脱离了正式的逐级指挥系统，但只要在进行沟通前得到直接领导者的允许，并在沟通后把值得肯定的结果及时向直接领导汇报，这种沟通值得积极提倡。

（四）语言沟通和非语言沟通

按传递信息类属，沟通可分为语言沟通和非语言沟通。

1. 语言沟通。语言沟通是以语言文字为载体的沟通，又可细分为口头沟通、书面沟通和电子媒介沟通三种形式。

（1）口头沟通。口头沟通是面对面进行的沟通，是管理者最常用、最灵活、最直接的一种沟通形式。

口头沟通最大的优点是快速、简便和即时反馈。在这种沟通方式下，信息可以直截了当快速传递，并了解到对方的反应，若有疑问或曲解，可即时澄清。此外，口头沟通另一个优点就是可以附以表情、手势等体态语言或声调、语气等副语言，加强沟通的效果。口头沟通的缺陷有：信息以口头方式经过多个层次传递时，信息衰减和失真严重。口头沟通经常因为没有记录影响事后查对。

有关研究表明，口头沟通信息输出者除了应具有丰富知识外，还应具有自信、发音清晰、语调和善、逻辑性强、有同情心、心态开放、仪表好、幽默、机智、友善等有效沟通的特质。

（2）书面沟通。书面沟通是比较正规的沟通形式，包括报告、备忘录、信函、协议书、布告通知、报刊、文件等以书面文字或符号进行信息传递的形式。

书面沟通的优点是有形有据、可保存、可核对。此外，书面语言在正式发表之前，可以反复琢磨修改，以便形成逻辑性强、表述周密的信息。书面沟通的缺陷是：耗费时间较多，不能即时得到反馈。在相同的时间内，口头要比书面所传达的信息多很多。口头沟通可以当场核实对方对信息的理解是否符合发信者的原意，但书面沟通做不到这一点。

采用书面沟通需注意：文字要简洁，删除不必要的用语和想法；如果文件较长,应在文件之前加目录或摘要;合理组织内容,一般最重要的信息要放在最前面;要有一个清楚明确的标题。

(3)电子媒介沟通。电子媒介沟通是随着电子信息技术的兴起而新发展起来的一种沟通形式,包括电话、电视、视频、计算机网络、电子邮件、传真等。

电子媒介沟通除了具备书面沟通的某些优点外,还具有传递快捷、信息容量大、成本低和效率高等优点。电子媒介的传递速度比普通的信函快递等快很多,几乎是即时收到。电子媒介沟通的缺点是有时看不到对方的表情,在网络上的某些交流中,甚至搞不清对方的真实身份。

2. 非语言沟通。非语言沟通中最常见的是体态语言和语调,也可利用空间距离、衣着等表达不同信息。

体态语言,包括手势、面部表情和其他的身体动作。手部动作、面部表情及其他姿态能够传达的信息意义有喜悦、攻击、恼怒、恐惧、腼腆、傲慢、悲伤等。语调,指的是个体对词汇或短语的强调,声调的轻重、抑扬、快慢的变化都会对信息产生影响。人与人之间的距离远近,是站着还是坐着,以及办公室的设备和摆设等,均会影响到沟通。在各种组织中,不同的地位和权力通常由空间的安排显示出来,高层管理者一般拥有宽敞、视野良好以及高品位摆设的办公室,不同档次的宾馆及餐饮业也可以通过空间的信息表达出来。人们衣着的不同可给对方传达一定的信息,因为衣着可明显影响人们对不同的地位、不同的身份、不同的群体的认知。

(五)鼓励性沟通和防御性沟通

按沟通对组织氛围的影响,沟通可分为鼓励性沟通和防御性沟通。

鼓励性沟通是与个体或团队进行开放式的交流,从而促进组织和个体的发展。防御性沟通是与个体或团队进行封闭式的交流,这种沟通会限制沟通过程,对个体和组织是一种威胁,运用不当会降低组织效率。

在防御性的氛围内,员工表现得谨慎和退缩;在鼓励性的氛围内,员工能够进行广泛的交流。杰克·吉布认为,沟通氛围是一个从防御性到鼓励性的连续体,而并非是二者的统一或是完全对立的,完全的鼓励性氛围会让管理者对企业内的沟通失去控制,完全的防御性氛围则会让员工感到威胁,使企业与员工处于对立面上。因此,企业在建立内部沟通体系时,结合自身情况确定合适的沟通氛围,把握合适的程度,营造一个鼓励性的沟通氛围,使员工能够进行广泛的交流。

三、有效倾听

听与倾听不同，听只是一个生理过程，是听觉器官对声波的单纯感受，是被动的无意识的行为。倾听是主动获取信息的一种行为，倾听不仅仅是生理意义上的听，更应该是一种积极的、有意识的听觉与心理活动。倾听能提高说话者的自信心和自尊心，通过理解加深彼此之间的感情。

有效倾听是完成有效沟通的前提。倾听技能看似简单，觉得人人都会，但是我们真能做到设身处地、感同身受用心去"听"吗？

请看一段倾听的故事，试试自己是如何完成倾听的。

美国著名的主持人林克莱特在一期节目上访问了一个小朋友，问他："你长大了想当什么呀？"小朋友天真地回答："我要当飞机驾驶员！"林克莱特接着说："如果有一天你的飞机飞到太平洋上空时，飞机所有的引擎都熄火了，你会怎么办？"小朋友想了想："我先告诉飞机上所有的人绑好安全带，然后我系上降落伞，先跳下去。"

当现场的观众笑得东倒西歪时，林克莱特继续注视着孩子。

没想到，接着孩子的两行热泪夺眶而出，于是林克莱特问他："为什么要这么做？"他的回答透露出一个孩子真挚的想法："我要去拿燃料，我还要回来！还要回来！"

（资料来源：根据有关网络资料整理）

据研究，我们日常的倾听行为可以分为四个层次。

第一层次——心不在焉地听。倾听者心不在焉，几乎没有注意说话人所说的话，心里考虑着其他毫无关联的事情，或内心只是一味地想着辩驳。这种倾听者感兴趣的不是听，而是说，他们正迫不及待地想要说话。这种层次上的倾听，往往导致人际关系的破裂，是一种极其危险的倾听方式。

第二层次——被动消极地听。倾听者被动消极地听所说的字词和内容，常常错过了讲话者通过表情、眼神等体态语言所表达的意思。这种层次上的倾听，常常导致误解、错误的举动，失去真正交流的机会。另外，倾听者经常通过点头示意来表示正在倾听，讲话者会误以为所说的话被完全听懂了。

第三层次——主动积极地听。倾听者主动积极地听对方所说的话，能够专心地注意对方，能够聆听对方的话语内容。这种层次的倾听，常常能够激发对方的注意，但是很难引起对方的共鸣。

第四层次——同理心地听。怀着同理心积极主动地倾听，这不是一般的“听”，而是用心去听、用脑思考、用心灵去感受，这是一个优秀倾听者的典型特征。倾听者用全部身心进入对方的话语境界，既听懂对方的“话内音”，又主动思考、感受对方的“话外音”；倾听者在讲话者的信息中寻找感兴趣的部分，他们认为这是获取有用信息的契机。倾听者不急于做出判断，而是感同身受对方的情感。他们能够设身处地看待事物，总结已经传递的信息，质疑或是权衡所听到的话，有意识地注意非语言线索，询问而不是辩解质疑讲话者。他们的宗旨是带着理解和尊重积极主动地倾听。这种感情注入的倾听方式在形成良好人际关系方面起着极其重要的作用。

一个人从第一层次成为第四层次倾听者的过程，就是其倾听能力、交流效率不断提高的过程。事实上，大概60％的人只能做到第一层次的倾听，约30％的人能够做到第二层次的倾听，约15％的人能够做到第三层次的倾听，达到第四层次水平上的倾听至多只有5％的人能做到。我们每个人都应该重视倾听，提高自身的倾听技巧，学会做一个优秀的倾听者。作为优秀的倾听者，通过对员工或者他所说的内容表示感兴趣，不断地创建一种积极、双赢的过程。

倾听不是被动地接受，而是一种主动行为。当你感觉到对方正在不着边际地说话时，可以用机智的提问来把话题引回到主题上来。倾听者不是机械地“竖起耳朵”，在听的过程中脑子要思考，不但要跟上倾诉者的故事、思想内涵，还要跟得上对方的情感深度，在适当的时机提问、解释，使得会谈能够步步深入下去。

倾听，是一个渴望成功的人必须掌握的技能。当然，掌握倾听的艺术并不难，只要克服心中的障碍，从小节做起，肯定能够成功。作为企业的管理人员，尤其要注重倾听技巧的修炼，这样你对自己的工作更能够游刃有余。

四、管理沟通的内容与技巧

管理沟通中，直属的上下级之间沟通频繁。上下级的工作分工、职责的不同，沟通内容和沟通技巧有较大差异。平行沟通是同级沟通，地位、职责相似，沟通相对简单。

(一)下行沟通的内容

公司的管理者向下级沟通的内容通常有:传达政策、目标、计划,业务指导,激励诱导等,下行沟通务求上情下达。具体包括七点。

1. 明确公司或部门阶段性工作重点和方向,以及要求下级如何配合,目前存在什么困难和需要哪些帮助等。公司或部门的重大事件,如重要合同签订、经营业绩取得重大突破、部门工作获得表扬和广泛认可等。

2. 公司、部门或个人表现优异的具体方面。

3. 所属员工或部门工作中需改进的方面及具体改进方案。

4. 明确对下属工作的期望,明确说明其工作对公司、部门工作的重要性。

5. 对工作方法、思路上自己的建议和个人经验。

6. 对公司其他部门在工作过程中存在的问题和改进的建议。

7. 了解员工的思想和情感,并进行必要的引导。

(二)下行沟通的注意事项

沟通不是简单的你说我听,而是一个信息交流、思想统一、增强认同感、加强凝聚力的过程,要想取得良好的效果,各级管理者需在实施过程中掌握一些原则和技巧。

1. 要认识到下属或他人都有很多优点。作为主管,尊重和欣赏自己的员工,发现员工的优点并进行表扬,是提高员工积极性的一个重要方面。

2. 沟通应是双向的。如果沟通过程中只有一方积极主动,另一方消极应对,那么沟通也是不会成功的。

3. 要注意积极倾听对方。要积极地去倾听,听清听懂进而理解对方的意思。

4. 维护对方的尊严。沟通过程中,双方的地位是平等的,无论是讲话的语气、语调、行为等都要体现出对员工的尊重。

5. 沟通方式是灵活多变的,要注意选择恰当的方式。

6. 要真正地了解和理解对方,而不是把自己的观点强加给员工。每个人因自身定位、经历、环境的不同,对事情的看法不可能完全一致,要多从员工的角度出发考虑问题,从其讲话或行为的动机、出发点去考虑,才能真正地理解对方,得出的结论才能更符合实际。

7. 有隔阂时要主动改善关系。在管理者与被管理者之间存在一些隔阂或误会是很正常的，这就更需要通过沟通来消除。作为管理者，更应该从大局出发，表现出高姿态，主动找员工沟通以寻求改善关系。

8. 选择合适的沟通平台、时间、地点等(见表 3-3)。

表 3-3　沟通平台及内容

沟通平台	内　容	特　点
各类会议	计划会议、例会、演示会、分享交流会、问题协调会	双向沟通、正式沟通
各类宣传	形象墙、橱窗、板报、内部报纸杂志、员工活动天地	单向沟通、正式与非正式
网络系统	OA 办公系统、E-mail、BBS 系统、QQ 聊天、MSN	电子媒介、正式与非正式
员工活动	培训、党团组织生活会、旅游、娱乐、文艺晚会	正式与非正式、多鼓励性
各类热线	800 热线、400 热线、12345 投诉、110 报警、122 等	繁忙、快捷、解压、救急
特定平台	总经理接待日、媒体见面会、家访、绩效面谈	针对解决特定问题

(资料来源：http://www.ceo－m.com/)

(三) 上行沟通的内容：

组织及团队内下级向上级沟通的内容通常有以下三点：

第一，工作进展情况汇报，困难及解决方法，希望提供的帮助。

第二，对工作、流程等的改进建议等。

第三，陈述意见、抱怨、批评等，有问题务求下情上达。

(四) 上行沟通的注意事项

上行沟通常见的是工作进展汇报和对工作的建议。上行沟通时需要注意以下七点：

1. 回馈工作要简练清晰，对重点提炼摘要和进行分类，不要将搜集的原始资料原封不动交给上司。

2. 若与上司意见相同，要热烈反应表示赞同。领导的策略计划需要下属认可才能很好执行，真心赞同就表达出来，让上司知道下属的反应。

3. 若与上司意见略有差异，要先表示赞同。留待以后冷静思考对比，若想做些补充，再用引申方式表达。

4. 若与上司意见相反，请勿当场顶撞。尤其是他人在场时，更要慎重考虑清楚，有不同意见要选择私下与上司单独交流，尊重上司的自尊和权威。

5. 不要只提问题,更要思考解决之道一并陈述。

6. 打算陈述意见、抱怨与批评时,要先看上司的态度和状况,除非上司想听,否则不要说。陈述意见时,要注意客观,抱怨和批评要控制情绪和措辞,注意对事不对人。

7. 注意用正确的方式讲正确的话,同时注意选择适合的时机、渠道、环境等。

(五)平行沟通的注意事项

平行沟通,一般是交流经验、看法和意见,解释误会,以求互相了解,彼此共进。平行沟通时要做到以下七点:

1. 彼此尊重,从自己先做起。
2. 知己知彼,创造良好形象。
3. 换位思考,替对方多考虑。
4. 平等互惠,不让对方吃亏。
5. 了解情况,选择合适方式。
6. 依据情况,选择适当时机。
7. 如有误会,诚心化解障碍。

(六)管理沟通小技巧

1. 让对方听得进去。选择适当的时机、场所、气氛。

2. 让对方听得合理。先说对方有利的,再指出彼此互惠的,最后提出一些要求。

3. 让对方听得乐意。仅仅讲正确的话还不够,还要注意正确地讲话。正确地讲话必须考虑如何让对方接受,怎样说对方才喜欢,如何使对方情绪放松,哪部分比较容易接受。

4. 牢记人际关系十字诀:脸笑,嘴甜,腰软,热情,仪表。

任务一案例介绍

艾森豪威尔与士兵

艾森豪威尔是“二战”时的盟军统帅。有一次,他看见一个士兵从早到晚一直挖壕沟,就走过去跟他说:“大兵,现在日子过得还好吧?”士兵一看是将军，敬礼后说："这哪是人过的日子啊！我在这边没日没夜地挖。"艾森豪威尔说："我想也是，你上来，我们走一走。"艾森豪威尔就带他在那个营区里面绕了一圈，告诉他当一个将军的痛苦，肩膀上挂了几颗星以后还要被参谋长骂的那种难受，打仗前一天晚上睡不着觉的那种压力，以及对未来前途的那种迷惘。最后，艾森豪威尔对士兵说："我们两个一样，不要看你在坑里面，我在帐篷里面，其实谁的痛苦大还不知道呢，也许你还没死的时候，我就活活被压力压死了。"这样绕了一圈，又绕到那个坑附近的时候，那个士兵说："将军，我看我还是挖壕沟吧！"

（资料来源：根据相关资料整理）

附：某团队联络员岗位描述表

岗位名称	团队联络员
直接上级	销售部经理
本职工作	负责与团队的联络工作
工作责任	1. 保证及时准确地与团队联络 2. 了解并掌握团队客户的需求，整理成客户资料转交给销售员 3. 协助销售员与团队客户进行谈判 4. 按照程序完成接团工作 5. 配合相关的业务部门，为团队客户提供相关服务 6. 将团队客户的意见整理成书面材料，上报销售部经理 7. 团队离开后，对团队进行跟踪访问，并提出团队访问报告，上报销售部经理 8. 每月向销售部经理提交一份工作总结 9. 熟悉本岗位工作，努力学习相关知识
工作范围	销售部及外出联络

（资料来源：孟汉清、郭小龙编著，《团队建设操作实务》，河南人民出版社 2002 年版，第 80 页）

实训练习

从业务骨干到管理层的烦恼

2010 年 6 月，张东岳应聘到一家化妆品公司从事化妆品市场拓展工作，由于他肯吃苦、能力强，一年来在华北地区市场拓展工作中成绩显著。2011

年 10 月，他被公司提拔为市场部主任，带领团队在东北地区进行化妆品市场拓展及维护。

单纯做业务时，张东岳的薪酬是底薪加业务提成，作为业务尖子，工作自然很辛苦，但他的收入让很多人羡慕。张东岳提拔为主任后，从纯业务工作转变为业务管理工作，直接与客户沟通的工作少了，培养新人及团队管理工作多了。令他意外的是，根据公司的薪酬制度，他的收入也转成了行政人员的收入，提成额大大下降，收入也大大缩水，2011 年 12 月，张东岳想提出加薪改善收入状况。根据公司制度，管理人员在公司工作满 3 年以后，才能有加薪机会。张东岳想，凭自己对公司的贡献，经理还能不破例吗？于是，张东岳在一次去分公司述职的时候，直接向经理提出了加薪要求，经理答应考虑一下。15 天后，从总部下了一纸调令，要调张东岳到总部学习，并派了一个人下来接替他的工作，这是公司要撤换管理人员的前兆，张东岳愤而辞职。

（资料来源：根据有关资料整理改编）

思考题：

1. 请分析上述加薪沟通中的方式、方法、时机选择等存在的问题。
2. 请你为张东岳设计一个新的加薪沟通方案。

任务二　冲突分析及协调

任务引入

冲突是指个人或团队对于同一事物持有不同的态度、处理方法而产生的矛盾、排斥和对抗态势。冲突经常表现为由于观点不一致而引起的激烈争斗。没有任何团体是能够完全和谐的，团队成员对事物的认识会有不同，成员个体间利益、目标等存在差异，这些不同和差异必然会产生分歧，分歧发展到一定程度就会导致冲突。因此，组织内成员之间、群体之间不可避免地存在各种冲突。冲突对组织有时是破坏性的，有时又是建设性的。认识冲突、分析冲突产生的原因，进而科学合理地管理冲突，是管理者的常规性工作。根据美国管理协会的一项调研，一位职业经理人至少会有 24％的工作时间是花在冲突管理上的。

一、任务要求

查阅资料(教材、期刊、网络等)、企业访谈,完成以下事项:

1. 在教师引导下完成教师预设的冲突及管理模拟游戏。
2. 完成模拟游戏相关问题的讨论及理论学习。
3. 完成后面的案例分析及实训练习。
4. 小组内分工协作完成相关任务。

二、任务分析

冲突就是双方或多方之间对同一事物的认识态度、处理方法不同导致的矛盾、对抗和冲突。通常具有局面紧张、争执不断、情绪化及两极化等特征。值得关注的是,人们常把个人情感带入对抗关系中,使冲突升级。冲突是客观存在的,管理者必须识别冲突,重视冲突,科学分析产生冲突的内在原因,进而适当地管理冲突,减少冲突的破坏性,尽量使冲突给团队带来积极的结果。本次任务以冲突游戏模拟演练、学生自主分析解决问题为主线,教师协助辅导,点评中引出相关理论知识,学生角色演练锻炼识别冲突、协调冲突的专业技能。

三、实施准备

1. 材料准备:三个冲突管理模拟情景材料每组一份,情景角色标牌若干;需要课堂讨论案例情景和问题各一份。
2. 场地准备:能分组讨论演练的实训室。
3. 学生约 6 人一组,确定管理人员(组长)1 名,分工协作。

四、实施步骤

1. 冲突模拟情景 A——上下级之间的冲突及协调。

(1)布置任务。

情景一:2011 年 11 月 11 日晚 10 点,外资企业 KKLY 公司中国区总裁何厚德先生应酬完毕回办公室取一份重要文件,到门口才发现自己没带钥匙。他回想起下午自己没带钥匙就出去应酬了,一串钥匙(包括家门钥匙)忘记在办公室。何厚德在中国是一个人独居,没有钥匙他既进不了办公室,又无法回家。办公室门应该是他的秘书瑞贝卡锁上的。此时瑞贝卡已经下班，他联系了很长时间瑞贝卡的电话无人接听，通过其他同事也无法联系到瑞贝卡。经过多方周折，何厚德找到一家开锁公司才得以进家。数小时后何厚德还是怒火难消，凌晨2点通过内部电子邮件系统给瑞贝卡发了一封措辞严厉的"谴责信"，并把此邮件抄送给中国区的几位高管。结果瑞贝卡以一封咄咄逼人的邮件进行回复，并把邮件抄送给公司中国区所有的工作人员。这件事在网上吵得沸沸扬扬，冲突升级。一些同事称瑞贝卡为"史上最牛女秘书"。

情景二：丽达是一个争强好胜的人，作为销售代表，这种竞争好胜的个性使她不惧困难，业绩步步攀升，成为销售部的明星员工。长期的突出业绩使她成为销售部的部门经理。作为销售部的部门经理，她一方面要求部下都要争强好胜，必争公司六大销售部的第一名；同时，她还与销售代表这些部下竞争，始终要超过他们继续当明星，遇到大客户她总要自己当主讲人，把一些潜在优质客户聚在自己名下，与部下谈话总要压倒对方，与员工进行个人发展的绩效面谈，她总是津津乐道自己如何所向披靡，为公司立下汗马功劳。丽达这种盛气凌人、争强好胜的做法令许多销售高手纷纷离职，另谋高就。

情景三：王丽娟是公司销售部的业务骨干，她与新来的部长无法融洽相处，后来连续几个月业绩出现下滑；部长被责成上交分析报告，而报告中提到原因之一为王丽娟在业务上不与他主动沟通，从而导致其监管出现问题；公司上层为此询问王丽娟，王丽娟很不服气，认为部长不但不主动与自己沟通，还在上司面前告自己的状，她想找新部长理论一番。

(2)学生小组内进行角色分配并扮演冲突。

(3)教师要求各组学生讨论冲突发生原因，并协调解决冲突。

问题一：你如何看待总裁与秘书的冲突呢，冲突升级的原因有哪些？

问题二：如果你是总裁或瑞贝卡，你将如何与对方进行沟通呢？

问题三：丽达与部下的冲突表现在哪些方面，形成冲突的原因是什么，如何解决此类冲突？

问题四：请分析王丽娟与部长冲突的原因，如果你是当事人你将如何解决冲突？

问题五：新主管与老下属如何和平共处，减少工作冲突呢？

(4)学生阐述原因、表演解决办法。教师最后点评，穿插讲解理论知识及新主管与老下属相处的注意事项。

2. 冲突模拟情景B——上行沟通产生的冲突。

(1)布置任务。

情景:冲突的起因是一位业绩一直第一的员工,认为一项具体的工作流程应该改进,她和主管包括部门经理提出后,非但没有受到重视,领导反而认为她多管闲事。冲突的发展是一天,她私自违反工作流程时被发现,主管就带着情绪批评了她。她不但不改,反而认为主管有私心,和主管吵翻了,并退出了工作岗位。主管反映到部门经理那里,经理也带着情绪严肃批评了她,但她置若罔闻、态度强硬。于是经理和主管决定严惩,有的认为应该开除她,有的认为应该扣她三个月奖金。这位员工拒不接受,于是部门经理就把问题上报老总。

(2)学生小组内进行角色分配并扮演冲突。

(3)教师要求各组学生讨论冲突发生原因,并协调解决冲突。

问题一:若自己是当事人将会如何处理呢?

问题二:若自己是老总会如何处理冲突呢?

问题三:深入分析冲突产生的原因,指出正确管理冲突的方法。

问题四:讨论"人才有用不好用"的社会现象,分析背后的根源。

(4)学生阐述原因、表演解决办法。教师最后点评,穿插讲解冲突管理理论知识及上行沟通的注意事项。

3. 冲突模拟情景C——变革管理时的多层次沟通冲突及协调。

(1)布置任务。

情景:(中层管理者张汪洋的苦恼自述)早晨公司的例会上,我对公司制度以及以前某些做得不到位的地方归纳了几条,并勒令从今天开始整改。让我没想到的是,竟然多数人当着老总的面跟我面红耳赤地争论起来。我的建议都是从公司的长远角度来考虑,对公司的发展有百益而无一害。不知道他们为什么跟我唱反调,当时情况很激烈,要不是老总鼎力支持我,估计我的计划只能胎死腹中,今天就要作废。看着眼前的这些同事,真是不知道说什么好,每个人都有自己的理由不去执行,我的心都凉了。第一天改革就遇到这样的事情,以后工作还怎么开展?感觉自己好像被大家孤立了,到底应该如何处理这件事?

(2)学生小组内进行角色分配并扮演冲突。

(3)教师要求各组学生讨论冲突发生原因，并协调解决冲突。

问题一：请学生分别站在三种角色的立场体验心理感受，分析出现这种局面的原因。

问题二：明确原因后，请学生讨论如何处理善后？张汪洋又该如何去做呢？

问题三：明确了问题所在，请提出避免类似冲突的改进方法和建议。

(4)学生阐述原因、表演解决办法。教师最后点评，穿插讲解相关理论知识及变革管理时沟通的注意事项。

4. 学生讨论，教师点评。分析以上案例中冲突的利与弊。

五、效果评价

对学生的学习过程及学习效果给予综合评价(见表3-4)。小组成绩主要考核团队整体完成情况，个人部分主要考核个人执行情况。

表3-4 冲突分析及协调实训评价表

小组序号：			学生姓名：　　　学号：		
小组成绩(教师评价或小组互评)			个人最终成绩		
任务及标准	满分	得分	项目及标准	满分	得分
模拟游戏A分析解决	10		小组分解得分	40	
模拟游戏B分析解决	10		个人角色及执行	20	
模拟游戏C分析解决	10		代表发言陈述	10	
小组组织分工情况	5		演练创意	20	
汇报展示情况	5		友好互助	10	
合计	40		合计	100	
评价者：			评价者：		
评价时间：　　年　　月　　日			评价时间：　　年　　月　　日		

六、点评交流

学生每次完成模拟情景，展示分析解决办法后，教师及时组织学生交流，教师结合学生的分析及解决方案，穿插引出相关理论知识及引申问题。本次课堂以模拟情景激发学生兴趣，学生积极参与分析讨论，教师以问题为载体，启发、讲解相关理论知识，学生通过模拟训练识别冲突和解决冲突的能力。

相关知识

一、冲突的含义及类型

（一）冲突的含义

冲突的含义有多种表述法。冲突，是两个或两个以上的行为主体在特定问题上目标不一致，或看法不相同，或意见分歧而产生的相互矛盾、排斥、对抗的一种态势。冲突即为有关双方在观念和行为上的对立或对抗，是一种在满足各自需要的过程中遇到挫折、阻力，或力图超越现状时的心理紧张、压力及其外部表现。冲突是两种目标的互不相容和互相排斥，是一方（包括个体、群体和组织）认识到另一方正在或将要采取阻碍、危害自己实现目标的行动的过程。组织行为学权威斯蒂芬·罗宾斯认为，冲突是一种过程，当一方感觉到另一方对自己关心的事情产生不利影响或将要产生不利影响时，这种过程就开始了。冲突发生的条件是：双方存在不同的利益；双方均认为对方会损害自己的利益；察觉到对方正在采取不利于自己的行为或预测到对方将会采取类似的行为。

冲突根源于社会或组织所能供给的资源十分有限，而冲突各方利益追求的多样化且趋向无限大使得冲突经常发生，甚至是无所不在的。

现代冲突调节理论认为：冲突是客观存在的，冲突具有正面和反面、建设性和破坏性两种性质。管理者要正确处理冲突，减少不利影响，充分发挥其积极的一面，并将冲突保持在适当的水平使其促进组织变革，使组织充满活力，提高绩效水平。

（二）冲突的类型

现实工作和生活中，冲突普遍存在。比如个人内心经常有观念的冲突，还有个人之间的冲突、群体内部的冲突、群体间的冲突、部门间的冲突，等等。冲突根据不同的标准，可分为以下几类：

1. 按冲突范围划分，冲突分为人际冲突、群际冲突和组织间冲突。

人际冲突指人与人之间在认识、行为、态度及价值观等方面存在分歧。群际冲突和组织间冲突指群体（如小组）内的成员相互间发生碰撞，这种碰撞常影响群体的工作效率，甚至使群体凝聚力下降。

2. 按冲突实质划分，冲突分为建设性冲突和破坏性冲突。

冲突具有积极性的一面，也具有消极性、破坏性的一面(见表 3-5)。

建设性冲突又称积极冲突。建设性冲突双方往往目标一致，共同关心目标的实现；双方彼此愿意了解和听取对方的观点和意见，交换意见以讨论为主，不伤感情；双方以争论的问题为中心来互相交流意见，对事不对人。建设性冲突会给组织带来创意、活力和发展。沟通学家布伦特·鲁宾指出，冲突不仅有助于现存系统的发展，而且能防止系统的停滞及消亡。因此，组织有时特意激起一些有益的冲突，以保持组织的活力。

破坏性冲突又称消极冲突。破坏性冲突双方往往目标不一致，都坚持自己的观点；不愿听取甚至根本不听取对方的观点和意见，很少或完全停止交换情况和信息；双方不以争论的问题为中心，由对问题、观点的争论转为对人的攻击。破坏性冲突是干扰组织目标顺利实现的障碍。许多人都害怕冲突的消极作用，实际工作中人们总是设法回避冲突。

表 3-5 冲突的双重作用

积极作用	消极作用
●促进对问题、分歧的公开讨论 ●及时发现认识、决策中存在的问题，促进问题的尽快解决，决策更为周密 ●提高员工在组织事务中的参与程度；增进员工间的沟通与了解，对他人和自身更加了解 ●澄清信息、化解积怨 ●防止组织陷入停滞、缺乏活力的持久状态 ●激发创新思维和创新行为	●会引起成员的紧张、焦虑和厌倦情绪，长期处于冲突中会影响成员的心理健康 ●导致员工不能参与某些重要问题的研究与处理 ●造成成员之间的不满和不信任，工作互不配合 ●导致员工和整个组织变得封闭、孤立，甚至互相扯皮，互相拆台 ●组织内耗，人、财、物、时间等资源得不到有效利用 ●阻碍组织目标的实现，严重时可能导致组织解体

3. 按冲突双方的管理层次划分，冲突分为与上级冲突、与下级冲突和与同级冲突。

与上级冲突、与下级冲突和与同级冲突，它们各自存在的前提和依据不同，因而其冲突的表现形式和解决方式也会有较大差异。

4. 按引起冲突的诱因归属划分，冲突分为情绪性冲突和实质性冲突。

情绪性冲突是由于个人情感、性格方面的原因引起的。实质性冲突是由于工作中的不理解、不协调造成的。

二、冲突的原因

随着组织面临的外部环境日益复杂，组织内部分工越来越具体，组织需要变革的压力日益增加，组织内的冲突在所难免，总是有人愿意创新，有人想维持现状。改革创新必然打破现状，影响到多人的现实利益。有改革就有冲突，冲突产生的背景和原因是多方面的，主要有以下几点。

（一）专业分工的相互依赖

越来越复杂的社会环境使得人们几乎不可能独立地完成组织的目标，组织目标的实现乃至本职工作的完成都是大家相互合作、协调行动的结果。比如，产品质量依赖于零部件的质量、原材料的质量以及生产制造环节操作质量；销售人员的销售业绩除了与自身专业水平和努力程度有关外，还会受到研发部门研发水平的影响（是否受到消费者欢迎），受到生产部门制造水平的影响（制造精度及成本等），受到物流配送部门工作的影响（能否及时低成本配送到位），等等。

相互依赖性是人类活动的艰巨性以及专业化、社会化分工的结果，它反映出任务完成过程中，某个人依赖于或受到其他人支持的程度。这种依赖性必然会增加相互间的协作、信息沟通和保证行动的协调工作，而这些协调工作的不确定性使冲突的发生成为可能。

（二）协作各方的相互差异

具有一定的相互依赖关系的各方，会在文化、价值观、任务认知、目标、沟通方式及习惯、组织要求、地位或资格等方面存在明显差异。差异性越大越容易导致一定的意见分歧，最终往往导致冲突的发生。如员工来自不同的文化背景容易造成沟通障碍进而发生冲突；如生产部门希望少品种大批量生产可以节约成本，销售部门希望多品种小批量利于销售等，二者的这种目标差异容易导致意见分歧。

团队由不同的成员组成，他们在背景、经验、态度、竞争意识等多方面存在差异，这些差异也容易导致对问题看法上的分歧。如团队成员中，有人的个性中存在潜在的竞争侵略意识，这也往往会导致冲突的发生。

（三）对有限资源的争夺

资源的有限性与需求的无限性是人类社会面临的基本矛盾。资源总是有限的，任何组织在资源的分配上，几乎都不可能做到"有求必应"。当两个或两个以上的主体同时依赖于组织的稀缺资源时，双方之间极有可能因为争夺资源而发生冲突。例如，一个主管职位空缺可能导致参与竞争的两个人之间产生冲突。

（四）任务结构和责权界定模糊

组织中各部门活动范围或权限、部门内不同人员的职责和权限有时会模糊不清，各部门及相关人员彼此之间往往会因任务由谁负责、责任由谁承担而发生"扯皮"争端，或是因为利益争相插手。任务及职责的模糊性是组织内部及部门间冲突产生的原因之一。

（五）沟通技能有待改善

随着全球经济一体化时代的到来，组织中的员工来自不同国籍、不同地区、不同背景的情况越来越普遍，对沟通技能的要求不断提高，容易被忽视的沟通技能使用不当也会造成双方的误会和冲突。

（六）团队风气不佳

团队冲突的性质和水平与团队的风气密切相关。冲突的积极作用和消极作用会相互转化，冲突控制在一定水平、一定范围、一定侧面，可能对组织有积极作用，倘若失控，冲突蔓延发展，可能酿成一场消极作用明显的破坏性冲突，甚至成为一场灾难性的冲突。水平适当、作用积极的建设性冲突的控制、维持有赖于团队良好的风气和正常健康的文化。团队风气不正、关系不顺往往会使普通的建设性冲突性质发生转化，脱离团队和组织的既定目标，对团队组织产生破坏性影响。

三、冲突的管理

曾任国际冲突管理协会主席的乔斯沃德教授认为："冲突是指个体或组织由于互不相容的目标认知或情感而引起的相互作用的一种紧张状态。"他认为一个人的行为给他人造成了阻碍和干扰就会产生冲突。冲突与暴力、争吵不同。

随着管理学的发展，人们对冲突的认识大体分为三个阶段，即传统的观点、人际关系观点和相互作用观点三个阶段。

冲突的传统观点认为：冲突都是不良的，作用是消极的、有害的，出现冲突一定会导致团队成员相互间的抵触，引起团队的分裂甚至瓦解，影响团队目标的实现。这种观念常常把冲突作为暴乱、破坏、非理性的同义词。因此这种观点认为应该避免冲突，管理的目的应该是消除冲突。

人际关系观点认为：对于任何组织、团队和个人而言，冲突是不可避免的，是客观存在的，冲突不可能被彻底消除。人们应该接纳冲突，并适当地控制和利用冲突，冲突有时会对群体的工作绩效有益。人际关系观点在一定程度上合理化了冲突的存在。

相互作用观点认为：融洽、和平及合作的组织容易对变革和革新的需要表现得静止、冷漠和迟钝，某些冲突则可以作为组织内的积极动力，激发创新，提高工作绩效。一定水平的有益的冲突会使组织保持旺盛的生命力，善于自我批评和不断革新。管理者要辨别冲突的性质，鼓励、激发有益的冲突。

因此，冲突管理包含两个方面：一是有效解决已经存在的冲突，即减少和降低冲突的破坏性；二是在缺乏“足够冲突”的组织内提高冲突的等级和数量，增加组织的创新活力。

（一）正确定性冲突是管理的前提

有人根据冲突发生的工作领域将冲突分为任务冲突、过程冲突和关系冲突。相互作用观点认为，中低层次的任务冲突和低水平的过程冲突对组织起积极作用；而绝大部分关系冲突是功能失调的，造成人与人之间的敌对、不和与摩擦。对冲突正确定性，树立正确的、全面的冲突管理哲学是管理冲突的前提。冲突管理的目的不是彻底消灭冲突，而是建立共同遵守的游戏规则。冲突管理包括冲突的预防、冲突的处理和冲突的利用。

（二）破坏性冲突的预防和处理

对于有消极作用的破坏性冲突，管理者要采取预防和处理措施。如关系冲突和超过一定程度给组织带来危害的任务冲突、过程冲突。

1. 预防冲突可以采取以下方法。

（1）建立科学、完善的规章制度，以严密的流程明确工作职责，尽量建立清晰、可以量化的目标体系。防止因为职责不清、目标不明确产生“扯皮”“推诿”等冲突事件。

（2）建立畅通、明晰的信息沟通渠道和沟通规则。畅通的沟通渠道可以增强群体之间、个人之间以及个人与群体之间的信息沟通，明晰的沟通规则可以减少意见交流时的误解和分歧。

(3)实行民主的、人性化管理。组织目标的确定、考核评价机制的确立等充分征求员工的意见,重视员工的决策参与权,组织内形成良好的人际关系,减少因不同观点不同利益形成宗派的机会,可以有效预防不同意见演化为对组织有害的冲突。

2. 处理冲突的策略。处理冲突是管理者的重要职责,针对不同性质不同范围的冲突,管理者处理策略不尽相同。

(1)作为冲突当事人,对发生的冲突要有主动、积极的态度和立场。

第一,换位思考。站在对方的立场设身处地思考面临的问题,体会对方对事件的感触。许多冲突之所以发生,因为双方目标、立场、关注点差异导致不同的看法和感受。

第二,沟通与协商。坚信对方有特定的情景和难处,平静充分地沟通,协商解决问题。许多冲突因为事先沟通不够或者根本没有沟通,导致一方不能准确理解传递的信息或反应过分激烈,进一步加强沟通取得谅解,以协商的态度解决冲突会产生积极的作用。

第三,互相满足对方,建立长久合作关系。如果冲突双方致力于建立长久合作关系,那么双方就应该适度从对方角度着想,互相满足对方,建立起双赢的互惠机制。

现实工作中,处理冲突的方法通常有逃避、退让、妥协、合作、强制等。这些方法的效果见图 3-1。

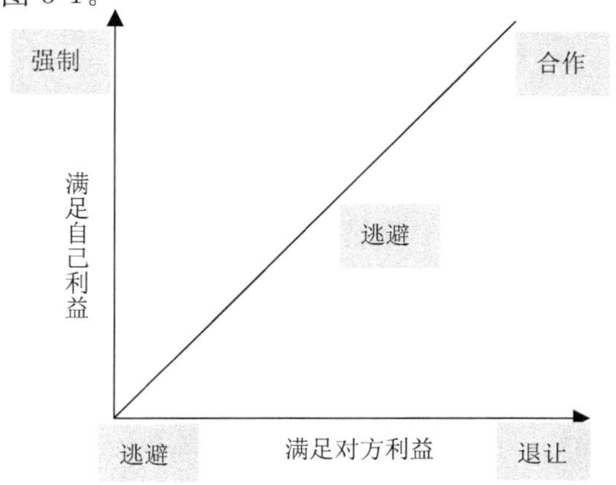

图 3-1　处理冲突的五种策略

(2)作为冲突双方的上级管理者,处理冲突还要讲究策略。

对破坏性冲突,防范重于治理。在平时工作中要善于观察,预知冲突的前兆,采取果断措施防止冲突扩大化、严重化。冲突一旦发生,要查明原因,对症下药。减少破坏性冲突的常见方法有以下八种:

第一,协商解决法。团队成员之间的冲突,管理者最好能私下倾听双方的陈述,不急于表态肯定谁或否定谁。因为处于愤怒、敌视等情绪激动状态下的人往往曲解对方的意愿,进而说出一些"过头"的话。此时管理者只需耐心倾听,等待双方平静下来,分析梳理事件的缘由及发展过程。管理者不轻易表态,还要把大家的注意力往工作上引导,而不是引向双方的人身攻击,通过私下倾听当事人和有关成员的陈述,把问题调查清楚,待冲突双方冷静后,把冲突双方主要人员召集在一起,营造良好的沟通氛围,通过沟通交流,协商解决冲突。

第二,仲裁解决法。对于双方无法协商解决的,可采取仲裁解决。如有的劳动纠纷无法通过协商达成一致意见,申请仲裁解决。

第三,职权控制法。对于双方不能协商解决的冲突,管理者可利用职权、威信,发出指示或命令,强制双方执行,解决冲突。职权控制法简单易行,在解决部门内部和部门之间的冲突时,有权限和威信的管理人员直接干预和发出批示是有用的。但是职权控制也有失效的时候,期望上级管理者解决所有冲突是不现实的。

第四,回避法。有些冲突对组织破坏性不大,冲突的原因包含个人情感、人格等多方面原因,管理者不方便插手可以采取回避态度,让当事人自行解决处理。

第五,拖延法。有些冲突暂时对组织破坏不大,而当事人情绪异常激动的情况,管理者可先行拖延,给当事人冷静思考时间,冷处理一段时间后,当事人往往会反省自身的不足,使冲突降级,管理者延后再处理起来相对容易。

第六,转移目标法。有些冲突不涉及组织的关键任务,管理者可以把当事人的关注点引领到更重要、更紧迫、更高的目标工作中,转移注意力,淡化冲突。

第七,调整政策法。有些冲突起因于某些政策不合理,管理者可以考虑尽快调整政策,彻底消除不利冲突。

第八,群体重组法。有些工作冲突或过程冲突涉及关系层面,彼此很难继续合作，管理者通常重组机构，让当事人远离冲突。如把当事人调离到其他岗位、重组团队等。

（3）作为团队管理者，应及时处理与下级的冲突。

团队管理者与下级的冲突可能源于下级的某种不满和怨气，也可能源于管理者对下级不满意情绪的积累。这种上下级之间的冲突往往由潜在到明显、由小到大。任何矛盾的产生都与特定的时空条件、事件性质的演变密切相关。因此，处理上下级矛盾的方法不能过于简单武断，作为团队管理者，处理与下级的冲突应注意以下几点：

第一，及时发现冲突诱因，化解冲突于萌芽状态。任何团队内都或多或少有不满和冲突发生，尤其是上下级之间，工作分工不清、利益分配不当、工作思路不一致等都会成为不满情绪或冲突的诱因。作为团队管理者，一方面要畅通沟通渠道，让部下有适度表达意见和情绪的机会，抽出一定的时间耐心倾听部下的表达，并根据具体情况妥善处理，化解矛盾于萌芽，防止不良情绪积攒太多太久而爆发实质性的、破坏性的冲突。

第二，以宽广的胸怀和包容的气度化解矛盾。团队管理者负有培养团队成员的责任，管理者在学识、经历、经验等方面有一定优势，因此团队管理者要正确看待部下的工作态度、工作能力、做事方式方法，尤其是部下在处理不满情绪和矛盾时的不恰当做法，允许部下犯错误，不误解和片面猜忌部下的动机，并不失时机地培养、指导。另外，尺有所短，寸有所长。每个人都有自身的长处和短处，管理者要认识、了解部下的长处，肯定、欣赏、利用部下的长处，为部下发挥才能提供平台，承认、允许部下在某些方面超越自己。要做到这些，团队管理者首先要有宽广的胸怀和包容的气度，宰相肚里能撑船，这样就能化解很多矛盾，减少破坏性冲突的发生。

第三，冷静思考，深度反省，善后处理。团队内部，上下级之间对于问题看法有分歧，个体自我意识太强，都有可能引发争执，若团队和谐，鼓励不同观点的碰撞，对事不对人，则有利于提高团队的决策水平和工作绩效。但很多情况下，争执、讨论会发展为争吵或冲突。此时，管理者应该冷静思考，深度反省自己的所想所为，以适当的方式平息冲突。

需要深度反省的问题有以下几点：

①为什么会变得对立起来，找出冲突对立的原因。

②自己的主张真的正确吗？

③为什么自己要那么坚持，有必要固执己见吗？

④自己的沟通、表达是否有问题？

⑤对方为何如此坚持，他为了什么如此坚持，为自己利益还是为团队着想？

⑥对方的立场真的不值得考虑或采纳吗？

⑦无时无刻讨厌着对方，如此对立下去，境况会变得如何呢？

⑧用什么方式、方法平息争吵？试着承认对方的立场有好的一面，试着改变沟通的态度和方式，并且做出姿态把这一愿望传达给对方。

找到契机试着给对方一个台阶下，或者自己找一个台阶下。若双方都想退一步并积极回应的话，冲突就向积极的方向转变。

第四，积极引导部下舒解压力。现代社会发展很快，各行各业竞争激烈，社会矛盾、家庭矛盾等会形成多样的压力，使员工产生紧张、焦虑的不良情绪，影响身体健康和心理健康。由于压力大，自我情绪调节效果不佳时，员工容易表现得激动易怒，一点小矛盾、小分歧很可能演变成一场冲突。何况，不管上级管理者如何开明豁达，下级和上级沟通时总会小心翼翼有所保留，不会把所有的意见和不满都吐露出来，日积月累，不满情绪堆积在心里越积越多，由量变到质变。因此，团队管理者平时应组织部下多参加有益健康的文体活动，以聚餐、郊游、唱歌娱乐等活动让大家相互了解，引导部下舒缓压力，保持平稳的健康的体魄和情绪。在周末或月末，同事、上下级相邀，外出吃饭喝酒、爬山唱歌，在谈笑风生中使不满和误解得到发泄释放，互相体谅，互给台阶，上下级关系融洽了，摒弃前嫌，冲突会得到有效控制。

（三）建设性冲突的激发和利用

冲突管理的另一层含义是在必要的时候激发一定水平的冲突，因为建设性的积极冲突对组织的运行和成长有推动作用，因此要加以鼓励和刺激，以树立创新导向。比如低水平的过程冲突和中低水平的任务冲突对组织工作具有建设性的积极意义。激发冲突可以采用的策略主要有以下四种：

1. 运用沟通技术。沟通是缓解团队成员之间矛盾的有利方式。通常采用的沟通技术有两种：

(1)上级向下属团队提倡新概念，鼓励成员的创新行为，明确冲突的合法性。对冲突过程中出现的意见分歧乃至某些未确认的所谓“错误”等，管理者对此进行冷静分析，深入思考，不轻易地批评、指责、否定，应当引导团队成员进行论证、比较，保护改革和创新思想。

(2)运用具有模棱两可或威胁性的信息促进团队成员积极思维，改变过分冷静漠然的态度，提高冲突的水平。

2. “鲶鱼效应”的运用。受“鲶鱼效应”的启示，引进外人或吹毛求疵者作为激励现有成员的作用机制通常被采纳。引进一些在背景、价值观、态度和风格与现有组织成员有明显不同的个体，通过不同观点的碰撞引发一些冲突。任命吹毛求疵者，其目的是有意树立对立面，让其对所推荐的方案、模式等挑出毛病发现系列问题，促使人们再次完善、优化这些方案、模式和方法等。例如，迪斯尼公司鼓励无规则限定和可以随意打断的大型会议，皇家荷兰壳牌集团、通用电气引入“吹毛求疵者”，IBM 公司建立鼓励人们提出不同意见的正式系统等，这些公司的措施对于打破公司内部“一团和气”，激发内部员工的创造性和理性竞争具有极大的作用。

3. 提倡团队内部的适度竞争。竞争能够提高团队成员的工作积极性，使团队成员不断为更高的绩效而努力，促使成员积极变革，探索新的工作方法、工作模式，不断超越自我、超越他人。例如，开展竞赛、公开职务竞聘、按工作绩效领取报酬等。适度竞争能打破原有的平静、停滞的局面。

4. 重新构建团队。重新构建团队是改变原有的团队关系和规章制度，变革团队和个人之间的相互依赖关系，重新组合成新的工作团队，以便打破原有的平衡和利益格局，提高建设性冲突的水平。

任务二案例介绍

冲突如何得以解决

在丹佛市的一家汽车旅馆里，约翰、巴巴拉和谢尔站在桌子前——约翰在谢尔右边，巴巴拉在谢尔左边，双方剑拔弩张。桌面上的东西被丢得到处都是。如果目光能够置人于死地，那么谢尔将是唯一的幸存者。

巴巴拉是生产经理，固执己见；约翰则是超级销售人员，心高气傲。几个月来的频繁冲突终于升级，战争爆发了。

谢尔是调解人——上了年纪的和事佬(在飞往丹佛的路上，谢尔刚巧在杂志上读到了一篇关于解决冲突的文章，正想临阵磨枪)。

“嗯，”谢尔转过身来对巴巴拉说，语气不太自信，“现在看起来情况不妙。

到底出了什么问题?”她挺直身板,摩拳擦掌,准备开始进攻。约翰不禁呆住了,呼呼地喘着大气,这时巴巴拉的嘴角滑过一丝狡诈的微笑。

谢尔回忆起了在飞机上看到的杂志,于是开始现学现卖:“约翰,”谢尔提醒道,“巴巴拉说完以后,我希望你能够把她的话给我原原本本复述一遍。”约翰抬起头,皱起眉头,撅起嘴,欲言又止。谢尔的话出乎他的意料,可以听到他气得牙痒痒:“什么?让我复述她的话?吵架的时候我怎么可能听到她说些什么?”约翰皱着眉头,拿出了纸笔,巴巴拉在一旁幸灾乐祸,笑开了花。

于是,巴巴拉将心中怒气一吐为快。约翰怒目而视,却不敢还嘴,他还得作记录。巴巴拉发表完了看法,约翰把她的内容重新进行阐释,并且提炼出了要点。巴巴拉不时为自己辩解。轮到约翰了,他迫不及待发言,脸涨得通红。巴巴拉只好洗耳恭听,奋笔疾书。约翰终于说完了,上气不接下气。巴巴拉此时也早已头昏眼花,还得把他的话重复一遍。当看到巴巴拉顺从地点头时,谢尔感觉到了胜利的曙光。

约翰凝视着自己的笔记,然后转过身来,有点脸红。巴巴拉也低下了头。整个下午,他们都在交谈,然后开始不情愿的协商。最后,问题终于得到圆满解决。

(资料来源:http://doc.mbalib.com/view/)

实训练习

布依的烦恼

爱诺与布依差不多同时受雇于一家超级市场,开始时大家都一样,从最底层干起。可不久爱诺受到总经理青睐,一再被提升,从领班直到部门经理。布依却似乎与机遇无缘,还在最底层的职位上。过了一段时间,布依终于忍不住了,向公司提出辞呈,并指责总经理不公平,辛勤工作的人不提拔,反倒提升那些“吹牛拍马”的人。

总经理耐心地听着,他了解这个小伙子,工作肯吃苦,任劳任怨,但似乎缺少了点什么,缺什么呢?三言两语说不清,说清楚了他也不服,看来……他忽然有了个主意。

“布依先生,”总经理说,“您马上到集市上去,看看今天有什么卖的。”布依很快从集市回来说，刚才集市上只有两个农民各拉了一车土豆在卖。“一车大约有多少袋，多少斤？”总经理问。布依又跑去，回来说有一车10袋，一车12袋。“价格多少？”布依再次跑到集上。总经理望着跑得气喘吁吁的他说：“请休息一会吧，看爱诺是怎么做的。”说完叫来爱诺对他说：“爱诺先生，你马上到集市上去，看看今天有什么卖的。”

爱诺很快从集市回来了，汇报说因为刚下过两天暴雨，许多地方交通不畅，到现在为止只有两个农民在卖土豆，农民甲一车有10袋，价格适中，质量很好；农民乙一车12袋，质量稍差但价格便宜，他各带回几个让经理看。并说农民甲过一会还会有几筐西红柿上市，据他看价格还公道，这种价格的西红柿总经理可能会要，所以他带回了几个西红柿做样品，请总经理决定。待爱诺走后，总经理微笑着问布依说：“你有什么感受吗？”

（资料来源：http://blog.chinahr.com/blog/）

思考题：

请对布依的烦恼以及处理方式进行比较分析，对超市总经理的沟通方式给予评价。

任务三　跨团队沟通训练

任务引入

组织的工作要求不同的团队或部门合作完成，不同团队或部门既有分工又有协作。组织中不同团队或部门有着自身的利益角度和责任视角，各种流程事先规定了大部分的责权划分，也常常留有一些权限不清的“灰色地带”。团队之间的竞争和合作难免会产生许许多多矛盾，导致一个团队和另一个团队之间产生抵触情绪，团队之间的矛盾冲突会使组织的绩效受到影响。作为一名团队管理者，掌握跨团队、跨部门合作的技巧，学会解决跨团队、跨部门合作的沟通冲突将有助于团队内、外的工作顺利开展。

一、任务要求

查阅资料（教材、期刊、网络等）、企业访谈，完成以下事项：

1. 在教师引导下完成教师预设的跨团队沟通合作游戏。
2. 完成游戏后的讨论及理论学习。
3. 完成后面的案例分析及实训练习。
4. 小组内分工协作完成相关任务。

二、任务分析

现实工作中,团队间或部门间的沟通合作经常出现不协调的冲突问题。跨团队或部门沟通属于横向沟通,若彼此达成共识则合作愉快,组织效率提高;现实中团队间、部门间工作冲突时有发生,各持己见,形成组织内耗。以现实案例为基础,分析团队间、部门间冲突形成的原因,寻找化解团队或部门沟通障碍的解决方案,训练跨团队、跨部门沟通的技巧,是本次学习任务的重点。

三、实施准备

1. 材料准备:案例模拟演练材料每组一套。
2. 场地准备:能分组讨论演练的实训室。
3. 学生约 6 人一组,确定管理人员(组长)1 名,分工协作。

四、实施步骤

1. 跨团队(或部门)沟通游戏 A——某公司上、下游部门(团队)的微妙关系。

(1)布置任务。

某公司的两个部门(团队)在工作上处于流程的一前一后,工作关系十分密切,但两个部门(团队)的关系却很微妙。一帆风顺的时候还好,但一碰到需要承担什么风险,或是需要对什么错误负责的时候,就开始相互推脱。给人的感觉就是,有了功劳一定要有自己的份,如果出了什么事就一定要推脱得干干净净。结果,即使是些很小的事,也动不动就上报到高层领导那里,部门(团队)之间总有一种相互不信任的气氛,本来能够两个部门(团队)合力一起解决好的问题,往往因为在谁对最后结果负责的纠缠中,增加了问题的复杂性,也拖延了解决问题的时间。

(资料来源:根据相关资料整理)

(2)学生小组内进行角色分配并模拟冲突。

(3)教师要求各组学生讨论沟通不畅的原因,并协调解决冲突。

问题一：请分析部门（团队）间沟通不良的原因，为什么部门（团队）间不能形成信任的氛围？

问题二：如何解决部门（团队）间的沟通现状，有哪些方法帮助改进？

（4）学生阐述原因、表述解决办法。教师最后点评，穿插讲解理论知识。

（5）请学生再次演练部门（团队）沟通解决方案。

2. 跨部门（团队）沟通游戏B——行政部与销售部的沟通冲突。

（1）布置任务：教师放映录影片段。要求各组学生讨论冲突发生原因，并协调解决冲突。

放映案例概要：《杜拉拉升职记》中，负责单位装修的行政部拟定了搬家腾空办公室的日程，半天时间全部搬完不能拖延，部门经理们都签字确认同意。当搬家公司来搬东西时，发现销售部的东西根本没有收拾，行政部去询问，销售部的人说："今天我们在和大客户谈判，没有时间收拾东西，耽误了大客户靠你们行政部去挣钱呀？"行政部说你们经理签字同意过的，销售部门说："要搬就你们行政部的人收拾吧。"可行政部实在人手太少无法帮忙，一时间气氛凝重起来。

（2）教师要求各组学生讨论沟通不畅的原因，并协调解决冲突。

问题一：分析发生冲突的原因。

问题二：如果你是行政部负责搬家事务的杜拉拉，你会怎么办？

（3）教师继续放映录影片段，请学生观看杜拉拉是如何做的。

（4）请学生讨论杜拉拉处理冲突的方法怎样，讨论学生自己提供方案的后果会怎样。

（5）教师结合杜拉拉及学生们的方案，穿插讲解跨部门（团队）沟通的相关知识。

3. 跨部门（团队）沟通游戏C——"大销售"的抱怨。

（1）布置任务。

新的一天开始了，同事们先后来到办公室，销售部秘书魏丽娟刚刚坐在电脑前，"大销售"李浩然也风尘仆仆地赶到了，抬高嗓门对秘书说："你说，咱们公司那些行政、财务的人怎么回事？这标书拼得你死我活的，我好不容易搞定客户，摆平集成商，这后院还起火了！""怎么回事儿？"魏丽娟很疑惑。"昨天我缺一份公司的营业执照复印件，先找行政，他们说得到财务那儿拿。好容易找到王会计，她说要财务总监同意，而财务总监又没开手机。这不让人搓火吗?""几点的事呀?""昨晚八点。""咳,人家都下班了!再说,人家也不知道你急着找他呀。""这当'乙方'的真倒霉!既得攘外,还得安内,怎么回到公司就不能做回'甲方'呢?"(合同中销售商品的供应商通常被定义为"乙方",购买客户为"甲方",故销售人员常自嘲为"乙方"。)"我和那些部门的人吃饭的时候,他们还老说'你们销售多好哇,一切资源、投入都是你们优先。我们这些部门累个半死也没人看见,而且谁都能冲着我们喊……'"

(资料来源:http://www.511abour.com/show/37687.html/)

(2)学生小组内进行角色分配并扮演冲突。

(3)教师要求各组学生讨论沟通不畅的原因,并协调解决冲突。

问题一:请站在各部门角度分析部门间沟通不良的原因,如果你是李浩然你将怎样做?

问题二:如何解决部门间的沟通现状,有哪些方法帮助改进?

(4)学生阐述原因、表演解决办法。教师最后点评,穿插讲解相关理论,训练学生跨部门沟通技能。

五、效果评价

对学生参与过程及完成情况给予评价(见表3-6)。小组成绩主要考核团队整体完成情况,个人部分主要考核个人执行情况。

表3-6 沟通类型选择训练评价表

小组序号:			学生姓名: 学号:		
小组成绩(教师评价或小组互评)			个人最终成绩		
任务及标准	满分	得分	项目及标准	满分	得分
游戏A完成及讨论	10		小组分解得分	50	
游戏B完成及讨论	10		个人角色及执行	20	
游戏C完成及讨论	20		代表发言陈述	10	
成果展示情况	5		演练创意	10	
团队合作情况	5		友好互助	10	
合计	50		合计	100	
评价者:			评价者:		
评价时间: 年 月 日			评价时间: 年 月 日		

六、点评交流

学生每次完成模拟游戏，展示分析解决办法后，教师及时组织学生交流，教师结合学生的分析及解决方案，穿插引出相关理论知识及引申问题。本次课堂以模拟游戏激发学生兴趣，学生积极参与分析讨论，教师以问题为载体，启发、讲解相关理论知识，学生通过模拟演练，锻炼识别冲突、解决冲突的专业技能。

相关知识

一、跨部门沟通概述

（一）跨部门沟通现状

根据亚当·斯密的分工理论，几乎现今所有的组织都按工作性质等划分了部门，各部门都有自己主要的工作职责。但是部门间的工作是既分工又需要合作，因此部门间的合作沟通不可避免。然而，现实工作中，部门间合作沟通的冲突不断，部门经理之间面和心不和，部门与部门之间的交叉地带无人能管，也无人敢管，跨部门的合作与沟通是个非常突出和普遍的问题，特别是比较大型或官僚的企业，事不关己、高高挂起是常态。不能横向跨部门沟通，部门经理工作起来感到左碰右撞，绊手绊脚，个人能力不能很好发挥，组织绩效受到影响。这里有制度和文化的问题，也有管理者的沟通方式和沟通技巧的问题。

（二）部门经理的职责

部门经理除了对内管理以外，对外管理也是必须担负的重要责任之一。部门经理的角色包含了以下两种性质：

1. 对外交涉。对外方面，部门经理扮演着发言人的角色。部门经理不仅要管理好自己的团队，还要通过有效的沟通与协商，争取自己团队的权益，带来自己的团队与其他部门建立良好的合作机制，争取相关部门必要的支持，达成预定的工作目标。此外，作为本部门的代表，带领团队支持其他部门的工作，与相关部门维持良好的关系。

2. 讯息传递。因为工作关系，部门经理比较了解组织整体运作模式以及其他部门的运作情况。因此部门经理应该把这些讯息传递给自己的团队成员，让自己的团队了解本部门与其他部门之间的权利义务关系，帮助部门成员扩大视野，学习以组织整体的视角思考问题，不能只将眼光局限于本部门之内。

总之，在跨部门沟通中，部门经理的作用非常突出，对部门间合作氛围起着决定作用。

二、跨部门沟通冲突的原因

对于部门经理来说，跨部门沟通的确是件重要的工作，但沟通不好也是一件令人头痛的麻烦事。根据调查统计，沟通不良的原因主要有六点。

(一)流程管理欠缺

基于分工理论的组织架构，每个部门有自己的主要职责和分工，明确的流程能够清晰确定部门职责的分工和衔接，特殊事例辅以原则说明。有时组织内的流程界定模糊，部门职责界定不清，功劳大家抢，责任大家躲，久而久之部门间不再相互信任而是互相防备，一件小事都难以协作完成，有事不是争相躲避，就是频繁求助上层领导定夺，组织效率受到挑战。

(二)对于结果的预期不同

不同部门有不同的利益角度，对于事情的认知难免会有差异，最常见的是对于结果或目的的预期不同，如销售部希望做事灵活，产品丰富；财务部希望有条不紊，按预算和相关制度办事；生产部希望产品品类少生产批量大；物流部希望订单差异小，配送有计划，少来临时的及时配送，等等。因此，几个部门对于一件事情的期望往往存在很大差异甚或是互相矛盾，所以加大了跨部门间合作的难度和沟通的复杂性。

(三)被动等待讯息

跨部门沟通属于平级的横向沟通，很多部门经理不愿意主动沟通，尤其是管理界限不太明晰，沟通有困难的情况下，每个人都觉得既然不属于自己的职责，何必由自己挑起不愉快的事情呢，被动等待就很常见。“事情怎么会这样，为什么不早说呢？”很多人有过这样的经验，对方事前都没有主动联系，任由问题扩大，等到无法解决了，才紧急跑来求救。很多人都这样责备别人，而自己岂不也是如此趋利避害，明哲保身吗？

（四）前期会议的沟通协调未持续

有些工作事前召开了各部门的协调会，上级部门以及各个协调部门进行前期有效沟通，但是工作是一个持续的过程，如果会后就各顾各没有随时保持联系，关键协调部门没有再公布具体进程以及需要其他部门如何跟进，其他部门也没有主动了解最新情况，便会导致部门间不了解，不协调，严重时互相指责，甚至演变为工作冲突甚至是关系冲突。

（五）相互排挤的工作要求

每个部门都有原本既定的工作，每位员工手中都同时有好几项项目要完成，因此不可能将百分之百的心力投入在某部门主导的项目上。但是，该主导项目部门认为这么重要的年度计划，所有相关员工都应该投入更多的精力与时间提升质量，因此不重视、不友好、不满意的猜疑开始滋生。

（六）上情无法下达，下情无法上达

有时候原因不在于跨部门沟通不良，而是自己团队内部的沟通出了问题。比如部门经理之间约定的事情没有及时告知属下，属下完全不知情，没有配合或配合不好就是常情。有时就一个冲突问题部门经理间商定了妥协的解决办法，不知情的属下们还在为此事僵持不下、反复沟通；有时则是属下之间彼此协调好的事情没有及时汇报给部门经理，擅自主张的结果可能是部门经理认为不妥，推翻重做。

三、跨部门沟通的注意事项

跨部门沟通效果取决于高层领导和部门经理的工作能力和合作态度。要做好跨部门沟通合作，减少部门间冲突和内耗，组织高层领导和部门经理应该从以下六点持续改善。

（一）持续改进流程管理

细化的制度、清晰的流程可以清楚界定部门间的权责关系及合作状态，少留空白或交叉的“灰色地道”。对于特殊事项事先研讨原则执行方案，使每个部门清楚自己承担的职责和享有的权限，减少“扯皮”“推诿”的事件，愉快的合作经历能够增进彼此的信任，营造互相体谅、协作互助的氛围。遇到跨部门冲突事件，高层领导应及时发现流程管理的缺陷，持续改进，不要让流程遗留的冲突黑洞蔓延。

（二）换位思考，着眼全局

每个部门都有自己的业绩压力，从本位主义思考问题也在所难免。但是各部门共同组成了组织的整体，考虑问题还应更多地着眼于全局。需要部门协作的问题，应适当运用对方的思考逻辑，转换立场，换位思考，彼此之间就能多几分理解，少几分误会和猜疑，沟通冲突自然会逐渐减少，友好协作会给合作各方带来愉快的经历，使跨部门沟通协作步入良性轨道。

（三）尊重他人的主导权

跨部门沟通通常是平级的部门经理间进行沟通协调，部门间没有行政隶属关系，有些部门经理时常以面对自己属下的态度，与其他部门的经理和员工沟通，因此很习惯地就直接告诉对方要怎么做。“为什么他们就是无法接受别人的建议？”然而，问题的根源不在于此。《把事情做好》(*Getting It Done*)的作者罗杰·费雪(Roger Fisher)指出，“除非是自己的直属部门经理，通常人们不愿意被人指示该做哪些事情。”因此，尊重别人的主导权，以平和的态度和商量的姿态与其他部门联络，才是跨部门合作积极的开始。

（四）选择适当的沟通方式

跨部门沟通情况多种多样，任务类型、部门地位、部门经理的背景及个性、高层领导的重视和参与程度等都会影响沟通的效果。针对不同的情境，分别列出不同沟通方式的有效性高低，选择切合实际的沟通场景、沟通方式有助于达到沟通的预期。

（五）平时建立关系

平时与其他部门很少沟通联络的部门，一旦需要其他部门支持协助时，或许会感到对方“公事公办”“不愿帮忙变通”的压力。因此，平日里，部门经理应该多与自己团队之外的人接触，建立广泛的人际关系。许多时候，事情的完成靠的不是正式的组织关系，而是部门经理在组织内的个人关系，也就是所谓的“非正式人际网络”，这种非正式网络通常比起正式的组织流程更能有效快速地完成工作，甚至满足特殊的要求。

（六）争取高层的支持

许多部门经理忽略了向上沟通的重要性。事实上，在进行跨部门合作时，争取更高层的支持是非常重要的，目的并非是借更高层的力量来压迫其他部门。所谓“争取支持”，是让你的老板随时了解你在做什么，你真正的想法是什么。当你与其他部门发生冲突时，老板就不会只依据表象或其他人单方面的讯息，做出不公平的决定。如果部门之间发生无法解决的冲突，需要由更高层的部门经理出面协调解决时，最好采取公开的方式，共同开会讨论，开诚布公。

从组织层面看，实施部门主管岗位兼职或轮岗制度，或部门秘书轮岗制度可以为跨部门沟通做好积极铺垫，因为熟悉一个部门运作模式和人事后，再到另一个部门为原来的部门提供服务和交流就容易多了。从整体上说，全公司通过他们而进行的内部沟通的摩擦大大减少了。另外，构建简洁的沟通渠道，不断进行沟通技能培训，倡导沟通文化，调整组织结构等都是改进跨部门沟通的有效做法。

任务三案例介绍

陈经理的跨部门沟通

某大型运输企业拥有大量运输车辆，专门建立了维修车间，主要对出现状况的车辆进行维修。维修车间的陈经理对本公司及其他公司的安全事故调查分析后发现，所有的事故除了驾驶员自身的原因外，车辆的超负荷运行和疏于保养是直接的原因。当然这些问题表面上看不到对运输的安全构成威胁，但是，一旦这些隐患积累到爆发的程度就会导致灾难。所以他对运输业务经理提出：所有的车辆回来后应该进行及时的保养，并让驾驶员得到足够的休息，而不是等车出了问题再来维修。但是运输业务经理却说：“如果车能跑的话就得让它跑。我们不想为点芝麻绿豆的事儿，就把一部车从计划上撤下来，有货不拉。”

运输业务是企业的命脉，直接让业务部门减少业务安排来保养的确不太现实，有钱能不赚吗？都知道安全第一，但是为了多拉快跑，这样的要求很难得到支持。陈经理陷入了两难。

后来陈经理接受了沟通培训讲师的建议：第一，有没有更多的可能性和其他相关的部门沟通，找对人通常效能会比较高；第二，国有大企业，制度和文件最有效力；第三，不要带着问题去找人家，要带着解决方案去找。

陈经理注意到了每个月调度室发送的月度计划。这个计划使运输业务部门和维修部门知道每个月的运输要求和相应的车辆安排。突然，他想到一个办法，他记下了最需要立即保养和检修的几个车号，来到调度室，向调度经理说出了他的担忧，并建议能否错峰提前安排，这样不至于临时出现状况而无车可调。调度经理回答他："行！我们可以对每辆车按日期排班进行检查，告诉我它们的保养时间。"

接下来的一个月，调度计划中多列了一项对某些所选定的货车"按日期维修"的日子，从而使陈经理的团队不再是出现问题才检修，而是有计划分批次地对车辆进行保养，在一次给客户送货的任务中由于他们的保障有力，为本来车辆不够的调度室增加了四台可以出车的货车，运输业务经理特地请陈经理吃饭以示答谢。

（资料来源：改编自王哲光的《如何进行跨部门沟通》，http://info.china.alibaba.com/）

实训练习

梅里亚达网络公司的跨部门沟通

梅里亚达网络公司是一家专门从事通信产品生产和电脑网络服务的中日合资企业。公司自1991年7月成立以来发展迅速，销售额每年增长50%以上。与此同时，公司内部存在着不少冲突，影响着公司绩效的继续提高。

尽管日方管理人员带来了许多先进的管理方法，但是日式的管理模式未必完全适合中国员工。例如，在日本，加班加点不仅司空见惯，而且没有报酬。梅里亚达公司经常让中国员工长时间加班，引起了大家的不满，一些优秀员工还因此离职。

梅里亚达公司的组织结构是直线职能制，部门之间的协调非常困难。例如，销售部经常抱怨研发部开发的产品偏离顾客的需求，生产部的效率太低，使自己错过了销售时机；生产部则抱怨研发部开发的产品不符合生产标准，增加了生产上的难度，销售部门的订单无法达到成本要求。

研发部胡程丁经理虽然技术水平首屈一指，但是心胸狭窄，总怕他人超越自己，因此，常常压制其他工程师。这使得工程部人心涣散，一些很有潜力的研发人员感觉发展无望，士气低落。

（资料来源：《冲突管理》，百度百科，http://baike.baidu.com/view/635692.htm/）

思考题：

1. 梅里亚达公司的冲突有哪些，原因是什么？

2. 如何解决梅里亚达公司存在的冲突？

综合练习

1. 团队训练游戏——传球。

实训目的：

(1)发挥学生的创造力。

(2)让学生体会到该如何协调不同的意见以达到最有效的沟通。

程序及规则：

(1)教师发给每个小组(6人左右)一个小球。

(2)小球在小组内传递。球不能给自己紧邻的组员，每个组员至少接到一次球，球最后传回发球者手中。记录完成一次传递的时间。在最短的时间内完成的小组获胜。

讨论总结：

(1)在讨论完成任务过程中，有人发挥领导作用吗？

(2)小组内是如何协调不同意见并找出最佳方案的？

(3)第一次比赛结束后，若获知别的团队获胜，自己的感觉怎样呢？

2. 案例分析。

公司为了奖励市场部的员工，制订了一项海南旅游计划，名额限定为10人。可是13名员工都想去，部门经理需要再向上级领导申请3个名额。请看案例中的两个情景，请你比较分析。如果你是部门经理，你会如何与上级领导沟通呢？

情景一：

部门经理王刚向上级领导说："朱总，我们部门13个人都想去海南，可只有10个名额，剩余的3个人会有意见，能不能再给3个名额？"

朱总说："筛选一下不就完了吗？公司能拿出10个名额就花费不少了，你们怎么不多为公司考虑？你们呀，就是得寸进尺，不让你们去旅游就好了，谁也没意见。我看这样吧，你们3个做部门经理的，姿态高一点，明年再去，这不就解决了吗？"

情景二：

部门经理徐静："朱总，大家今天听说去旅游，非常高兴，非常感兴趣。觉得公司越来越重视员工了。领导不忘员工，真是让员工感动。朱总，这事是你们突然给大家的惊喜，不知你们领导是如何想出这个好主意的？"

朱总："真的是想给大家一个惊喜，这一年公司效益不错，是大家的功劳。考虑到大家辛苦一年，年终了，第一，是该轻松轻松了；第二，放松后，才能更好地工作；第三，是增加公司的凝聚力。大家高兴，我们的目的就达到了，就是让大家高兴的。"

部门经理徐静："也许是计划太好了，大家都在争这 10 个名额。"

朱总："当时决定 10 个名额是因为觉得你们部门有几个人工作不够积极。你们评选一下，不够格的就不安排了，就算是对他们的一个提醒吧。"

部门经理徐静："其实我也同意领导的想法，有几个人的态度与其他人比起来是不够积极，不过他们可能有一些生活方面的原因，这与我们部门经理对他们缺乏了解有关系，责任在我。如果不让他们去，对他们打击会不会太大？如果这种消极因素传播开来，影响不好吧。公司花了这么多钱，要是因为这 3 个名额降低了效果太可惜了。我知道公司每一笔开支都要精打细算，如果公司能拿出 3 个名额的费用，让他们有所感悟，促进他们来年改进。那么他们给公司带来的利益会远远大于这部分支出的费用。不知道我说的有没有道理，公司如果能再考虑一下，让他们去，我会尽力与其他两位部门经理沟通好，在这次旅途中每个人带一个，帮助他们放下包袱，树立有益公司的积极工作态度。朱总您能不能考虑一下我的建议。"（有改编）

（资料来源：办公室沟通中的地图模式，http://www.foodmate.net/）

项目四 团队领导力

知识目标

◆认识领导力的含义及特征；
◆掌握领导力的构成要素；
◆理解领导力提升的五个层次；
◆掌握领导力提升的途径。

技能目标

◆能描述领导力对于团队组建和管理过程中的重要作用；
◆能通过分析自己的人格确定自己的团队领导力；
◆能有效提升团队领导力。

任务一　领导力认知

任务引入

每个组织都需要一个强有力的领导者，在他们的带动下去实现自己的愿景和目标。领导者对于组织的战斗力及凝聚力有着不可低估的作用。领导者最重要的特质是领导力，而领导力不是天生的。真正优秀的领导者并不在于天生的个性如何，重要的是看他表现出来的行为模式是否符合一个企业当时的需要。所以，我们首先要对领导力有一定的认知。

一、任务要求

查阅资料（教材、期刊、网络等）、企业访谈，完成以下事项：

1. 在教师引导下完成教师预设的团队领导力认知的案例分析。
2. 完成团队领导力相关问题的讨论及理论学习。
3. 完成后面的案例分析及实训练习。
4. 小组内分工协作完成任务。

二、任务分析

要能最大限度地提升领导者的领导力，首先必须对团队领导力的构成有一定的认识。我们认为领导力的核心是影响力，领导力是一门艺术。本次任务运用模拟案例，以学生自主分析解决问题为主线，教师协助辅导、点评中引出相关理论知识，让学生在角色演练过程中掌握领导力认知的专业技能。

三、实施准备

1. 材料准备：3个模拟案例材料及问题每组各一份。
2. 场地准备：能分组讨论演练的实训室。
3. 学生约6人一组，确定管理人员（组长）1名，分工协作。

四、实施步骤

1. 领导力认知案例A——四块糖的故事。

（1）布置任务：教师向每个学生讲解模拟案例。

著名教育家陶行知在任校长时，有一次在校园里偶然看到王友同学用小石块砸别人，便当即制止了他，并令他放学后，到校长室谈话。

放学后，王友来到校长室准备挨骂。

可一见面，陶行知却掏出一块糖给他说："这奖给你，因为你按时到这里来，而我却迟到了。"王友犹豫间接过糖，陶行知又掏出一块糖放到他手里说："这块糖又是奖给你的，因为我教训你不要砸人时，你马上不砸了。"王友吃惊地瞪大眼睛，陶行知又掏出第三块糖给王友："我调查过了，你用小石块砸那个同学，是因为他不守游戏规则，欺负女同学。"王友立即感动地流着泪说自己不该砸同学。陶行知满意地笑了，掏出第四块糖递过去说："为你正确认识自己错误，再奖励你一块！我的糖发完了。"

（资料来源：根据有关资料整理）

（2）学生小组内进行角色分配并扮演不同角色。

（3）教师要求各组学生讨论陶行知校长的做法，并分析这种教育方法取得成功的原因。

问题一：请根据案例，讨论陶行知校长的做法是否取得既定的结果。

问题二：请分析这种教育方法取得成功的原因。

（4）学生阐述原因、演示解决办法。

（5）教师最后点评，穿插讲解理论知识领导力的涵义及重要性。

2. 领导力认知案例 B——卡里案例分析。

（1）布置任务：教师向每个学生讲解模拟案例。

卡里是 BV 航空公司的勤务组长，曾连续四年获得"管理标杆"称号。专家组记录了他向三个清洁工布置任务时的情景。

卡里对大家说："明天发动机项目开工，三个操作室需要彻底打扫。"

卡里对玛丽说："你负责 1 号操作室，越快越好，打扫完回来见我。好，你可以去了。"

卡里对艾伦说："你负责 3 号操作室，要特别注意玻璃和地板的清洁，1 小时内完成。好，你也可以去了。"

卡里对劳拉说："你负责 7 号操作室，特别注意玻璃和地板。你来看，玻璃要没有水印，地板要擦这样的程度。现在是 2 点，3 点 30 分我去验收。"（未完待续）

（2）学生小组内进行角色分配并扮演不同角色。

（3）教师要求各组学生讨论卡里对于任务的布置方式是否正确，以及卡里为什么会这样做。

模拟案例继续：从以上叙述中可见，卡里对于任务的布置是区分层次的。

首先，他对参加这项工作的所有人说的，是这项工作的总目标。

其次，他给参加这项工作的每一个人布置了具体的任务。在布置具体任务的时候，针对不同的员工，提出了不同的要求。

卡里为什么会这么做呢？很多人都会做出这样的分析：这三个人能力不同或者要打扫的三个操作室的要求不一样。从卡里给大家布置的工作总目标来看，三个操作室的清洁标准要求是一样的，因此可以否定后者的分析。那么只剩下三个人的能力不同这一原因了，因人而异，所以管理情景就不一样。70%的回答者都做了以下这样的分析。

① 玛丽肯定是一个老员工，所以不需要再多说；

② 艾伦可能是一个中等程度的员工，要告诉得具体一点；

③ 劳拉是一个新员工，要多告诉细节方面的东西。

然而专家在采访卡里的时候，卡里是这么说的：

卡里："没错，后面两个我确实考虑到了她们的经验和能力问题，所以我的指导会略有不同。艾伦的资力和经验稍微多一点，劳拉来了两个多月，她的资力和经验要少一些，但问题是玛丽不是这样的，她今天第一天来上班，刚刚进入试用期的第一天。"

专家："你为什么不告诉她？"

卡里："现在还没有到培养阶段。我现在的第一个任务应该是甄选，所以，我不告诉她是为了测试她，看看她是怎么理解三个操作室需要彻底打扫的，怎么理解越快越好的？在这种情况下，她会坚持一个什么标准？如果她连最基本的标准都达不到，我会把她立刻退回人事部，我不训练资质太差的人。如果资质不够，我先辨别能不能接收，如果不能接收，我就会退回人事部。所以，我首先要做的是甄选，而不是做训练。"

（资料来源：根据相关资料整理）

(4)教师最后点评，穿插讲解领导力的构成要素。

3. 领导力认知案例 C——三位老同学的讨论。

(1)布置任务：教师向每个学生讲解模拟案例。

三个 20 世纪 60 年代名牌大学的大学生，毕业后各奔前程，少有来往，某天在党校学习时不期而遇，想不到由于工作的需要，他们都被推上了领导岗位，分别在三个局担任局长工作。B 约 A、C 两位老同学周末到家一叙。老同学聚会，自然而然地谈起了各自走马上任后的情况。

A 说，他上任后做的第一件事是，分头召集机关处室负责人的座谈会，通过这种座谈形式，让大家了解自己，也使自己熟悉各处室负责人，从而对局内的整个情况有个大概了解。B 与 A 的情况不同，他选择的第一件事是，与局领导班子的其他成员逐个谈心，向他们了解局里的情况，同时也谈了自己新上任的一些想法，借以沟通思想，使彼此有所了解，为今后顺利开展工作打下了基础。

C走马上任后的第一件事是，通过多种渠道，采取各种形式，广泛地开展调查研究，在较短的时间内，基本上掌握了该局的历史、现状，以及当前面临的问题，同时与上下左右沟通了思想，建立了感情，密切了相互之间的联系。A与B两人对C的做法很感兴趣，C接着说，他上任后的第二件事是，要求全局各处室，群策群力，拿出“两制一规范”的方案。所谓“两制”，就是岗位责任制、奖惩制；所谓“一规范”，就是职位分类规范。C亲自挂帅抓这项工作，他与各处室领导密切配合，分工合作，出主意，想办法，制定了岗位责任制、奖惩制、职位分类规范。使大家明确，局机关是为基层服务的，通过“两制一规范”的制定，使局机关全体成员各司其职、各负其责，减少了扯皮现象，克服了官僚主义，提高了工作效率，做到优胜劣汰、奖罚分明。这样，逐步建立起一支素质好、技术过硬、清正廉洁、效率高、有实绩的干部队伍。C上任后的第三件事是，提议创办一张(快讯)小报，他与大家一起讨论办报方针和信息输入、信息输出渠道等事宜，通过讨论使小报编辑人员明确，这是一张信息快报，要求编辑人员把从国外书报杂志中看到的有关新技术、新知识、新书目及时传递，其中，涉及经济、科技、规划、管理等新动向的信息，要及时反映给局领导。

C谈完后，三位老同学展开了热烈的讨论。

(资料来源：根据相关资料整理)

(2)学生小组内进行角色分配并扮演不同角色。

(3)教师要求各组学生讨论：A、B、C三位局长上任后，A、B两人通过接触沟通、C通过各种形式广泛调查研究开始各自上任后的第一件事，你认为哪种方式最好？为什么？

(4)学生讨论，演示解决办法。

(5)教师最后点评，穿插讲解相关理论知识。

五、效果评价

对学生的学习过程及学习效果给予综合评价(见表4-1)。小组成绩主要考核团队整体完成情况，个人部分主要考核个人执行情况。

表 4-1　领导力认知实训评价表

小组序号：			学生姓名：　　　学号：		
小组成绩（教师评价或小组互评）			个人最终成绩		
任务及标准	满分	得分	项目及标准	满分	得分
案例分析 A 分析解决	10		小组分解得分	40	
案例分析 B 分析解决	10		个人角色及执行	20	
案例分析 C 分析解决	10		代言发言陈述	10	
小组组织分工情况	5		演练创意	20	
汇报展示情况	5		友好互助	10	
合计	40		合计	100	
评价者：			评价者：		
评价时间：　　年　　月　　日			评价时间：　　年　　月　　日		

六、点评交流

学做合一的教学模式要求学生每次完成学习任务，教师及时组织交流，重点点评，穿插引出相关理论知识及下一步要进行的内容，启发学生积极思考，较好地完成本次学习任务。

相关知识

一、领导力的含义及特征

（一）领导力的含义

管理大师沃伦·班尼斯（Warren Bennis）说："领导力就像美，它难以定义，但当你看到时，你就知道。"德鲁克基金会在《领导者的对话》中说："领导能力是把握组织的使命及动员人们围绕这个使命奋斗的一种能力。领导能力的基本原则是：(1)领导力是怎样做人的艺术，而不是怎样做事的艺术，最后决定领导者能力的是个人的品质和个性。(2)领导者是通过其所领导的员工的努力而成功的。领导者的基本任务是建立一个高度自觉的、高产出的工作团队。(3)领导者要建立沟通之桥。"

那么，到底什么是领导力？传统观点认为，领导力即"领导的能力"，或者说是“领导者的地位与指挥能力”。基于这种认识，无数领导者及渴望成为领导者的人士都将注意力集中于地位的提高，将主要精力用于展现自身的才能，最终他们成为了一个个管理者而不是领导者。

现代观点认为，所谓领导力指的是一种试图去影响他人的尝试，领导力是一种影响力，它能使人们超出常规标准、高质量地完成任务，并且十分愿意这么做。领导力是一种复杂的活动，包括影响的过程中，领导者与追随者的共同行动所产生的一系列可能的结果：目标的完成、个体对目标承诺的实现、团队凝聚力的增强以及组织文化的提高等。

要组建团队，并使团队凝聚力成为企业竞争的优势，领导力必不可少。从这个层面上说，高效领导力是企业竞争的优势。领导者应懂得如何让下属在合作中发挥作用，如何激励他们不断地超越自身的业绩，同时，领导者也应该清楚如何平衡团队成员的个人利益和团队成果，使团队取得的成果超过个体队员努力的总和。

（二）领导力的核心是影响力

实际上，领导力就是一种特殊的人际影响力。组织中的每个成员都会去影响他人，同时也会受到他人的影响，因此每个成员都具有潜在的和现实的领导力。

北京大学中国经济研究中心教授杨壮认为，领导力的影响力主要来源于三个方面：首先是思想家，这里所说的思想家，是指那些具有自己独特思维模式和哲学理念，对复杂问题有独到见解，并具有完备知识体系的人；其次是专家，一个领导者只要在专业领域里拥有扎实的理论知识和掌握精湛的操作技能，他才能成为一名受人尊敬的专家；最后是品质，这种品质不但包括为人处世的道德准则，而且包括人在困难面前所表现出的坚忍不拔的毅力，在人与人交流过程中的换位思考能力，对具有不同性格和拥有不同思想的人的宽容，在处理危机时的勇敢和沉着、对世人的爱心等。

（三）领导力是一门艺术

作为一名管理者，李开复曾先后在苹果、SGI、微软和 Google 等富有激情和创造力的 IT 企业任职，在从事领导工作的时候，他更习惯于将自己与员工放在一个平等的位置上，把自己视作激励者、协调人或沟通桥梁，而非传统意义上的领导者、督促者或命令中心。

李开复认为，今天的经理人仍然需要具备管理学之父彼得·杜拉克1954年提出的有关决策、组织、评价、奖罚等任务的基本技能，但当今社会为经理人提出了更高、更全面的要求。为了从一个传统的管理者转变为一名成功的领导者，我们最需要做的不是完成既定的任务，不是设计好团队的组织结构，也不是熟练地发号施令，而是为所有员工营造一种充满激情和创新的环境。领导力体现的不仅是领导的方法和技能，而且是领导者和团队成员都应该实践的独特的艺术。

二、充分认识领导者

要正确地认知领导力，首先需要确定什么样的人具备领导力；也就是说，领导者是具备什么素质的人。

（一）领导者的身份

1. 球赛中的领导者。作为一项集体活动，球赛中扮演领导者角色的人可能包括以下几种：(1)足球队长，作为上场踢球的11个人的领袖，足球场上的队长要带领队员通过通力协作来争取比赛的胜利，所以，他当然是球场上的领导者；(2)球队教练，教练作为赛前的战术设计和临场的指挥者，要通过赛前的准备、组织训练以及根据场上局面的变化而实施应变之策，以引领球队实现某场比赛以及整个赛季的目标，他自然也是球赛的领导者之一；(3)裁判，裁判作为比赛过程中的最终裁决人，其判断和执法决定了某场比赛的最终结果，因此，他也理应被看做是球赛的领导者之一；(4)观战的球迷，现场观战的球迷参与比赛的程度直接决定了球队比赛的整体环境和氛围，对球员在场上的表现通常起着潜在激励或压制作用，由此可见，球迷也有可能成为球赛的领导者。

2. 学校中的领导者。学校作为一个重要的社会组织，其中扮演领导者角色的人可能包括以下三种：(1)校长，作为学校的行政领导，校长的领导者地位是毋庸置疑的；(2)老师，作为直接面对学生的人，在某种程度上，老师的教学水平决定了学生的学习效果和质量，从这个层面上来看，老师也是学校中的领导者；(3)班长，作为学生代表的班长，在班级中是处理日常事务的班干部，面向老师和学校管理层是反映学生心声和想法的“传声筒”，而且，通过班长所反映上来的“民意”往往会最终导致学校的有关制度或者措施的出台，因此，班长作为学生本身也可以被看做学校的领导者。

3. 企业中的领导者。企业中各个层级的管理人员，例如总经理、部门经理、销售主管以及项目经理等都会在某一个层面上成为企业的领导者。

综上所述，即便是没有实际领导的头衔，但只要在组织中发挥了正面的影响力，一个人就有可能成为领导。

相关案例·美国西南航空公司“千派”职位的作用

美国西南航空公司，是过去30年以来（包括在“9·11”期间）唯一一家从来没有亏损过的航空公司。其公司内部有一个很特殊的被称为“千派”的职位发挥着非常重要的作用，这个职位要求在飞机起落的时候要联系行李、清洁、塔台以及飞行员和空乘人员等方方面面的部门和人员，将与航班相关的信息进行周转并调动所需的相应资源。西南航空公司为千派人员开办了相关的领导力培训课程，并进行非常严格的训练，以此来培养和加强这些千派人员的影响力。

采取这样的措施效果是非常显著的，具备领导力知识的千派人员，通过其高效率的协调工作使得西南航空的飞机在一次降落和起飞的过程中比一般的航空公司要省时15分钟，从而为公司带来了巨大的经济效益。

（资料来源：《培训资料·带人心的领导艺术》，经作者整理改编）

（二）成为领导者的要素

我们说，在组织中人人都会是领导，但其前提是在组织当中发挥了正面的影响力。要发挥正面的影响力，从而成为领导者，至少应该具备两个要素。

1. 愿意承担责任。当今社会很多职位都具有一个同样的特点，即“权力小，责任大”。例如，销售人员对于客户而言权力不大，但是对于企业而言责任却相当大，其销售量直接影响企业的经济效益。这种情况下需要的不是依靠硬权力来实施指挥，而是通过提升自己的影响力来达到目的。在此前提下，任何人只要愿意承担责任，就都有可能成为领导者。

相关案例·郑氏杖打李景让

唐朝人李景让（字后己，事母至孝）的母亲郑氏，是个个性严谨、处事果断的人。李景让腾达时，已是头发斑白，但只要有一点小过错，仍会遭到母亲的鞭打。

李景让出任浙西观察使时，有位副将违反了他的命令，大怒之下，李景让命人鞭打副将，没想到竟因此将副将打死。士兵们听说这件事，都感到愤恨不平，想发动兵变。李母得到消息后，由后室走到厅堂坐下，要李景让站在庭下，责备他说："天子交付给你军权重责，怎能以个人的喜怒而随意动用刑法，妄杀无罪之人，万一因此而导致变乱，你岂不是辜负朝廷厚恩，又使老母含羞入地，要我拿什么脸面去见你地下的祖先？"郑氏遂命左右剥去儿子的上衣，要鞭打他的脊背，左右副将都为李景让求情，过了许久，郑氏才答应原谅儿子一次，军中的情绪也随之得以平复。

（资料来源：《培训资料·带人心的领导艺术》，经作者整理改编）

2. 正确理解领导中的主被动关系。要成为领导者，还要正确理解领导中的主被动关系。例如，刘备和诸葛亮的君臣关系中的主被动关系，在一般人的理解中，诸葛亮和刘备在一起是后者领导前者，但实际的情况则是前者在做一系列重大的战略决策。也就是说，行政级别上的领导者和被领导者相互都在影响与领导，这是个动态的过程。

放眼企业经营管理的实际，不应该一味地强调上级对下级的指挥和命令，同时也要推崇下级对上级进行领导、实施影响。从经验看，凡是成功的团队，无一不表现出这种上下互动的状态。换言之，领导力应该是一种相互凝聚的爆发力，是领导者与追随者相联系时所发生的相互作用的关系，在相互作用中，团队的潜力爆发出来，成为推动团队前进的能量。

三、领导力的构成要素

领导者的每一行动都是各领导力构成要素之间合力的结果，领导力是一个领导者的综合素质的体现，领导力从宏观上讲可以分为权力影响力和非权力影响力。

（一）权力影响力

权力影响力，也称强制性影响力，是由领导者的职务、权力、地位而产生的一种影响力。这种影响力是法定的，主要是通过行政命令、奖惩权等权力来实现，带有强制性。权力影响力是领导者实现领导的必要条件，其可以分为规划力、决策力、组织力、激励力和权变力。

1. 规划力。规划力是领导者的首要技能要求。规划力就是领导为团队提出目标、愿景的能力，包括战略决策能力、目标管理能力、计划控制能力等。

领导的规划力关系到团队的发展方向，是一种主动降低风险、提高效益的管理能力。团队领导者只有具备良好的规划能力，才能正确地制订出团队的发展方针、发展战略、发展目标，才能根据团队发展目标制订出具体的行动方案和行动计划，整合团队所拥有的人力、物力、财力资源，协调地达到团队所设定的目标。

2. 决策力。决策力也称决断力，是领导力最基本的能力。决策力关系到领导职能的发挥，关系到领导活动的开展，是提高领导效能的保证。领导者决策力的大小有时直接决定一个团队的命运。三国时，曹操和袁绍在官渡决战，郭嘉给曹操分析说，“曹有十胜，袁有十败。”其中最重要的一条是“袁好谋无断，曹得策辄行，此谋胜也。”也就是说，曹操的决策力明显高于袁绍，因此曹操必胜于袁绍。

3. 组织力。组织力也是领导力的重要构成要素，是指领导者安排人员、权力分配、岗位分工以及机构设置的能力。组织力主要是衡量一个领导的用人能力。刘邦因用好了韩信、萧何、张良，而成就了一番霸业；刘备因有诸葛亮的辅佐，才能三分天下。从企业实践来看，柳传志起用杨元庆、郭为等年轻一代，这些都是知人善任的成功典范。因此，会用人是对领导者的基本要求，只有善于汇聚众人的智慧，把各种各样的人用好，人尽其才、各尽所能，团队才能成功。现代社会的竞争说到底是人才的竞争，谁最大限度地运用好了人力资源，谁就拥有了无敌的制胜法宝。

4. 激励力。激励力就是激发人的积极性，促使其更好地完成团队目标。激励的本质在于激发人的正确动机，调动人的积极性，充分发挥人的潜力，从而保证组织目标的实现，促进组织的发展。激励分为正向激励和负向激励，奖为正向的，惩为负向的。在领导活动中，领导者掌握着人事、财务权，有权对人和团体中部分人员的行为进行奖惩，奖惩的作用直接影响人们的积极性，而领导活动的效能又直接取决于人的积极性的高低。

5. 权变力。领导者的权变力是指领导者要随组织所处的内外环境条件和形势的变化而随机应变，没有“放之四海而皆准”的成功方法，没有所谓的在各种情况下都普遍适用的领导原则，领导最重要的是因时导势，因地制宜。善于权变的领导者首先会分析情景变量，在不同的情况下制订不同的实施方案。同样，在组织的任何情况下，领导者都必须考虑到各种有关的变动因素来选择不同的领导方法，在动态中解决问题。

(二)非权力影响力

非权力影响力,也称自然影响力,是领导者个人的思想品德、水平能力、素质修养等对被领导者产生的影响力。一般认为,非权力影响力可分为思想力、人格魅力、协调力、沟通力。

1. 思想力。思想力即领导者的胆识、见解和价值观。作为领导应该并且必须有一套完整的行为处事的方法,以及在行为处事中所表现出的思想、见解和价值观。领导者的思想见解必须有远见卓识,价值观必须符合群体的需要,而且领导者要善于把自己的价值观变成群体的价值观。比尔·盖茨曾经告诫我们:想得远一些。他说:“我的成功大部分应归功于我能够关注长远目标,而不受一些眼前利益的干扰。能够做到这一点并不需要什么天才的智力,但的确需要某种特别的努力。”作为领导人要有识,会甄别,有远见。

2. 人格魅力。领导者的人格魅力,是位于领导者权力影响之外的、能让下属和群众敬佩、信服的一种自然征服力。人格魅力是领导艺术的集中体现,一个具有杰出的人格魅力的领导人拥有无形的力量,能帮助每个团队成员实现自己最卓越的表现,能使整个团队更紧密地结合在一起。人格魅力不仅是属于领导者个人的,而且是整个团队的财富。领导者的人格魅力来自领导者本身的素质,主要体现在强烈的事业心和敬业精神、博学多才、诚信、胸怀大度与谦逊等。

3. 协调力。协调力是指领导者在领导活动中,对其群体活动中产生的不和谐进行协调的能力。群体中最重要的资源就是人力资源,人具有主观能动性、创造性,若管理不当,也会有消极作用和破坏作用。所以协调是领导者的重要职能。一个领导者如果本身仅仅缺乏应有的技术性知识和能力,只要他能够充分发挥协调功能的作用,还可以借助别人的长处来弥补自己的不足,仍然可以建立起一套科学的领导管理系统。越来越多的研究表明,最优秀的领导者不一定是群体中最聪明、最强壮或最有进取心的人,而是那些有能力处理社会关系的人,也就是那些协调力强的领导。协调的内容主要包括:领导组织同环境之间的协调,组织内部各部门之间的协调,领导各项职能活动之间的协调,组织内外人际关系的协调等。

4. 沟通力。沟通力也就是人际关系处理能力。有效的沟通技巧是成功领导的关键。通过有效的沟通可以评估自己和他人,建立双向沟通,创造激发巨大生产力的条件,调整自身行为方式来适应各种人和环境。

任务一案例介绍

希丁克的执教分析

专业化的训练自然会造就专业化的团队。2002 年世界杯,希丁克率领韩国队进入四强,创造了奇迹;2006 年世界杯,希丁克作为澳大利亚队的主教练,也创造了奇迹:澳大利亚队此次是 32 年来首次进入世界杯赛决赛圈。一个三流的球队,让他培养成了二流球队。

希丁克有一个执教团队。训练分为技术培训、体力培训和心理培训。比赛能否获胜,技术决定一半,体力、意志、心理素质决定另一半。见图 4-1 所示。

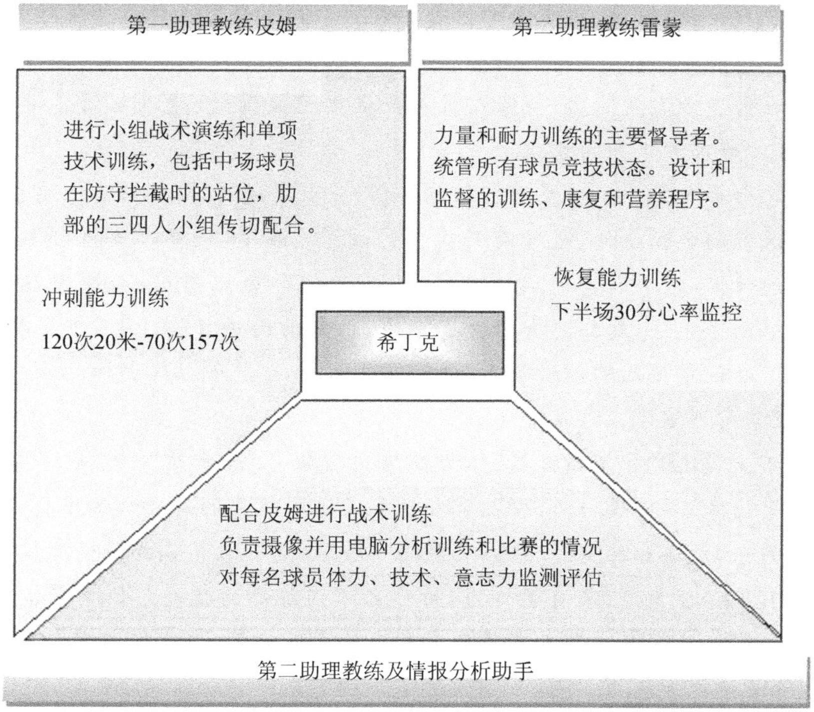

图 4-1　希丁克的执教团队示意图

一个世界级球员的体力,应该能够保证 120 次 20 米冲刺保持速度不降低。当初韩国队和中国队一样,大部分球员 20 米冲刺都在 70 次以下,怎么办？原来韩国队非常讲究资格，老球员踢球的时候，新球员要给他让路，本来自己射门是最好的了，但老球员在旁边，新球员就要传给他，然而老球员的体力又不好。

希丁克执教后，制定了新的规矩：按冲刺速度排名。不管你是谁，资格有多老，冲刺的次数最少，就排在后面。这时候老球员特别受刺激，拼命地训练，最后大家的冲刺数都超过了 124 次，最多的可以达到 157 次。

其次是进行恢复训练。一个人能够兴奋起来，能够踢满全场，并不难，但是此后体力无法恢复，三天踢不了球。所以他提出进行恢复的训练，在最短的时间内恢复体力，以适应赛会制比赛的需要。而且，他会带着心脏测试器，什么时候该让你下场，什么时候该让你上场，希丁克都知道。所以希丁克的上场和下场指挥得非常科学。

希丁克的执教团队中有两个核心人员——两个摄像人员。通常摄像人员很少被作为教练组的核心成员，希丁克为什么把摄像人员作为核心人员？因为他提出作战方案的时候，摄像人员给他提供了最细致、最准确的参考，有的时候，可以否定希丁克的意见。

摄像师会对每一个队员进行跟踪拍摄，并剪辑成片，以此作为依据来分析每一个队员的具体情况，进行有针对性的训练。例如，他们剪辑了某队员 20 次比赛的情况，这个人有时候体力极佳，有时候体力状态极差，原因在哪里？他只要前面进了球，踢到终场都没有问题，但是前面一旦输了球，下半场他都踢不了。这说明他的心理素质差，并不是体力差，体力训练不是对他训练的重点，心理素质训练才应该是重点。

希丁克通过竞争情报分析、体力及耐力分析、心理素质分析、战术分析结合成一个团队，再创造一个业绩，职业队就是这样练成的。在训练中补充球员最稀缺的东西，他已经有了体力，已经有了技术，为什么不训练他的心理素质？如果他有了心理素质，又有了体力，为什么不训练他的技能？侧重点不同，才会有效。职业队就是由职业教练练成的。他走的时候，整个韩国有 54.6 万人签名，给足协施加压力，不惜一切代价留下希丁克。

其实，中国缺的不是好的运动员，改变中国体育的落后局面不是培养运动员，首先应该是培养教练，没有好的教练不会有好的运动员。一个企业要想改变面貌也应该先把领导人培养成超一流的教练。

（资料来源：杨思卓，《培训资料·卓越领导力的六项修炼》，经作者整理改编）

实训练习

一、领导力类型测试

每道题目陈述一个观点，应试者根据他对此观点的同意与否作出选择。测验由25道题目组成。测验时间为20分钟，要求应试者凭直觉作答，不用过多考虑。

请用“1”“2”“3”“4”“5”表明你的观点，依次表示为很不赞同、基本不赞同、不太确定、基本赞同、非常赞同。

（一）测验题目（见表4-2）

表4-2　领导力类型测验题目

1	你的目标是否使员工对未来充满希望和工作热情？
2	你是否注重独特性，具有敏锐的市场判断力及前瞻性？
3	你是否始终具有危机意识，时刻考虑改善的可能性？
4	你是否随时关心员工的需要，引起共鸣？
5	你是否不采取模糊的行动，一旦决定立即行动？
6	你是否提高成果？
7	你在矛盾与对立的挣扎中，是否能果断地作出决策？
8	你是否喜欢竞争，认为存在竞争本身就是一种机遇？
9	只要是自己负责的事情，你是否能毫无纰漏地完成？
10	你是否有爆发力和变通性，能游刃有余地处理突发事件？
11	你是否能将员工引向你希望的方向？
12	周围人是否用“作为领导者讲诚信”来评价你？
13	你所参与的事情是否大部分都能认真快速地推进？
14	你综合考虑各种因素，制订并实施计划的能力是否超群？
15	你是否坚持不懈，精神及身体耐性强，重视可持续发展？
16	你是否具有成为领导者必需的诚实品质？

续 表

17	你是否具有优秀的沟通(演讲、报告、说服等)能力?
18	你的幽默感是否有利于领导力的发挥?
19	你是否善于从外界活动中找到解决内部问题的方法?
20	为了促成更好的结果,你是否有意图地表演或作秀?
21	你是否常通过协商解决难题或者应对不好打交道的人?
22	你的言行是否给人一种谦和有礼的感觉?
23	你是否能坦率地说出心里真正的想法?
24	你是否相信且实践着领导者在道德或伦理上要洁净的观念?
25	你是否能尊重员工的人格,用爱包容别人的过错?

(二)结果分析

表 4-3 领导能力类型与相关题号表

领导能力类型	相关题号	合计
服务型	4, 6, 10, 12, 13, 16, 18, 22, 24, 25	10
创新型	2, 5, 7, 8, 12, 13, 17, 18, 20, 23	10
预防型	1, 3, 4, 6, 9, 12, 14, 15, 16, 25	10
执行型	1, 3, 5, 7, 8, 11, 12, 13, 15, 16	10
向导型	6, 8, 9, 11, 12, 14, 17, 19, 20, 24	10
目标型	1, 2, 4, 11, 12, 14, 17, 19, 20, 24	10
变革型	2, 3, 5, 7, 12, 15, 17, 21, 22, 25	10

记分规则。本测验题目全部为正向记分题目,即选择“1”记 1 分,选择“2”记 2 分,选择“3”记 3 分,选择“4”记 4 分,选择“5”记 5 分。根据表 4-3 领导类型与相关题号表,将测验题目归类,然后本类型的各题目得分合计后即为该领导类型的得分。

依据得分,所得的最高分即为该领导者最具代表性的领导力类型,再依据表 4-4 进行相应的评价。

表 4-4　领导力类型的评价

类型	关键词	价值观	目标	使用经营环境
服务型	侍奉	爱能解决一切	追求美好的价值	接触复杂的矛盾或对立
创新型	创意	跟在别人后面，永远不会成功	掌握标准	形成差异化的竞争力
预防型	预防	忧患意识	正确的开端，第一次就把事情做对做好	听取员工意见、引起共鸣
执行型	诚实	常青树精神	将持续的创新体制化	群策群力，及时达成目标
向导型	知识	人才培养决定胜负	创造自我领导者	放权给员工，明确职责
目标型	目标	领导者与员工朝着同一方向努力	创造共同语言	确定新目标或者发展方向
变革型	勇气	弱势就是优势	维持初试精神	通过改善业务能力，使企业具有长期竞争力

二、团队领导失败的十个特征

企业的基本单元是团队。团队的领导力汇集在一起就是企业的领导力。团队的成败，凝聚在一起就是企业的成败。所以，团队领导力在企业中至关重要。

通过以下十个问题，可以判断一个团队将是成功还是失败。这十个问题是必须要问团队成员的，团队领导力不体现为团队领导者怎么说，而是体现在团队成员对这些问题的回答之中。

1. 你和其他团队成员经常“真正”在一起开会吗？真正一起开会，形式并不重要，而是有信息的分享和脑力的激荡，大家发现问题、讨论问题、解决问题。假装在一起开会，就是走个开会的过场而已。

应对策略：

开好会有哪些原则？

老板开会，员工为什么不说真话？

2. 你了解其他团队成员的目标、压力和需要的帮助吗？如果团队成员不在一起开会，或者只是表面上在一起假装开会，那么就必然不会了解其他团队成员的目标、压力和需要的帮助。

应对策略：

针对“特殊身份”的员工，怎么办？

老板：你为公司“跳槽”的员工送行了吗？

3. 其他团队成员能够给你提供实际帮助吗？团队成员之间要有互补的能力，就像是足球队中，前锋需要人传球，后卫需要前锋协防。这样的帮助，以胜任力为前提。找到正确的人，是团队建设的第二步。

应对策略：

发挥每位团队成员的优势，如何开发团队的集体智慧？

你的团队是唐僧团队吗？

4. 你和其他团队成员之间有明确的责、权、利的划分吗？团队成员必须要有明确的责任、权力和利益的分配。一件事情如果是人人有责，那么往往最后是谁都不负责。分工不能只分责任，必须包括权力和利益，这是团队建设的第三步。

应对策略：

什么样的团队才是一个最佳规模的团队？

防止团队成员互相打压，如何避免螃蟹效应？

5. 关于你和团队成员之间怎样配合，有明确的工作流程吗？如果不能彼此配合，优秀的球员在一起也要输球。而彼此配合，要求有明确的工作流程，这是团队建设的第四步。

应对策略：

如何有效提升团队执行力？

小团队管理中的九个细节和五项原则。

6. 你认同团队的流程和制度吗？实际上许多团队有流程，但是这些流程和其他制度一样，往往只是写在纸上，或者只是停留在团队领导者的嘴上，或者是由公司强迫执行，不被团队成员认同的。

应对策略：

怎样提高组织凝聚力、战斗力？

先沟通，再执行。

7. 团队的重大决策会征求你的意见吗？制度不被认同的重要原因，就是在制订的时候没有考虑团队成员的意见。重大决策不需要团队成员投票通过，但是征求意见是必需的。

应对策略：

科学决策就是定量决策吗？

正确布置工作应该怎么做。

8. 如果你帮助其他团队成员，会得到什么好处吗？团队精神不是命令出来的，而是培养出来的，一个重要手段就是绩效考核和薪酬奖励制度。如果不考核团队合作，不奖励团队合作，在绝大多数情况下就不会有团队合作。所以，足球队除了奖励射门得分的球员，还会奖励助攻的那个球员。建立以团队合作为导向的绩效考核和薪酬奖励体系，这是团队建设的第五步。

应对策略：

您认为激励员工的最有效方式是什么？

绩效评估，“给”还是“和”？

9. 你会因为团队取得重大成果得到好处吗，即使你没有做出直接贡献？如果销售翻了三番，却只有销售人员得到奖励，那么就很可能出现物流部说无法及时送货、财务部说无法及时开票的情况。所以，获得奖牌的足球队，每个人都会上台领奖，包括从未上场的替补队员。

应对策略：

怎样给下属加薪？

激励员工十法。

10. 你信任你们的团队领导者吗？如果团队领导者没有能力，或者不能以身作则，不能言行一致，将得不到信任。以上九个方面的失败，往往也是团队领导者无法获得信任的结果。打造合适的团队领导者，是团队建设的第一步。

应对策略：

成功领导＝选对人，做好事，分好钱！

为什么我的团队成员都反对我？

问题：请分析相应的应对对策。

任务二　领导力提升

任务引入

领导力固然在一定程度上同与生俱来的因素相关，但更多依赖的是后天培育的环境和条件。没有适当的培育环境和条件，即使先天具有较强的领导力潜能，也不可能使领导力得到开发和提升。那么究竟如何有效地培养和提升领导力，既是每个领导者都会关心的问题，也是令大多数企业的领导者深感困惑的问题。

一、任务要求

查阅资料(教材、期刊、网络等)、企业访谈，完成以下事项：

1. 在教师引导下完成教师预设的领导力提升模拟案例分析。
2. 完成模拟案例相关问题的讨论及理论学习。
3. 完成后面的案例分析及实训练习。
4. 小组内分工协作完成任务。

二、任务分析

领导力本质上是一种影响力，对组织的发展有着至关重要的影响。领导力提升有五个层次，以权压人、以情感人、以利动人、梦想及思想。本次任务以领导力提升案例模拟演练、学生自主分析解决问题为主线，教师协助辅导、点评中引出相关理论知识，学生角色演练相应的专业技能。

三、实施准备

1. 材料准备：领导力提升案例材料及问题每组各一份。
2. 场地准备：能分组讨论演练的实训室。
3. 学生约 6 人一组，确定管理人员(组长)1 名，分工协作。

四、实施步骤

1. 布置任务：教师向每个学生讲解模拟案例。

N企业是中国西北某省一家年销售额曾超过5亿元的民营红酒企业，企业的前身为一家濒临倒闭的国营白酒厂。N董事长1996年辞职下海，承包了该白酒厂后，经过一系列大刀阔斧的整改，企业迅速扭亏为盈，两年内就走出困境。1999年前后，N企业生产的"×春"牌白酒在西北五省凭借极高的市场占有率和认知度，一时间叱咤风云，独霸一方。N品牌成为中国西北部响当当的区域性白酒第一品牌，年销售额突破2亿元。

1999年，某国家领导人到地方视察，鼓励当地政府大力发展地方特色产品"中国神果(化名)"产业。N董事长抓住机会，在省政府大力扶持下，一举收购了当地生产中国神果酒的一家国有企业，顺利实现了从白酒到红酒的跨越，突破了区域性白酒品牌大面积扩张的瓶颈，开始了其立志打造全球性品牌的营销之旅。

中国神果有着极高的药用和食用价值，在各类消费群体中具有广泛的认知度，所酿造的酒水既有红酒的高雅，又不失国酒的特色，被誉为"产自东方的波尔多"。

N企业经过一系列的技术改造、产品策划、品牌提升，将企业所在地W市定位为"全球神果之都"，央视广告于2001年初与广大消费者见面。全新的红酒产品于2001年全国春季糖酒会期间正式亮相。这种差异化十足的产品借助央视广告一经面世，立刻在广大经销商中产生了轰动效应，经过糖酒会近10天的参展，与全国各地客户签订的销售合同达到6亿元，现场收取的合作订金和货款约2000万元。由此，N企业一举走出西北，打入全国市场，迈出了N董事长打造全球品牌的第一步！

2001年，N企业的红酒销售额飙升至5亿元！在企业内部完全实现了产业转型，形成了红酒为主、白酒为辅的产业格局。企业采用迂回策略彻底避开了白酒行业竞争惨烈的局面。至年底，N企业在全国的25个省份建立了办事机构和销售网络，业务人员遍布全国，销售团队扩充到400人。

但也就在此时，民企发展中普遍存在的人才和管理瓶颈在N企业迅速凸显。

由于企业在短短一年时间内将战场从西北拓展到全国，没有形成合理的人才储备机制，所有的驻外人员基本都从公司总部派遣。成本颇高自不必说，最严重的是大部分人员素质低下，更有部分人员看到公司产品如此热销后，一改创业初期勤俭节约的作风，腐败风气日渐滋生，在经销商中乱承诺、乱开空头支票和吃、拿、卡、要等行为横行。更有部分高管利用职权直接将好市场承包（变相拍卖）给愿意出钱的业务人员，而拿到好市场的业务人员不但可以享受公司的高额提成，还可以在经销商处得到种种实惠。这许多原因导致终端工作极不扎实，销售增长逐渐乏力，大量的经销商库存和终端退货问题于2002年暴露无遗。

这种种现象N董事长是看在眼里，急在心里，经过一段时间的酝酿，一场可谓中国酒业营销史上规模最大、频率最高的职业经理人空降运动在N董事长脑海中形成了。

2002年底，N企业开始在大量媒体广泛发布高薪招聘各类优秀营销人才的信息。由于N企业的品牌知名度扶摇直上，市场表现也空前红火，使各类职业经理人趋之若鹜，一时鱼龙混杂，热闹非凡！N董事长也着实堪称大手笔，一发狠，居然从头到尾，将大部分本地外派人员从管理岗位上换了下来，用上了经过自己慧眼识珠选出来的各类职业经理人。新来的人员中，既有世界知名企业的一流经理人，也有来自国内各企业的青年才俊。一时间，N企业成了一个典型的经理人集散地。

由于所来的人员都有各自不同的文化背景和工作习惯，而N企业自身在财务、行政、物流等后勤支持部门的工作效率又很低下，加上内部被撤换的人员也在不断从中作梗，使新来的人员很难在短期内融入并得到充分发挥。

而N董事长认为，公司为外来人员都提供了较老员工更高的薪资待遇，自然应该对外来的人员寄予更高的期望！所有的外来人员都要在上任当期就拿出可观的业绩！一旦业绩不佳，不但会受到老员工的冷嘲热讽，更会受到来自N董事长的重重高压。

无奈之下，许多新人只好最大化地透支市场资源，当老客户库存大无力回款时，就继续开发新客户，招商如果不顺利，就给予大量的渠道搭赠政策。一段时间后，N企业的产品在同一个市场都有至少两个以上的客户，而且大部分政策不统一，相互间无明确的分工。本来N企业的产品在市场上的有效销售期不足两年，仍有大量的利润空间，但各客户之间为了消化库存和争夺市场，竞相杀价，过了不到半年时间，N企业的产品在部分市场上就陷入"价格倒挂"、无法销售的窘境。

2003 年，N 企业的销售额出现了大幅度下滑，N 企业在市场上的信誉度一降再降！为了理顺关系，提升销售，N 董事长一年内换了八任营销总监！这些曾经意气风发、走马上任的营销总监中，既有原来的老人，也有来自宝洁、康师傅等国际知名快速消费品公司的高管人员，还有来自国内大型酒水企业如沱牌、郎酒等公司的中坚力量。但无论什么人物，基本都没有逃脱“出师未捷身先死”的结局。

在混乱的营销体系中，N 董事长还有两个致命的弱点，就是“用人多疑”和“耳软心活”。所有的高管人员中，官可以给，钱可以给，但真正调动企业资源的权力一直牢牢控制在 N 董事长手里。所有来的高管人员中，头一个月一般都和 N 董事长惺惺相惜，大有相见恨晚之意，被员工们形象地称为“蜜月期”，但当“蜜月期”一过，大部分人就会萌生退意，N 董事长本人的热情也下降了八分。

为适应 N 董事长这种用人方式的需求，大部分新高管刚上任就马上点燃“三把大火”，因为实现市场的顺利好转决非一日之功，那就马上出台一些短、平、快的政策，以证明自身的水平和学识。因此，在 N 企业运作全国市场的不到三年时间内，企业内部推行过的运营制度和管理模式就有“海尔模式”“‘两乐’模式”“‘康统’模式”“蒙牛模式”“达能模式”“伊利模式”“沱牌模式”“劲酒模式”“玛氏模式”等，具体针对市场中渠道和终端的政策，那更是数不胜数。

时至 2004 年底，N 企业年终盘点，全年销售额跌破了 2 亿元！不但红酒市场混乱不堪，就连原来叱咤西北的白酒市场也因两年多来的无暇顾及而严重萎缩。

看着离打造全球酒业品牌越来越远的市场现状，是继续换人，还是维持现状，抑或是……N 董事长陷入了两难困境。

（资料来源：根据相关资料整理）

2. 教师要求各组学生讨论 N 董事长陷入困境的原因，并提出相应的解决方法。

问题一：请分析 N 董事长陷入困境的原因，并提出相应的解决方法。

问题二：引申问题：如何提升团队领导力？

问题三：学生阐述原因，并演示解决办法。

问题四：教师最后点评，穿插讲解理论知识。

五、效果评价

对学生的学习过程及学习效果给予综合评价(见表 4-5)。小组成绩主要考核团队整体完成情况,个人部分主要考核个人执行情况。

表 4-5 领导力提升实训评价表

小组序号:			学生姓名: 学号:		
小组成绩(教师评价或小组互评)			个人最终成绩		
任务及标准	满分	得分	项目及标准	满分	得分
问题 1 分析原因	10		小组分解得分	40	
问题 1 解决方法	10		个人角色及执行	20	
问题 2 分析解决	10		代表发言陈述	10	
小组组织分工情况	5		演练创意	20	
汇报展示情况	5		友好互助	10	
合计	40		合计	100	
评价者:			评价者:		
评价时间: 年 月 日			评价时间: 年 月 日		

六、点评交流

学生每次完成模拟案例,展示分析解决办法后,教师及时组织学生交流,教师结合学生的分析及解决方案,穿插引出相关理论知识及引申问题。本次课堂以模拟案例激发学生兴趣,学生积极参与分析讨论,教师以案例问题为载体,启发、讲解相关理论知识,学生通过模拟训练掌握相应的专业技能。

相关知识

一、领导力提升的五个层次

国内著名的管理大师、领导力专家林正纳先生把领导力分成三个层次,分别是“个人领导力”“团队领导力”以及“面对组织和外界变化的变革领导力”。其中,“个人领导力”还可以划分为五个层次,也就是说,个人领导力的提升包括五个层次，这五个层次的进阶过程实际上也就是一个人的修炼过程（见图 4-2）。

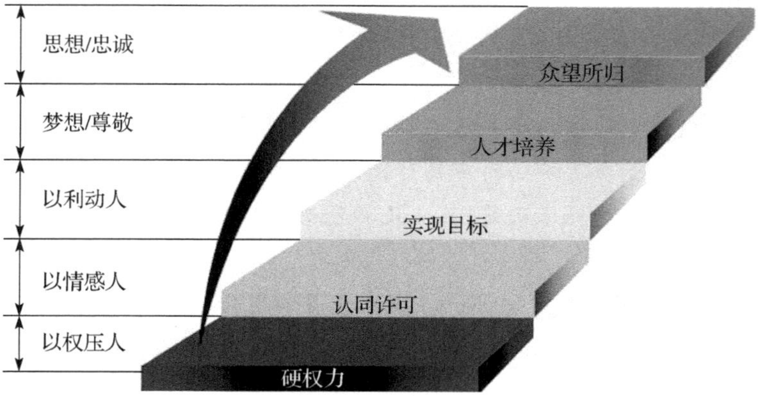

图 4-2　个人领导力的五个层次示意图

（一）领导力的第一层次：硬权力

这个层次的领导者的领导力主要来源于职位所带来的硬权力，具有以下特征：(1)领导力通常是由于指派而获得；(2)影响力不会超过领导者的正式权威；(3)处于这个层次的领导者一般较难进行团队合作。尽管这个层次的领导力是属于相对较低的水平，但是并不意味着职位所带来的硬权力就不重要，实际上，这个层次是一个人领导力提升所必须经历的阶段。

我们知道，领导力包括权力影响力和非权力影响力。通过调查发现，一般的领导者 80％靠的是权力影响力，20％靠的是非权力影响力；优秀的领导者权力影响力和非权力影响力共同发生作用，基本上是各占 50％；卓越的领导者权力影响力发挥的作用仅仅是 20％，80％都是由于他的非权力影响力、素质、高瞻远瞩、正确参谋意见，这种能力只有通过学习才能形成。

相关案例 · 柳传志严惩私设“小金库”

在联想的发展历史上，柳传志曾经因为私设明令禁止的小金库而将团队中一个非常出色的领导人送进了监狱。这样的举动实际上就对不可以违反的制度进行了非常清晰的界定，充分体现了组织内部管理的一致性和有效性。

相关案例·“严慈力涉于小事”的表现

“严慈力涉于小事”，是指领导人的硬权力应该在组织的一点一滴的小事上予以体现，这个原则在现代管理中也有很多具体的表现。

1. 新加坡的“鞭刑”。新加坡是全世界范围内华人聚集最多，但又最有秩序的国家。之所以能够秩序井然，就在于其对国家的管理非常严格。在其他国家可能只是给予教育规劝的不良行为，新加坡都严厉地实施鞭刑，因此，在如此近乎残酷的制度约束面前，其公民都能够自觉地遵守公共场所中的各种规定。

2. 深圳和香港的交管差异。在深圳和香港通行的车辆，无论在深圳守不守交通规则，到了香港之后是绝对不会触犯交通法规的。这种差异就是由于两地不同的交通管理环境所造成的，深圳的道路管理者是为了收取罚款而对违规者进行处罚的。而香港对于交通违规的处罚则完全是出于改善交通状况而进行的。目的不同，自然所达到的效果也会迥异。

3. 张瑞敏从“不准随地大小便”入手抓质量。除了众所周知的“怒砸存在质量问题的冰箱”的举措之外，张瑞敏接管海尔之初还明令禁止之前员工所习以为常的“随地大小便”。在张瑞敏看来，这种细节尽管微小，但是却是关乎企业未来发展的战略性问题，必须要严格管理，绝对不能松懈。

4. 柳传志从“开会不许迟到”入手抓作风。柳传志在联想创立之后的最初几年，发现员工们普遍喜欢空谈，从而造成执行力不够的问题。于是，他开始将“开会不许迟到”作为改变风气的一个起点。他认为在这样的细节上都严格要求，执行到位了，那么在其他的事情上就不容易犯错误。

5. 县官对婆媳的处罚。中国历史上有一个朝代下达了禁酒令，一天有一个媳妇跑到县衙里来状告其婆婆私自用粮食酿酒。经查属实，县官于是按照规定对其婆婆进行了处罚，但随后也重打这个媳妇。这是因为严禁酿酒是特定时期的规定，但是媳妇状告婆婆，这是“不孝”的大罪，也必须要严惩。

（资料来源：《培训资料·领导力表现的五个层次》，经作者整理改编）

（二）领导力的第二层次：认同许可

由职位所带来的硬权力是存在局限性的，所以在仅仅依靠硬权力无法收到良好管理和领导效果的时候，就应该通过第二层次的领导力——认同许可来发挥作用。例如，在严惩私设小金库的案例中，柳传志按照法律程序对那个领导者进行严惩之后，就施展其第二层次的领导力来竭尽全力为其争取减刑，使得犯错误的人在刑满之后，还能够自觉回到公司向柳传志表示感谢，并还愿意继续为其工作。

在领导人让下属认同许可的方法中，有三个要点是需要特别强调的。

第一，宽容。正所谓"水至清则无鱼"，凡事物极则必反，领导者对于战略性的小事要严责，但是对待更多的情况则需要表现出大度和宽容。

第二，尊重。正所谓"希望别人怎么对自己，自己就应该怎么对别人"，下属对领导者的忠诚实际上来源于领导者本身的感召。因此，要实现对下属的良好领导，就必须在大事小节之中体现出对其的充分尊重。只有尊重了别人，才能期望得到别人的尊重。

第三，领导应爱护下属。领导者应该在纪律面前"慈不掌兵"，在人性面前"爱兵如子"。领导者在与下属的相处过程中，将心比心是至关重要的，只有领导人照顾员工，员工才会照顾公司。因此，组织的领导者应该在尽可能多的细节小事上体现出对下属的关心与爱护，这样才能使得团队形成凝聚力和向心力，实现共同的成长。

（三）领导力的第三层次：实现目标

优秀的领导者必须能够带领团队实现目标，让团队成员对领导充满敬畏之情。通过比较可以发现，刘备的领导力处在第二层次，他可以得到认同许可，吸引别人为其效忠服务；而诸葛亮的领导力则达到了第三层次，他通过对最终胜局的把握而给予了其下属接受其领导的巨大动力，他能够领导下属从一个胜利走向另一个胜利，因此使得下属对其充满了敬畏。

（四）领导力的第四层次：培养人才

领导者的领导力还体现在对团队成员的人才培养上。衡量一个团队领导的重要标准，不仅仅看领导者本人能干些什么，还有看领导不在的时候，他的部下能否处理好事情，解决问题，完成既定的目标。从领导者的要求看，刘邦和项羽，后者只称得上英雄，而前者则是名副其实的领导者。

（五）领导力的第五层次：众望所归

这个层次的领导者能够形成一套思想体系，并得到下属完全的接受和配合，这样下属会产生无限的忠诚，甚至不惜以自己的生命来维护这种忠诚。能够达到这个领导力层次的人很少，这也是领导力提升的最高境界。

二、领导力提升的途径

“失败乃成功之母”，真正的领导能力产生于工作中，而且领导者总是面对着发起变革与持续变革的挑战。如果说领导力是美丽的木纹，那么只有经过干旱或火灾折磨的树才能长出不规则的、美丽的木纹；而一直顺利成长的树每年成长相同的量，木纹规则却并不美丽。领导能力也是如此。真正领导能力的培养是在经过艰难岁月的洗礼，应对各种挑战中形成的。所以说领导力并不是天生的，可以在工作、学习中得到提升。提升领导力的途径主要有五点。

（一）工作中提升

为了领导者的领导力，有意识、有计划地对领导者在工作安排方面进行特别处理。比如通过岗位轮流，了解其他部门的运作，拓宽视野；通过较高职务的代理方式，提高其处理问题的思维高度；安排特殊性的工作，考验和提高处理特殊事务的能力。在工作中提升是提高领导者实践能力的有效途径。比如IBM公司就有一个“长板凳计划”，为管理者和重要岗位人员设置了后备人才，并对这些人员制订了详细的培训计划，特别是工作中提升方面的计划。

（二）集中式教学

将领导者送入较长期的教育培训机构，接受比较系统的学习和训练。这样的方式比较常见的有党校、培训中心、干部培训机构以及大学的MBA、EMBA教育等。这种培训方式的优点在于系统化、规范化，特别适合提高领导者的理论修养。

（三）短期培训

参加较短期的、专题性的培训，参加者可以提高某一方面的能力和技巧。比如营销、财务、决策能力等方面的专题培训。短期培训针对性非常强，是及时“充电”的有效方法。

（四）教育后的支持、巩固

领导者进行培训和教育后，回到实际工作中，由于缺乏相应环境、缺乏管理上的其他支持，领导者不能将学到的东西用于实践，不知不觉又回到了教育前的状况，领导水平无法真正提高。为了避免这种现象，必须做好两方面的工作：一是针对领导者的培训教育必须有的放矢，与群体的发展规划有机结合；

二是为领导者施展领导才能提供空间。

（五）领导者自我修养

培训教育不是万能的，基本素质、基本业务等方面的学习和提升大都依靠自己。古人的"修身、齐家、治国、平天下"的理想，首先就得从修身开始，最后才能平天下。领导者提高个人素质方面，也必须从修身开始，从做人开始，不断加强道德方面、业务方面的修养，树立"终生学习"的观点，不断提高自身素质。

三、九型人格与领导力提升

"九型人格"相传源于中东地区，其不仅仅是一种精妙的性格分析工具，更主要的是为个人修养与自我提升、历练提供深入的洞察力，揭示了人们内在最深层的价值观和注意焦点，它不受外在行为变化影响。九型人格结构分析见图 4-3，九型人格类型特点见表 4-6。

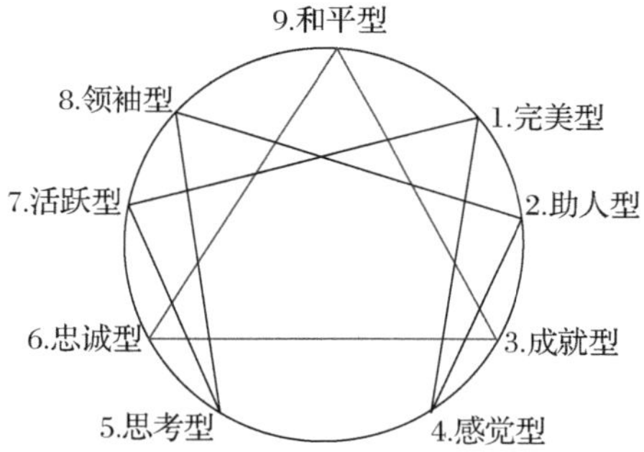

图 4-3　九型人格结构分析图

表 4-6　九型人格类型的特点

人格类型	特　点
1—完美型 (Perfectionist)	重原则，不易妥协，黑白分明，对自己和别人均要求高，追求完美
2—助人型 (Helper/Giver)	渴望与别人建立良好关系。以人为本，乐于迁就他人
3—成就型 (Achiever/Motivator)	好胜心强，以成就去衡量自己价值的高低，是一名工作狂

续 表

人格类型	特 点
4—感觉型 (Artist/Individualist)	情绪化，惧怕被人拒绝，觉得别人不明白自己，我行我素
5—思想型 (Thinker/Observer)	喜欢思考分析，求知欲强，但缺乏行动，对物质生活要求不高
6—忠诚型 (Loyalist/Teamplayer)	做事小心谨慎，不易相信别人，多疑，喜欢群体生活，尽心尽力工作
7—活跃型 (Enthusiast)	乐观，喜新鲜感，爱赶潮流，不喜承受压力
8—领袖型 (Leader)	追求权力，讲求实力。不靠他人，有正义感
9—和平型 (Peace-maker)	须花长时间做决策，怕纷争。难于拒绝他人，祈求和谐相处

(一) 第一型：完美型

第一型的人爱批判自己，也爱批判别人，他们内心拥有一张列满应该与不应该的清单。他们认真尽责，希望所做的每件事都绝对正确。他们很难为了自己而轻松玩乐，因为他们以超高标准来审查自己的行为，而且老是觉得做得还不够。他们有可能因为害怕无法臻于完美而耽搁了事情。第一型的人有种道德优越感，很厌恶那些不守规矩的人，特别是当这些人越矩得逞时。他们是优秀的组织人才，能够紧追错误和必须完成的事项，把任务完成。

领导方式：以事为中心，追求卓越，按本子办事，注重细节和全方位式管理，有时会独裁式管理，原则性有余而灵活性不够，会忽略人的感受。

个人成长警钟：你要知道世界不是非黑即白，还有灰色地带的存在。完美只是一个理想，成长才是真实的过程！

领导力提升的建议：

1. 把“有效”而不是“正确”作为衡量标准。
2. 把工作更多地委托给别人。
3. 让自己快乐起来，让工作充满更多的乐趣。

(二) 第二型：助人型

第二型的人不管在时间、精力和事物三方面都表现得主动、乐于助人、普遍乐观，以及慷慨大方。由于他们不容易承认自己的需要，也难以向别人寻求帮助，所以总是无意识地通过人际关系来满足自己的需要，而且在自己最为人所需的时候感到最快乐。他们对别人需要的感觉非常敏锐，能够刚好表现出吸引别人的那部分人格。他们善于付出更胜于接受，有时候会操控别人，为得到而付出，有时候是天生的照顾者和主持者。为了使别人成功、美满，第二型的人能运用他们天生的同情心，给予对方真正需要的事物。

领导方式：以人为本的管理模式，善于鼓励他人发奋图强，肯为大局而牺牲，善解人意，但有时重视关系甚于原则。

个人成长警钟：别人是别人，自己是自己，不能总活在别人的感觉中，要能将对别人的爱转对自己，关注自己的感受！

领导力提升的建议：

1. 学会说“不”，用单独的时间反思自己的需要。
2. 减少别人对自己的依赖，给别人解决问题的空间。
3. 多一些客观，少一些情绪化。

（三）第三型：成就型

第三型的人是精力超强的工作狂，他们奋力追求成功，以获得地位和赞赏。他们具有竞争性，尽管他们自认为这是一种爱的挑战，而非击败他人的欲望。无论他们处在何种竞争场合，总是把目标锁定在成功之上。他们会是成功的父母、配偶、商人、玩伴、嬉皮、治疗师，能够顺应身边的人们而变换形象，尽管他们和自己真实的感觉毫不相干，因为这些都会影响其成就。可是一旦受到要求，他们却可以表现出合宜的感觉。第三型的人会全心全意追求一个目标，而且永不厌倦。他们会成为杰出的团队领袖，鼓舞他人相信“天下没有不可能的事”。

领导方式：以目标为本的管理模式，重视成就、表现和效率，有时会变得专制。

个人成长警钟：不要光以社会评价为标准，而忽略了自己内在的真实感受，要明白内在的成长比外在的成功更重要！

领导力提升的建议：

1. 不要过于目的性，留意双方的感受。
2. 减轻自己的竞争意识，学会合作。
3. 超越短期目标，树立长期目标。

（四）第四型：感觉型

第四型的人具有艺术气质、多情，他们一生都在寻求生命的意义或理想伴侣，活在生命中某项重要事物的感觉中。他们觉得必须找到真实的伙伴，自己才完美。他们倾向于找到疏离理想化的现行事物和世俗的错误。他们被高深的情绪经验所吸引，表达出与众不同的一面。无论在任何领域，他们的生命反映出对事物重要性和意义的追求。他们很容易陷入自己的情绪，却能表现出高度的同情心，去支持处在情绪痛苦中的人。

领导方式：凭感觉做事，勇于创新，有决断力，有时会任性而意气用事。

个人成长警钟：过去的已经过去，未来的还没有来到，最重要的是珍惜面前所拥有的一切！

领导力提升的建议：

1. 从自我世界走出来，找到比自己更大的事情。
2. 多点理智，多一点关注结果。
3. 学会控制自己的情绪，学会宽恕、放下。

（五）第五型：思想型

第五型的人带着距离来体验生命，避免牵扯任何情绪，认为观察更胜于参与。他们是需要高度隐私的人，如果得不到属于自己的充分时间，会感到枯竭、焦虑，因为他们用这种方式来回顾事情，并体验在日常事物中难以感觉到的安定情绪。心智生活对他们而言相当重要，他们具有对知识和资讯的热爱，通常是某个专门领域的研究者。第五型的人把生活规划成许多区块，虽然他们不喜欢预定的例行公事，却希望事先知道在工作与休闲时他们被期望的是什么。他们是杰出的决策者和具有创意的知识分子。

领导方式：凭自己的智能、判断力和分析能力办事，理智但缺乏人情味，能掌握大局，但喜欢遥控式领导，往往善于策划而疏于行动。

个人成长警钟：你要尽快地把“想”变成“行动”，多一些感性的力量，正视自己的感情，也体贴别人的心情。

领导力提升的建议：

1. 有效果比有道理更重要。
2. 学会与他人的合作，学会关注别人的感受。
3. 更多地关注政治策略。

(六) 第六型:忠诚型

第六型的人把世界看做是威胁,虽然他们可能觉察不到自己处在恐惧中。他们对威胁的来源明察秋毫,为了先行武装,他们会预想最糟的可能和结果。他们这种怀疑的心智结构会产生对做事的拖延及对他人动机的猜疑。他们不喜欢权威,也可说是最害怕权威,他们倾向于参与弱势团体运动,在权威中难以维持成功。某些第六型的人具有退缩并保护自己免受威胁的倾向;某些则先发制人,迎向前去克服它,因而表现出极大的攻击性。一旦愿意信任时,第六型的人会是忠诚而可信的朋友和团队伙伴。

领导方式:以人为本,注重团队,是一位忠诚的政策执行者,循规蹈矩,善于先自我保护和处理危机,会建立具防御性的领导模式,能以置之死地而后生的策略去领导下属和处理问题。

个人成长警钟:你要放下多余的担心和恐惧,相信自己,相信别人,拿出自己的力量!

领导力提升的建议:

1. 处理好自己与权威人物的关系。
2. 多点正面思想,学会控制自己的焦虑。
3. 做了决定就踏实向前,不要迟疑。

(七) 第七型:活跃型

第七型的人乐观、精力充沛、迷人,而且难以捉摸。他们痛恨被束缚或控制,而且尽可能保留许多愉快的选择。在不愉快的情况下,他们会从心理上逃脱到愉快的幻想中。第七型的人是未来导向者,具有涵盖每件想要完成的事情的内在计划,而且当新的选择出现时,他们还会适时更新内容。那份想保持生命愉悦的需要,引导他们重新架构现实世界,以排除有损自我形象的负面情绪和潜在打击。他们容易接受新的经验、新的人群和新的点子,是富有创意的电脑网络工作者、综合家及理论家。

领导方式:团体式领导,做人做事没有固定的模式,喜欢变革创新,他们具有乐观积极的领导风格,能发掘下属的发展潜能。

个人成长警钟:你要敢于面对压力和痛苦,学会专注于某一项计划,增强耐性!

领导力提升的建议：

1. 脚踏实地完成眼前的工作。
2. 放慢自己的脚步。
3. 学会发现批评中包含的正确观点。

（八）第八型：领袖型

第八型的人独断，有时具有攻击性，对生命抱持“一不做二不休”的态度。他们通常是领袖或极端孤立者，善于关心和保护朋友，他们知道朋友在想什么。他们关心正义和公平，并且乐意为此而战。第八型的人格外追求享乐，从和朋友喝酒作乐到理性的讨论都有。他们能觉察到权力的存在，使自己免受他人的控制，对他人具有支配力。第八型的人会忠诚地运用自己的力量，并毫无倦怠地支持有价值的事件，常成为人群中的领导人物。

领导方式：强势领导，专制，富有对抗性，率直而不客气，家长式，有时会用独裁、严厉的领导方式。

个人成长警钟：你要控制自己的愤怒，你并不能代表正义，强权并不是像你想象的那么重要。若能多一点温柔，愿意显露自己一些弱点在人前，也不失为性格的进步。

领导力提升的建议：

1. 学会聆听，在回答之前先了解别人的观点。
2. 责备别人时要非常小心。
3. 留意自己的嗓门，不要大声吼叫。

（九）第九型：和平型

第九型的人是和平使者。他们善于了解每个人的观点，却不知道自己所想、所要的是什么。他们喜欢和谐而舒适的生活，宁愿配合他人的安排，也不要制造冲突。然而，如果被人施压，他们会变得很顽固，有时甚至会动怒。他们通常兴趣很多，却将自己的优先事项拖到最后一分钟才做。他们还具有自我麻醉的倾向，让自己去做一些次要的活动，如看书、和朋友闲逛、看录影带等。第九型的人是很好的仲裁者，磋商对象，而且能专心执行一项团体计划。

领导方式：无为而治，集体式领导，喜欢授权，顺其自然。

个人成长警钟：勇于迈出自己内心的想法和感受。不要抑制自己内心的愤怒，而变得阳奉阴违。

领导力提升的建议：

1. 更多地表达自己，敢于面对冲突。

2. 尽可能讲重点，聚焦目标。

3. 完成办公桌上堆积的工作，克服拖延。

任务二案例介绍

领导力二十一条法则

第一条法则：盖子法则

领导能力决定一个人办事的成效水平。

(1)你想爬得越高，就越需要领导力；你想发挥更大的影响，就需要更大的影响力。

(2)领导能力常常是一个人及团体办事成效的盖子。如果领导能力强，锅盖就高，反之，团体的发展潜力便会受到限制。

(3)个人和团体的成效与领导力的强弱成正比。

(4)不管在哪一个行业，都可以看到一些聪明、有才干而又成功的人，仅仅因为缺乏领导能力，使得他们的成就大大受限。

第二条法则：影响力法则

衡量一个人的领导力，全看他所发出的影响力。

(1)当人们愿意跟随你，哪怕只是出于好奇，都足以表明你已经是一个优秀的领导者，散发出领导的魅力。

(2)头衔唯一能够买到的是一点点时间，使你有机会增加自己的影响力，或者毁掉它。

(3)要成为一个领袖，不仅自己必须在前面带头走，而且还得有人愿意跟随身后。

第三条法则：跟随法则

领导力来自日积月累，而非一日之功。

(1)一个人开发与提升技巧的能力，决定他是否能成为领袖。

(2)开始察觉自己对事实的无知，乃是迈向智慧的一大步。

(3)人的一生中，成功的秘诀是当机会来临时，你已经预备好自己。

(4)领袖不是一天养成的，必须投入毕生的工夫才能成就。

第四条法则：导航法则

谁都可以掌舵，但唯有领袖才会设定航线。

(1)所谓领袖即是看得比别人仔细，比别人远，而且比别人早一步先看到。

(2)不管你过去经验多么丰富，仍然无法预知现今一切的状况。

(3)一个计划是否被接纳，得到支持并获得成功，其主要因素并不在于计划有多大，而是他的领袖有多好。

第五条法则：哈顿法则

真正的领袖一开口，人们就洗耳恭听。

(1)真正的领袖拥有权力，而不单是拥有职位。

(2)领袖真正的考验不在于开始的时候，而在于结束时的地位。

(3)人们倾听，不见得是因为话语中所含的真理或信息，而是因为他们敬重说话的人。

第六条法则：根基法则

信任乃是领导的根基。

(1)说到领导，不管你带领这群人有多久，你绝对不能取巧走捷径。

(2)领导就是策略与品格二者的有效结合；然而，如果须二者舍其一，宁可舍去策略。

(3)欲取得人们的信任，领袖必须是能力、关系和品格这几种特质的示范。

(4)每个人的成就都无法超越他的品格上限。

第七条法则：敬佩法则

人们只想跟随比自己强的领袖。

(1)通常一个人领导能力越高，就会越快地观察出别人身上领导能力的强弱。

(2)有许多方法可以衡量一名跟从者对领袖的尊重程度，当一位领袖在团体中发动重大变革时，就能考验出他所受到的尊重程度。

第八条法则：直觉法则

领袖善用领导的知觉来评估每一件事。

(1)一个领袖的领导直觉常能使他从一般领袖中脱颖而出，从而成为一个杰出的领袖。

(2)成功的领袖必定拥有直觉，他们习惯使用自己的领导直觉来评估每件事物。

(3)领袖具有一种能够退到远处纵观全局的能力，不仅能回顾过去，并且能够预测未来，就好像能从风中嗅出变化的气息一般。

第九条法则：磁力法则

物以类聚，你是什么样的人，就吸引怎样的人来跟随你。

(1)你找到的人未必是你想要的，而是你自己是怎样的人，就会吸引怎样的人来跟随你。

(2)好的领袖知道，成功的秘诀在于找到人才来弥补他的短处，这样他就能专心致志地做他较擅长的事情。

(3)如果你认为属下应该有更好的素质，那么这该是你提升自己素质的时候了。

第十条法则：亲和力法则

(1)卓有成效的领袖知道，在你要别人伸手支持之前，得先感动他们的心。

(2)与人亲善的秘诀在于认识到：即使在一个团体里，你也必须把人当成个体看待。

(3)如果想要人跟随你，就不可低估与人建立关系所产生的力量。

(4)带领自己用头脑就足够了；带领他人，要用心才行。

第十一条法则：核心圈法则

核心圈的水平，足以决定你的成就。

(1)领袖的潜力是否能发挥，取决于核心成员的素质。如果这些人有能力，领袖就能带出极大的影响，不然，领袖也无能为力。

(2)领袖身边的核心圈足以影响领袖，以及影响整个组织潜力的发挥。

第十二条法则：授权法则

有安全感的领袖才肯授权予人。

(1)最好的主管懂得找到人才来做好计划中的工作，而且又能克制自己在过程中不横加干涉。

(2)你如果想做个成功的领袖，就必须懂得授权。

(3)授权式的领导模式不依赖于职位权威，而是使所有人都有机会负起领导的角色，如此一来，他们就能轮番贡献自己的长处。

第十三条法则：增值法则

名师出高徒，只有领袖才能带出领袖。

(1)栽培其他领袖的唯一方法，就是使自己成为更好的领袖。

(2)组织成长的潜能取决于领袖是否拥有更多良好的人才，领导人才越多，成功的可能性就越大。

(3)如果你想继续成长而成为一个领袖，就得花时间与最优秀的领导在一起。

(4)领袖不会群聚在一起，你必须一次一个地把他们挑出来。

第十四条法则：接纳法则

想要人们认同你的想法，必须先让他们接受你这个人。

(1)领袖先找到目标，然后才找到一群跟随者；而一般人却是先找到了领袖，然后才认同领袖的目标。

(2)人们一旦拥护某人，就乐意跟随他的目标，人们乐意追随那些他们能够认同的人。

(3)身为领袖，如果事情不成功就得不到任何肯定。不能因为你做“对”的事就有功劳，成功是以你是否有能力带领众人前往他们认同的目标来衡量的。

第十五条法则：制胜法则

领袖必须为他的团队找出一条制胜之路。

(1)伟大的领袖在压力下最能发挥潜力，而使它们内在的特质得以浮现出来。

(2)一个团队不管拥有多少人才及潜力，唯有当所有成员具有统一的目标时才可能成功。

(3)斗士的心态——为求生存而奋斗的精神，乃是创造本公司文化的原动力。

第十六章：动能法则

动能是领袖最好的朋友。

(1)唯有那些能够引发他人动力的领袖才能够创造出动能。

(2)动能启动的时候最困难，而一旦开始前进，你就会发现真的可以做出惊人的大事。

(3)如果你渴望在团队中有所作为，千万不要忽视动能所带来的力量。动能真的是领袖最好的朋友，只要你设法建造启动能，就有可能成就任何事情。

第十七条法则：优先次序法则

领袖们必须明白，忙碌不见得就会有成就。

(1)有许多东西会吸引我的眼睛，但是只有少数几件能吸引我的心。

(2)身为领导，要把大部分的时间花在你最强的领域。如果你的团队中有人能承担你手中的工作，而且能做到你水准的八成，那么，就应该将它交出去。

第十八条法则："舍""得"法则

领袖必须懂得先"舍"，然后才能有"得"。

(1)成功的领袖如果想扭转公司的命运，非得保持一种牺牲的态度不可，他必须心甘情愿地付出代价才能把公司带上轨道。

(2)领导就是树立榜样，当你身处领导地位时人们就会仿效你的每一个动作。

(3)今日有许多人想要登上领导的宝座，期待着有朝一日登上高位就能享有自由与权力。他们完全不了解领导真正的本质乃是牺牲。

(4)当领导者一定得牺牲。而这种牺牲是一种持续的过程，并非只是一次性的付出而已。

第十九条法则：时机法则

掌握时机与善用策略同样重要。

(1)当适当的领袖配上正确的时机，令人振奋的结果就会产生。

(2)了解到该做些什么是一回事，而抓住时机却是另一回事。

(3)领袖如果一再展现出他缺乏良好的判断力，哪怕犯的不过是些小错，人们还是会开始觉得，如果继续接受此人领导，那才是真正的错误。

第二十条法则：爆炸性倍增法则

培养追随者，得到相加的效果。培养领导者，得到相乘倍增的效果。

(1)我身边的人个个都有无穷的潜力，需要有人调教栽培，但我却忙于自己在领导及经营上的成长，而无暇顾及培育周围这些人才，结果，他们就流失了。

(2)任何遵循"爆炸性的倍增"法则的领袖，将从跟随者的成长模式转换为领导者的成长模式。

(3)只要你肯培训人才，领袖就会浮现出来。

(4)你所培养的领袖越优秀，他所带来的追随者与领袖的素质就越优秀，而且数量会越多。

第二十一条法则：传承法则

一位领袖的历史地位有赖于顺利传承。

(1)领导力是无法委托别人来发挥的，你如果不运用它，就得放弃它。

(2)就像球队,教练需要一群好球员才能赢。同样,一个团队也需要一群好领袖才能成功。

(3)成功不是看你跟前接手做什么,而是看你身后留下的是什么。(有删改)

(资料来源:[美]麦克斯韦尔,《领导力21法则》,中国青年出版社2010年版)

实训练习

营销经理成长的关键

张先生是某跨国医疗器械企业的大客户经理,主要负责华南区10家大医院的大型医疗设备的销售。张先生在这个岗位上可谓是得心应手,号称从来没有打过败仗。老板很器重他,也有心提拔他到更高的职位。于是,老板决定先调张先生到其他几个岗位上轮岗,然后择机提升到销售总监的位置。

首先,张先生被调到放射产品事业部,任地区经理。这个部门是该企业的核心部门之一,其营业额占全公司营业额的40%。张先生手下管理着3个项目经理和近20名销售人员,对应着所负责地区的200多家二级以上医院。经过短暂的培训,张先生走马上任。随着工作的开展,张先生感觉到很多苦恼。有很多事情需要协调,很多原来没有的杂务需要处理,和客户的关系也没有原来那样亲近。老板也感到苦恼,同时也很疑惑,他本来期待着张先生能在这个新的岗位做出成绩,结果三个月下来,这个部门的业绩不仅没有提高,反而比去年同期下降了20%,与其他部门和地区相比也乏善可陈。

思考题:

张先生苦恼的问题怎样才能解决呢?

综合练习

领导力模型

一、摩托罗拉领导力模型

摩托罗拉将自己的领导者所需要具备的核心能力定义为"4E+1E",并提出了相应的指标。Ethics(职业操守)处于中心,Envision(高瞻远瞩)、Energize(激情互动)、Edge(果断决断)、Execute(执行力)围绕着Ethics。

Ethics:也可以说是自律能力,领导者要有道德,以道德的方式开展业务,尊重所有人和文化，不让个人的志向和情绪反应干扰工作。

Envision：作为一个领导者，要有眼光，要有境界，要有追求。

Energize：要有热情，能够激励员工、顾客和合作者对组织目标的热情，对一切工作都注入极为高涨的个人热情，创造一个人人都满怀激情工作、有机会作出贡献的环境。

Edge：一针见血地切中问题的要害，做出大胆和及时的决定，坚持用更高的标准要求本组织，以实事求是的方式表示善意的不满。

Execute：目标不能永远停留在纸上、口中、脑中，必须转变成现实的行动和成果。

二、GE领导力模型

杰克·韦尔奇认为：领导人应该具备的关键素质可以用“4E＋P”来概括，也即是“GE领导力模型”的主要内容。

Energy——活力：活力是指巨大的个人能量，对于行动有强烈的偏爱，干劲十足。不屈服于逆境，不惧怕变化，不断学习，积极挑战新事物，充满活力。

Energize——激励：激励力是指激励和激发他人的能力，能够活跃周围的人，善于表达和沟通自己的构想与主意。韦尔奇认为，这也是一种积极向上的活力，它可以让其他人加速行动起来。懂得激励别人的人能鼓舞自己的团队，承担看似不可能完成的任务，并且享受战胜困难的喜悦。他特别强调，激励别人并不是只会做慷慨激昂的演讲，而是需要对业务有精深的了解，并且掌握出色的说服技巧，创造能够唤醒他人的氛围。

Edge——决断力：决断力即竞争精神、自发的驱动力、坚定的信念和勇敢的主张，也即对问题做出决定的勇气。

Execute——执行力：执行力即提交结果，能够将构想与结果联系起来。将构想变成切实可行的行动计划并能够直接参与和领导计划的实施。执行力是一种专门的、独特的技能，它意味着一个人知道怎样把决定付诸行动，并继续向前推进，最终完成任务，其中还要经历阻力、混乱，或者意外的干扰。

Passion——激情：所谓激情，是指对工作有一种衷心的、强烈的、真实的兴奋感。充满激情的人特别在乎别人（如同事、员工和朋友们）是否取得了成功。

三、宝洁领导力模型

宝洁公司认为领导力的要件可以概括为5E，它们是Envision（高瞻远瞩）、Engage（全情投入）、Energize（鼓舞士气）、Enable（授人以渔）、Execute

（卓越执行）。

Envision：更多是指一个领导者构筑愿景的能力，给整个组织指明方向，从而激发团队内心的激情。

Engage：是从人和资源两个角度，能够很好地将利益攸关者——员工、同事、客户甚至老板，纳入自己的愿景，达成支持梯队。

Energize：是鼓舞团队的热情和士气，使团队始终保持高昂的工作状态。

Enable：是构建团队整体的能力，培训与教授，重在授人以渔。

Execute：则是要率先垂范，亲身投入完美执行的推动，结果导向。

在宝洁看来这五个要件是相互交融但又先后有别的。这是一个完善而科学的模型，同时具有很强的可操作性，因为宝洁与大多数领导力大师一样，坚信领导能力不是与生俱来的，而完全是可以通过后天培养的。综观企业与政治军事领袖，无一不是具有这一模型所界定的领导力要件。所以，要提高个人的领导力，就必须修炼这些素质。

四、IBM 领导力模型

对于领导力素质的评价，IBM 有着自己的三环模型："对事业的热情"处在环心，"致力于成功、动员执行和持续动力"这三大要素围绕环心运转。

环心：对事业的热情。IBM 认为杰出领导者对事业、市场的赢得，以及为客户提供服务充满了热情。对事业的热情指标包括：充满热情地关注市场的赢得；能描绘出一幅令人振奋的 IBM 未来图景；接受企业的现实，并以乐观自信的方式做出反应；表现出对改造世界的技术潜力的理解；表现出对 IBM 解决方案的兴奋感。

1 环：致力于成功。IBM 以三大要素来考察领导者是否致力于成功，即对客户的洞察力、突破性思维、渴望成功的动力。

2 环：动员执行。一位杰出的领导是否能动员团队执行，达到目标，IBM 认为可以从四个要素加以考察，即团队领导力、直言不讳、协作、决断力和决策能力。

3 环：持续动力。判定一个杰出的领导者是否能为组织带来持续的动力，IBM 也有三条标准，即发展组织能力，指导、开发优秀人才，个人贡献。

（资料来源：根据相关资料整理）

思考题：

GE、IBM、宝洁、摩托罗拉均以卓越的领导力培养工作而享誉全球，请评价他们的领导力模型，并思考：到底一位优秀的领导者是什么样的？

项目五

团队激励

知识目标

◆认识激励的重要性及激励的过程模式；

◆熟悉人性假设理论及各种激励理论；

◆掌握团队激励的原则和方法；

◆掌握激励效果评价与分析的方法。

技能目标

◆能对不同类型的团队成员采取不同的激励方法；

◆能根据企业实际情况，分析并评价企业现有的激励制度；

◆能通过调研、访谈搜集资料，制定符合企业实际的激励制度。

任务一　激励需求识别

任务引入

美国学者弗朗西斯(C. Francis)说，“你可以买到一个人的时间，你可以雇一个人到固定的工作岗位，你可以买到按时或按日计算的技术操作，但你买不到热情，你买不到创造性，你买不到全身心的投入，你不得不设法争取这些”，而激励就可以创造出这买不到的热情。激励是团队管理的一项重要职能，是满足团队成员需求的过程，科学有效的激励机制能够让员工发挥出最佳的潜能。

一、任务要求

查阅资料(教材、期刊、网络等)、企业访谈,完成以下事项:

1. 在教师引导下完成教师预设的激励游戏。
2. 完成游戏后进行讨论及理论学习。
3. 完成后面的案例分析及实训练习。
4. 小组内分工协作完成任务。

二、任务分析

激励是团队管理的重要职能。所谓激励,就是指通过一定的手段使员工的需要和动机得到满足,以调动他们的工作积极性,使他们积极主动地发挥个人潜能从而实现组织目标的过程。领导者要对下属进行有效激励,首先必须正确认识和对待下属,清楚识别下属的激励需求。

三、实施准备

1. 材料准备:魔鬼信函、魔鬼信函解析表、魔鬼面具、管理模拟游戏材料等。
2. 场地准备:能分组讨论演练的实训室。
3. 学生约 6 人一组,确定管理人员(组长)1 名,分工协作。

四、实施步骤

1. 激励模拟游戏——打击团队之魔鬼。

(1)布置任务:教师说明游戏规则和程序。

——选择 x 位成员扮演魔鬼(根据学员人数确定),并带上魔鬼面具,在面具里藏一封或几封教师准备好的关于团队的魔鬼信函。

——魔鬼在成员中出没(来回走动),尽量抓住其中 $1/x$ 的成员,使全体成员分成 x 组。

——小组成员摘下魔鬼面具,取出魔鬼信函。

——各小组成员分别将魔鬼信函所示情境分析解剖。

——小组成员说明魔鬼信函的内容,并共同将团队中的非理性想法改成理性想法。

——各小组将魔鬼信函的解析和转换与全体学员分享，以判定成员是否了解什么是团队中的非理性想法及其影响。

材料 1：魔鬼信函解析与转换

情境事件是什么？（Activating Events）

对此事件的想法是什么？（Belief System）有哪些非理性的想法？

所引起的情绪结果是什么？（Emotional Consequence）

理性的想法是什么？（Rational Belief）

材料 2：魔鬼信函

例 1　我希望我的人际关系很好，我很想得到别人的喜爱，我应该得到每个人的喜爱和赞美。但昨天总经理说我的桌子太乱，我觉得一切都白费了，我根本就不受重视，他一定不喜欢我。

例 2　我是一个主管。我必须很能干、很完美，并且在各个方面都有很好的成就。可是，上一次开会的时候，我太累了，做结论时，我讲错了一句话，他们在底下嘲笑我。哎！身为主管竟然犯下这样的错误，真是太丢脸、太失身份了。讲话都讲不好的人，一定不会得到尊重，我真没用。

（2）学生讨论并进行讨论结果分享，教师进行简单点评。

（3）学生在前面讨论分享的基础上继续讨论、总结。

问题一：这个游戏给你什么样的感受？

问题二：团队成员常有的非理性想法有哪些？如何能做到理性想法？

（4）教师针对学生讨论结果进行点评，引出相关理论知识讲解激励的概念及其重要性，引出激励需求识别训练。

2. 激励与人性假设——友谊卡片公司。

（1）布置任务：教师向每个学生讲解模拟案例。

迪娜创立了友谊卡片公司，她打算利用自己商品的设计专长来制造和销售贺卡，当然，她还希望开创美好的未来。时至今日，迪娜的公司仅拥有员工 12 名，但是平均利润超过了 10 万美元。

1993 年 3 月，迪娜决定让员工共享公司的成功。她宣布，即将来临的 6、7、8 三个月中，友谊卡片公司星期五也为休息日。这样所有的员工将有 3 天的周末时间，而与此同时，他们仍得到与五天工作制一样的薪水。

在实施 3 天周末制一个月后，一位迪娜最信赖的员工向她坦白，他宁愿得到加薪而不是额外的休息时间；而且，他相信另几个员工的想法和他一致。

迪娜十分惊讶，她的多数员工不到30岁，而平均收入为35000美元，这已经超过本镇从事相同工作员工的20%。对于她来说，如果年收入达到35000美元，再让她在钱和休闲时间之间进行选择的话，她无疑会选择后者，她以为她的员工也会如此。

（资料来源：根据相关资料整理）

(2)学生小组内进行角色分配并扮演。

(3)教师要求各组学生讨论导致这样结果的原因，并设计新的激励措施。

问题一：结合案例，请讨论案例中提到员工的哪些需要？

问题二：迪娜在设计公司的激励措施时，忽略了什么因素，为什么会导致这样的结果？

问题三：如果你是迪娜，你接下来会如何设计公司的新制度或者新的激励措施，设计的措施是从哪些方面来刺激员工的需要？

(4)学生阐述原因、演示解决办法。

(5)教师最后点评，穿插讲解相关理论，训练学生识别激励因素。

五、效果评价

对学生学习过程及完成质量给予评价（见表5-1）。小组成绩主要考核团队整体完成情况，个人部分主要考核个人执行情况。

表5-1　激励需求识别训练评价表

小组序号：			学生姓名：　　　　学号：		
小组成绩（教师评价或小组互评）			个人最终成绩		
任务及标准	满分	得分	项目及标准	满分	得分
魔鬼信函游戏讨论	5		小组分解得分	40	
员工动机讨论	10		个人角色及执行	20	
激励措施讨论	10		代表发言陈述	10	
设计新的激励措施	10		讨论发言	20	
讨论及合作情况	5		友好互助	10	
合计	40		合计	100	
评价者：			评价者：		
评价时间：　　年　　月　　日			评价时间：　　年　　月　　日		

六、点评交流

使用学做合一的教学模式，学生每次完成学习任务，教师及时组织交流，重点点评，穿插引出相关理论知识及下一步要进行的内容，启发学生积极思考，较好地完成本次学习任务。

相关知识

一、激励概述

（一）激励的含义

激励通常是指管理者运用各种管理手段，利用人需要的客观性和满足需要的规律性，刺激被管理者的需要，激发其动机，调动其积极性和创造性，促使满足需要的行为朝着实现组织目标的方向运动。也就是说，激励在本质上就是激发、鼓励和努力调动人的积极性的过程。激励手段的运用赋予了管理活动以主动性的特征，因为激励是激发人的内在动力，使人的行为建立在希望、愿望的基础上。这样一来，人的行为就不再是一种外在的强制，而是一种自觉自愿的行为。

相关案例·激励≠威胁

曾经有一位负责国外航线的空嫂是这样对其女儿实行激励的：她打电话给她的女儿，问其最近在学校里面是否表现良好，是不是又获得代表优秀的小红花。在得到女儿否定的答复后，这位母亲“激励”女儿说，下个星期可一定要得小红花，否则妈妈就不给你打电话了。

与其说这是一种激励的表现，实际上还不如说这是一种威胁的表达。尽管威胁作为负激励的一种形式在一定的环境中也能发挥激励作用，但是如果使用不当则很容易产生不良后遗症。例如，这位母亲的激励行为就很容易会被女儿误认为妈妈更喜欢成绩和良好的表现，而并不是真正喜欢自己。

（资料来源：《培训资料·领导者如何激励员工》，经作者整理改编）

（二）激励的作用

1. 激励有利于调动人的积极性和创造性。激励作为一种管理手段，最显著的特点就是内在驱动性与自觉自愿性。它的主要作用是通过动机的激发，调动被管理者工作的积极性、主动性和创造性，自觉自愿地为实现组织目标而努力。因此，激励不仅可以提高人们对自身工作的认识，还能激发人们的工作热情和兴趣，使成员对本职工作产生强烈的积极的情感，并以此为动力，以自己全部精力为达到预定的目标而努力，并使这种积极创造性保持和发挥下去。

2. 激励有利于挖掘员工的潜力，提高工作效率。行为学家通过大量的调查发现，绝大多数组织在激发工作人员动机方面都具有很大的潜力。哈佛大学的威廉·詹姆士（William James）教授就曾发现，部门员工一般仅需发挥20%—30%的个人能力，就足以保住饭碗；如果受到充分的激励，其工作能力就能发挥80%—90%，其中50%—60%的差距是激励的作用所致，这一定量分析的结果不得不让我们深思。每当团队任务不能很好完成时，团队领导者总是习惯于考虑引进人才、环境的改进等，殊不知，团队成员身上还有如此大的潜力未被开发，如果领导者把注意力集中在运用激励手段鼓舞成员士气上，很多看似不可逾越的困难和障碍很可能会迎刃而解。

相关案例·罗森塔尔期望效应的威力

1968年，美国的罗森塔尔（Rosenthal）和雅各布森（Jacobson）两位心理学家来到旧金山的一所小学，从一至六年级中各选三个班级，对这18个班级的学生"认真"地进行发展潜力预测之后，将"有优异发展可能"的学生名单通知了老师。有的学生在老师的意料之中，有的却不然。对此，罗森塔尔解释说："请注意，我讲的是他们的发展，而不是现在的基础，"并叮嘱老师不要把名单外传。

8个月后，他们对这18个班进行了跟踪调查。结果是，名单中的学生成绩比其他同学增长得更快，特别是原来被老师不看好的学生，不仅令老师和家长感到意外，就连他们自己也感到莫名其妙地进步了很多。

其实，这只是一项心理学试验，罗森塔尔提供的名单纯粹是随机抽取的。但是他们通过自己"权威性的谎言"暗示老师，坚定了老师对名单上学生的期望和信心；同时，老师也不由自主地暗示了名单中的学生，偷偷告诉他们教授说他们如何潜力无限、前途光明。接受了暗示的老师用友善和鼓励代替了过去的批评与惩罚，而这些学生也更加自尊、自信、自爱、自强，有了出人意料的发展。这就是著名的教育心理学上的"罗森塔尔效应",也叫期望效应。

(资料来源:宋振杰,《培训资料·最伟大的领导与管理原则》,经作者整理改编)

3. 激励有利于增强团队凝聚力。团队是由若干员工个体、工作群体组成的,为保证团队作为一个整体协调运行,除了用严密的组织结构和严格的规章制度进行规范外,还需通过运用激励的方法,满足员工的多种心理需求,帮助调动员工工作积极性,帮助协调人际关系,进而促进内部各组成部分的协调统一,增强团队的凝聚力和向心力。

(三)激励的过程

员工的各种行为,都有一定的动机,而动机又产生于员工本身内在的、强烈要求被满足的需要。如何满足需要、激发动机、鼓励行为、形成动力,这就是激励管理所要履行的职责。激励管理的一项重要工作,就是运用激励手段,促使员工的动机更加强烈,释放潜在的内在驱动力,为实现组织目标和个人目标而努力。

构成激励的主要要素包括需要、动机、外部刺激和行为。其中,动机是激励的核心要素,需要是激励的起点和基础,外部刺激是激励的条件,而行为则是激励的目的。这四个要素相互组合与作用,构成了对人的激励。当人产生需要而未得到满足时,会产生一种紧张不安的心理状态,在遇到能够满足需要的目标时,这种紧张不安的心理就转化为动机,并在动机的推动下向目标前进,目标达到后,需要得到了满足,紧张不安的心理状态就会消除。随后,又会产生新的需要,引起新的动机和行为。由此可见,行为的基本心理过程就是一个激励过程,通过有意识地设置需要,使被激励的人产生动机,进而引起行为,满足需要,实现目标。当一种需要得到满足后,人们会随之产生新的需要,它作为未被满足的需要,又开始了新的激励过程。这一过程模式见图 5-1。

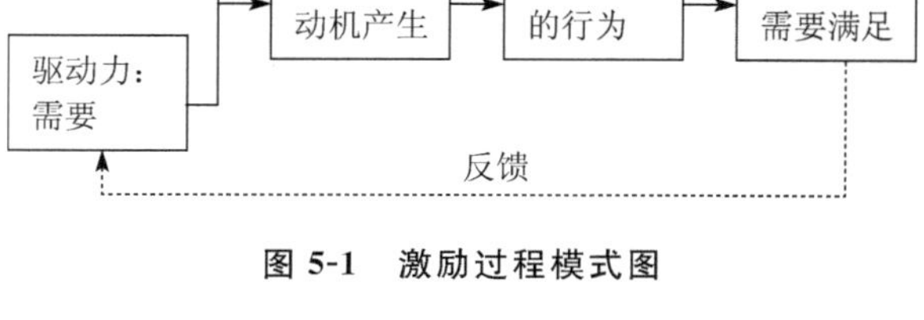

图 5-1 激励过程模式图

二、人性假设理论

对团队成员的不同认识，将直接影响团队领导者的激励方式。不同的人性假设，将导致不同的激励手段和策略，人性假设理论是研究团队激励必不可少的一部分。

(一) 麦格雷戈的 X－Y 理论

关于如何认识人的本性问题，最有代表性的是美国工业心理学家道格拉斯·麦格雷戈(Doulglas McGregor)在他的《企业中的人性方面》(1960)一书中提出的 X 理论和 Y 理论。

X 理论的基本观点有以下四个方面：(1)多数人天生是懒惰的，他们都厌恶劳动，尽可能逃避工作；(2)多数人都没有雄心大志，不愿负任何责任，而心甘情愿受别人的指导；(3)多数人的个人目标都与组织目标相矛盾，必须用强制、惩罚的办法，才能迫使他们为达到组织的目标而工作；(4)多数人干工作都是为满足基本的生理需要和安全需要，因此，只有金钱和地位才能激励他们努力工作。

Y 理论的基本观点有以下六个方面：(1)工作中的体力消耗和脑力消耗就像游戏和休息一样自然，厌恶工作不是人的本性；(2)外来的控制和处罚不是促使人们达到组织目标的唯一手段，人们更加愿意实行自我管理和自我控制；(3)组织目标的实现是与报酬联系在一起的，最大的报酬是通过实现组织目标而获得个人自我满足和自我实现的需求；(4)一般人在适当条件下，会主动寻求责任；(5)大多数人在解决组织问题时都能发挥较大的创造性；(6)在现代工业化社会条件下，一般员工的智能潜力只得到了部分的发挥。

(二) 超 Y 理论

在麦格雷戈提出 X－Y 理论后，美国的乔伊·洛尔施(Joy Lorsch)和约翰·莫尔斯(John Morse)对此理论进行了试验，发现采用 X 理论的单位和 Y 理论的单位都有效率高的和效率低的情况，可见 X 理论和 Y 理论并没有绝对的优劣之分，于是他们提出了超 Y 理论。

超 Y 理论认为，管理方式主要由工作性质、成员素质等来决定。其主要观点有以下五个方面：(1)人的需要是多种多样的，并不断发生变化；(2)人在同一时间的需要和动机形成复杂的动机模式；(3)随条件变化会产生新的需要和动机；(4)人在不同单位和不同部门工作，会产生不同的需要；(5)没有适合于任何组织、时间和个人的统一的管理方式。

（三）谢恩的四种人性假设

美国心理学家和行为科学家谢恩(Schein)于 1965 年在《组织心理学》一书中对人性提出了四种假设：经济人假设、社会人假设、自我实现人假设和复杂人假设。

1. 经济人假设。这种理论产生于早期科学管理时期，来源于亚当·斯密(Adam Smith)的劳动交换理论，即认为人性是懒惰的，干工作都只是为了获取经济报酬，满足自己的私利。与此相适应，激励的主要手段是“胡萝卜加大棒”，即一方面用金钱刺激员工的积极性，另一方面对消极怠工的员工采取严厉的惩罚措施，通过这种方法来激发员工产生组织所要求的行为。经济人假设的典型代表是 X 理论和泰勒制。

2. 社会人假设。这种理论是美国心理学家梅奥(Mayo)在霍桑(Hawthorne)试验的基础上提出来的，它认为人的行为出自其社会、心理的需要，人在社会主流中追求人际关系的和谐，注重心理和情感的满足，并为此付出个人的努力。这种假设的结论是，人的社会性需求的满足往往比经济报酬更能激励人，所以，团队应该注意员工的需求，重视发展与员工之间的关系，培养和形成员工的归属感和认同感，提倡集体奖励制度。与此同时，提出“参与管理”的新型激励方式，即让员工不同程度地参加团队决策的研究和讨论。

3. 自我实现人假设。这种理论最早是由马斯洛(Maslow)提出来的，马斯洛(Maslow)认为人类需要的最高层次就是自我实现，只有发挥自己的潜力，表现自己的才能，人才会感到最大的满足。这种假设的结论是，团队激励应该要尽可能为员工创造条件、创造机会、挖掘潜力、排除障碍、鼓励发展、帮助引导，使员工更好地为实现组织目标和个人目标而努力。

4. 复杂人假设。这种理论是在超 Y 理论和权变理论的基础上提出来的。该理论认为，上述假设虽然有一定的合理性，但是并不适用于每一个人，因为就个体人而言，其需要和潜力会随着年龄的增长，知识的增加，地位的改变，环境的改变以及人与人之间关系的改变而各不相同；就群体人而言，人与人是有差异的。因此，作为团队的领导者，应该根据具体的人，灵活采用不同的激励措施。

综上所述，四种人性假设对应的管理理论见表 5-2。

表 5-2 四种人性假设对应的管理理论

经济人	社会人	自我实现人	复杂人
泰勒制 X 理论	人际关系学说	Y 理论	超 Y 理论 权变理论

三、马斯洛的需要层次理论

1943 年，美国社会心理学家亚伯拉罕·马斯洛(Abraham Maslow)在《人类动机论》一文中首次提出了需要层次理论，并在 1954 年所著的《动机与个性》中做了进一步的阐述。

马斯洛将人的需要按其重要性和发生的先后顺序划分为五个层次，即生理需要、安全需要、社交需要、尊重需要和自我实现需要。

(一) 生理需要

生理需要是指人为了维持生命最基本的需要，也是其他层级需要的基础，包括衣、食、住、行等。如果这些需要得不到满足，也谈不上其他需要。所以，在经济欠发达地区必须首先研究并满足这方面的需要。

(二) 安全需要

安全需要是指人们希望避免危险，保护自己免受身体和情感伤害，不受丧失职业、财物等威胁的需要。现代企业员工的安全需要表现为渴望一种安全而稳定的职业，获得职业保障，避免意外事故的发生；有医疗保险、工作稳定、避免失业，保证退休以后享受应有的福利待遇等。

(三) 社交需要

社交需要是指希望与别人交往，避免孤独，与同事和睦相处、关系融洽的欲望。社交需要包括亲情、友情、爱情、归属及接纳方面的需要，这主要产生于人的社会性。人们希望在社会生活中得到别人的注意、接纳、关心、友爱和同情，在感情上有所归属，获得良好的人际关系，获得组织的认同等。

(四) 尊重需要

尊重需要分为内部尊重和外部尊重。内部尊重因素包括自尊、自主和成就感，是指自己在工作中取得一定的成功时产生的自豪感，它是驱使人们奋发向上的推动力；外部尊重因素包括地位、认可和关注(或者说受人尊重)，当自己作出贡献时，能得到他人的肯定，如拥有地位、权力、荣誉等也属于外部尊重。

（五）自我实现需要

自我实现需要是一种最高层次的需要。它是指人能最大限度地发挥潜能，实现自我理想和抱负的欲望，这是一种追求个人能力极限的内驱力。他们工作的乐趣在于做出成果和获得成功，他们需要知道自己工作的结果，成功后的喜悦远比其他任何报酬都重要。自我实现需要还包括对理想的不断追求，这一层次的需要是无止境的，其目标是自我完善，如能发挥个体特长的环境、具有挑战性的工作等。

马斯洛的需要层次理论归纳起来主要有以下三个特点：

第一，人是有需要的，这种需要取决于他已经得到的东西。只有尚未满足的需要，才能激发人的动机，引起人的行为。

第二，人的需要按其重要性，有等级、层次和先后顺序。一旦某一种需要得到满足，另一种更高层次的需要又会出现，从而激励人们为了满足需要而不断努力。

第三，同一时期，一个人可能同时存在几种需要，任何一种需要都不会因为更高层次的需要的发展而消失。但每一时期总有一种需要占支配地位，对行为起决定作用。这种占支配地位的需要称为优势需要或主导需要。

在团队建设与领导过程中，我们应该正确认识被管理者需要的多层次性，找出受时代、环境及个人条件差异影响的优势需要，有针对性地进行激励。

相关案例·老板的困惑

某民营企业的老板通过学习有关激励理论，受到很大启发，并着手付诸实践。他赋予下属员工更多的工作和责任，并通过赞扬和赏识来激励下属员工。结果事与愿违，员工的积极性非但没有提高，反而对老板的做法强烈不满，认为他是在利用诡计来剥削员工。老板很困惑，为什么马斯洛需要层次理论在他企业里会失效？

而广东珠江三角洲的工厂通过调查发现，工人心目中的一个好雇主的很多特征与是否能够满足工人的基本生理需要有关。比如，工人普遍反映说，按时发工资的老板是好老板。所以为了应对今年的民工荒，位于广东省东莞市的某家民营工厂在其客户某跨国公司和非政府组织的督促下，在管理上做出了如下六个方面的改变：(1)为工人购买工伤保险和养老保险，并在工厂内设立了医务室;(2)取消所有的押金;(3)减少加班时间,每月至少提供两天休息;(4)改善食堂设施和伙食,在厂内兴建篮球场;(5)增加厂房的通风和照明;(6)为在厂内一起工作的夫妇提供 7 平方米的夫妻房。经过一段时间的推行,该民营企业员工的工作积极性明显得到提高,工厂的生产效率有了大幅度提升,激励效果得到充分体现。

(资料来源:根据相关资料整理)

四、赫茨伯格的双因素理论

(一) 双因素理论的内容

双因素理论又称激励保健理论,是美国著名心理学家赫茨伯格(F·Herzberg)在 1959 年出版的《工作的激励因素》中提出来的。20 世纪 50 年代末期,赫茨伯格和他的助手们在美国匹兹堡地区对 200 名工程师、会计师进行了调查访问,结果他发现,职工感到满意的都是属于工作本身或工作内容方面的问题;职工感到不满的,都是属于工作环境或工作关系方面的问题。他把前者叫做激励因素,后者叫做保健因素。(见表 5-3)

1. 保健因素。保健因素包括公司政策、管理措施、监督、人际关系、物质工作条件、工资、福利等。当人们认为这些因素恶化到他们可以接受的水平以下时,就会产生对工作的不满意;但是,当人们认为这些因素很好时,它只是消除了不满意,并不会导致积极的态度,这就形成了某种既不是满意、又不是不满意的中性状态。

2. 激励因素。激励因素包括工作富有成就感和挑战性、工作成绩得到认可、在职业上能得到发展等。这类因素的改善,能够激发员工的工作热情,从而提高生产效率。

表 5-3　双因素理论的内容

保健因素	当不具备时——会引起不满 当具备时——不会产生很大的激励作用 来自工作以外(工作环境) 包括薪金、管理方式、地位、安全、工作环境、政策与行政管理、人际关系等
激励因素	当不具备时——不会引起不满 当具备时——产生很大的激励作用 来自工作本身(工作内容) 包括工作本身、赏识、进步、成长的可能性、责任、成就等

（二）双因素理论对团队管理的启示

1. 善于区分团队管理实践中存在的两类因素。其中保健因素是必需的，没有它会导致不满，但是一旦将不满意中和以后，就不能产生更积极的效果，只有激励因素才能使人们有更好的工作绩效。

2. 团队管理者要调动人的积极性，不仅要注意物质利益和工作条件等外部因素，更重要的是要注意工作的安排、个人成长与能力提升等，注意对人进行精神鼓励，给予表扬和认可，注意给人以成长、发展、晋升的机会。

3. 在不同国家、不同地区、不同时期、不同阶层、不同组织，乃至每个人，最敏感的激励因素是各不相同的，应灵活运用。

（三）双因素理论和需要层次理论的关系

一部分人认为，双因素论是需求层次论的发展，它将人的需求发展到了人的工作与环境中，并指出激励因素来自工作本身，而保健因素来自工作环境。

另一些人认为，保健因素与激励因素的划分不科学。因为某种因素在某些人看来是保健因素，但对于另外一些人而言却可能成为激励因素。

我们认为，赫兹伯格的双因素理论和马斯洛的层次需要论是兼容并蓄的，双因素论是需求层次论的发展，又是它的特例。马斯洛的理论是针对需要和动机而言的，而赫兹伯格的理论是针对满足这些需要的目标和诱因而言的。马斯洛需要层次理论中的生理、安全、社交以及自尊需要中的地位需要为保健因素，而自尊中的晋升、褒奖和自我实现需要为激励因素。

任务一案例介绍

徽州渔翁

清江渔舟是徽州一道亮丽的风景线。岸边三户渔家各有一只小舟、数只鱼鹰。商界旅游团前去参观。导游介绍，这三家中一家致富；一家亏损；另一家最惨，鱼鹰都死了，只能停业。商界来客细问缘由，导游说："原因就出于扎在鱼鹰脖子上的细铁丝上，致富的渔翁给鱼鹰捆的铁丝圈不紧不松，不大不小，鱼鹰小鱼吞下，大鱼吐出；亏本的那家的圈捆得过松过大，本可卖钱的鱼也让鱼鹰私吞了；而最惨的渔家自以为精明，把鱼鹰的脖子扎得又紧又小，结果事与愿违，饿死鱼鹰，血本无归！”商界人士听罢，感叹不已：“到底是徽商故乡，处处可闻商道。”

用铁丝圈捆鱼鹰的脖子也是门学问，捆得太紧，把鱼鹰勒死了，就无法捕鱼了；捆得太松，大鱼、小鱼全都被鱼鹰吃掉了，渔翁什么都没得着；只有捆得不松不紧，才能有双赢的结果，这其中就要讲究个“度”。

日本松下公司的激励术

日本松下公司很擅长运用激励手段来激励员工。

松下公司每季度都要召集一次各部门经理参加的讨论会，以便了解彼此的经营成果。开会前，把所有部门按完成任务的情况从高到低分别划分为A、B、C、D四级。会上A级部门首先报告，其次是B、C级，D级殿后。这种做法充分利用了人们争强好胜的心理，因为谁也不愿意排在最后。

松下公司对各部门所完成的利润，采取40%留予自行支配的做法，利润留成主要用于本部门员工的福利、更换或扩充设备等。因此，各部门完成的利润越多，留存的利润也越多。这种所得与付出紧密联系的内部管理方法促使各部门为了各自的利益而拼命地工作。松下公司1966年发出号召：5年内生产率倍增，职工工资倍增，保证35岁以上的职工有自己的住房。这样的许诺，极大地激发了全体职工的生产积极性。到1970年，这些目标完全实现了，其中住宅是通过向职工提供分15年还清的低息贷款来实现的。职工用加倍努力的劳动获得了一定的物质生活资料，而松下公司则因此发展成为日本最大的电器公司。

松下公司激励职工的方法很多，其中掌声是有力的激励方式之一。公司以定期不定期地对表现优异的职工给予公开的奖励，得奖之际，全体与会者报以热烈的掌声。

赞美也能激励员工，领导者应该尽可能地给部下恰如其分的赞美，这比多发一点奖金更有效。

要尽量给部下表现的机会，人们都希望被人注意，被人肯定。领导者要让部下多抛头露面，如开会时让部下每人讲几句话，领导者讲话时，多引用部下的意见、观点，这就会起到意想不到的激励效果。（有删改）

（资料来源：簌簌编著，《识人用人管人》，中国华侨出版社2012年版）

实训练习

一、需要与满足的对应应用

仔细回顾你的学习与生活，按照马斯洛的需要层次理论，思考在学习与生活中有什么方法使你的需要得到满足或部分满足？请在下表中记下发生的事情，如表 5-4 所示。

表 5-4　需要对照表

需要	在学习与生活中如何满足或部分满足需要
生理需要	
安全需要	
社交需要	
尊重需要	
自我实现需要	

二、工人们不满的原因

高明最近由大冶某总公司委派到下属的油漆厂，担任油漆厂厂长助理，以协助厂长搞好管理工作。高明毕业于某名牌大学，主修企业管理专业，来油漆厂之前在公司企业管理处负责人力资源管理工作。这次来油漆厂工作，他信心十足。

到油漆厂上班的第一周，高明深入车间体察“民情”。一周后，他不仅对工厂的生产流程已了如指掌，同时也发现了生产效率低下，工人们怨声载道的现象，他们认为在车间工作又脏又吵。工厂对他们的工作环境压根儿就没有改善性措施，冬去夏来，他们常常要忍受气温从冬天的－10℃到夏天的 40℃以上的剧烈变化，而且报酬也少得可怜。

在第一周里，高明还看了工厂工人的有关记录，从中他获悉以下信息：工厂以男性工人为主，约占 92％。50％的工人年龄处于 25—35 岁，36％的工人在 25 岁以下，14％的工人在 35 岁以上。工人的文化程度低下，66％的人小学毕业，初、高中毕业占 32％，具中专、技校学历的仅占 2％。平均任职时间较短，50％的人在油漆厂工作仅 1 年或更短，30％的人工作不到 5 年，工作 5 年之上的仅占 20％左右。

高明将他一周来所了解的情况向钱厂长作了汇报，同时向他提出自己的一些想法:"钱厂长,与车间工人们在一起,我发现他们的某些需要没有得到满足,我们厂要想真正把生产效率搞上去,必须首先想办法满足他们的需要。"没想到钱厂长却振振有词地说:"要满足工人们的需要?你知道,他们是被金钱激励着,而我们是被成就激励着。他们所关心的仅仅是通过工作获得外在的报酬,如能拿到多少工资。他们根本不关心内在的报酬。"钱厂长稍稍停顿了一下,语气更为激愤:"小高,你在车间一周也看到了吧?工人们很懒,他们逃避责任,他们不全力以赴。问题在于,他们对工作本身根本不关心。"

钱厂长的一席话使高明颇为吃惊。他认为钱厂长对工人们的评价不太正确。通过与工人们一周的接触,他觉得他了解工人,也相信工人。

于是,高明准备第二周向所有的工人发出调查问卷,以便确定出工人们有哪些需要,并找到哪些需要已被满足,哪些未被满足。他希望通过问卷结果来说服厂长,重塑油漆厂工人的士气。在问卷中,他根据对工人工作的重要程度排列了15个因素,每个因素都涉及他们的特定工作。调查问卷的结果显示,工人们并不认为他们懒惰,只要工作合适,他们并不在乎多做额外的工作。工人们还要求工作具有挑战性,能运用创造性,并激发他们的潜力。比如,他们希望工作复杂多样,能让他们多动脑筋,并提供良好的回报。此外,工人们表达了工作中需要友情的愿望。他们乐于在良好的合作关系中工作并互相帮助,分享快乐和分担忧愁,并且能了解到怎样才能把工作做得更好。

由此,高明得出了一个简单的结论,即导致工人产生愤恨情绪和生产效率低下的最主要的原因来自报酬低、工作单调和人情冷漠。

(资料来源:根据相关资料整理)

思考题:

1. 你能设想出高明调查问卷的主要项目吗?根据调查问卷结果,试分别列出保健因素和激励因素可能包括哪些项目。

2. 钱厂长对工人的看法属什么理论,高明的调查问卷结果又是基于对人的何种假设?

3. 根据马斯洛的需求层次论,你认为油漆厂工人们的主导需求是什么?

4. 根据高明的调查问卷结果,请你为该油漆厂出点主意,来满足工人们的一些需要。

任务二　激励方法选择

任务引入

激励是一种力量，给人以行动的动力，使人的行为指向特定的方向。激励的目标是使团队中的成员充分发挥其潜能。因此，团队管理者应该在激励理论的指导下，掌握正确的激励方法与技巧，才能使团队的成员热情高涨地去为团队的目标而工作。

一、任务要求

查阅资料(教材、期刊、网络等)、企业访谈，完成以下事项：

1. 在教师引导下完成预设的激励方法所运用的模拟案例。
2. 完成激励方法相关问题的讨论及理论学习。
3. 完成后面的案例分析及实训练习。
4. 小组内分工协作完成任务。

二、任务分析

要能最大限度地满足员工的需要、激励员工的士气，在选择合适的激励方法时，应注意遵循以下原则：第一，因人而异；第二，公平公正；第三，奖励正确的事情；第四，及时奖励。本次任务以激励方法运用模拟案例、学生自主分析解决问题为主线，并由教师协助辅导、点评中引出相关理论知识，学生分角色演练选择激励方法的专业技能。

三、实施准备

1. 材料准备：3 个模拟案例材料及问题每组各一份。
2. 场地准备：能分组讨论演练的实训室。
3. 学生约 6 人一组，确定管理人员(组长)1 名，分工协作。

四、实施步骤

1. 激励方法运用案例 A——怎样搞好突击加班。

(1)布置任务:教师向每个学生讲解模拟案例。

某市罐头厂是我国生产出口罐头的专门工厂,其拳头产品是芦笋罐头。芦笋季节性强,第二季度是生产芦笋罐头的旺季。由于原材料价高且不易储存,必须当天收购当天加工。厂领导召开动员大会,号召全厂职工昼夜突击,加班加点,平均每天工作12小时,星期天也不休息。为鼓励职工加班,决定实行计件工资,粗略估计每位职工每月可增收300元。职工参加加班第一周很踊跃,第二周开始主动加班者越来越少。领导初步了解,有如下几种情况:

情况1:该厂位于市郊,工人家里多有农田,第二季度农活也忙,有些职工星期天加班,家属怨声很大:"耽误了农时,影响全年收成"。

情况2:该厂经济效益较好,工资奖金水平在全市数一数二,加班增收300元,与多付出的劳动时间相比,有些职工认为得不偿失。

情况3:第二季度正值春夏之交,是旅游的好季节,有些青年工人早就计划去泰山旅游,还有的计划趁"五一"旅游结婚,已经做好了准备。

情况4:加班时,后勤工作跟不上,食堂菜色品种少,质次价高,食堂距车间路又太远;加班结束后,浴室已关门,职工想洗澡也没有地方;加班后公共汽车已经停运,职工回家有一定困难;托儿所服务时间比加班时间短,有孩子的职工加班有困难。

情况5:实行计件工资后,质量有所下降,原材料消耗有所上升,一些工人为了多干多赚钱,拼设备,而一些没报酬的辅助工作却没有人干;工人间彼此不愿帮助别人,协作出现一些问题。

情况6:实行计件工资后,考勤工作放松,个别职工不仅不加班,而且出勤率比平时还低。

(资料来源:根据相关资料整理)

(2)学生小组内进行角色分配并扮演角色。

(3)教师要求各组学生讨论目前公司困境的原因,并协调设计新的激励方案。

问题一:请根据案例,分析职工的心理。

问题二:针对这种情况,如果你是厂长,根据本厂职工情况和所需完成任务,设计一套职工激励方案,来有效改善职工的行为,参加突击生产,并保证质量、成本、效益。

(4)学生阐述原因、演示解决办法。

(5)教师最后点评,穿插讲解理论知识及科学激励机制的关键要素。

2. 激励方法运用案例 B——个人激励与团队激励。

(1)布置任务:教师向每个学生讲解模拟案例。

在一家传统制造业公司,业务的关键成功因素是安全、质量和产量。公司尝试过很多基于个人的考核与激励方式(包括奖励和惩罚),却没有带来明显的成果。后来,公司又尝试了基于部门和车间的考核与激励方式,却出现了部分部门和车间达到目标而整个公司不能达到目标的现象。例如,B 车间由于机器故障停产半天,而上道工序 A 车间为了完成产量目标,生产了半天的库存无处堆放,同时承担第三道工序的 C 车间员工非常不满,他们认为 B 车间影响了他们的目标达成,应当对他们损失的奖金进行补偿。这样导致的结果是公司的管理层忙于协调各部门之间的关系。

最终,公司制订了整个公司层面的月度安全、质量和产量目标,向员工公布,并承诺如果达到目标,将向全体员工发放一定额度的月度奖金。公司将月度目标细化到每一天,并在每天的早上公布前一天的实际结果,以及与目标的比较。此后,员工非常在意整个公司的目标,而不只是部门或车间的目标。如果某个车间出现问题影响了整个公司的产量,其他车间的第一反应不是去指责他们,而是探讨如何帮助他们解决问题。部门或车间之间的沟通更加频繁,合作更加顺畅,员工的士气更加高涨,而公司的经营业绩也得到了大幅度的提高。

很多公司之所以更倾向于使用基于个人激励方式,是因为担心基于团队的激励方式会导致“搭便车”现象,不能起到“奖勤罚懒”的作用,不够公平。然而与基于团队的激励方式相比,基于个人的激励方式虽然可能带来个人工作方式的改进和绩效的提高,或者说局部的优化,但是多个局部的优化未必能够带来整体的优化。而团队式的激励方式如果应用得当,带来的却是整体的绩效提高和整体的优化。两种激励方式各有利弊,然而提高公司整体绩效与解决“搭便车”问题相比,孰轻孰重呢?

(资料来源:根据相关资料整理)

(2)学生小组内进行角色分配并扮演角色。

(3)教师要求各组学生讨论最后公司经营业绩得到大幅度提高的原因。

(4)教师最后点评,穿插讲解团队激励的方法及重要性。

3. 激励方法运用案例 C——晋升难道是错的。

(1)布置任务:教师向每个学生讲解模拟案例。

朱斌是一家房地产公司负责销售的副总经理,他把公司最好的推销员李兰提拔起来当销售部经理。但是,李兰在这个职位上却做得并不出色。下属说李兰待人缺乏耐心,几乎得不到她的指点。李兰也不满意这工作,当推销员时,她做成一笔交易就可以立刻拿到奖金,可是当了经理以后,她干得是好是坏取决于下属的工作情况,她的奖金也要到年终才能定下来。人们都说她是"被高度激发了",她拥有一幢价格昂贵的市区住房,开着奥迪车,全部收入都用在生活开销上了。李兰现在和过去判若两人,朱斌被搞糊涂了。

(资料来源:根据相关资料整理)

(2)学生小组内进行角色分配并扮演角色。

(3)教师要求各组学生讨论激励失败发生原因,并选择新的激励方法。

问题一:根据案例所述,谈谈李兰为什么会出现这种情况?

问题二:你认为出现李兰这种情况,管理者朱斌应该如何做?

(4)学生阐述原因、演示解决办法。

(5)教师最后点评,穿插讲解选择激励方法时的注意事项。

五、效果评价

对学生的学习过程及学习效果给予综合评价(见表 5-5)。小组成绩主要考核团队整体完成情况,个人部分主要考核个人执行情况。

表 5-5　选择激励方法实训评价表

小组序号:			学生姓名:　　　学号:		
小组成绩(教师评价或小组互评)			个人最终成绩		
任务及标准	满分	得分	项目及标准	满分	得分
案例分析 A 分析解决	10		小组分解得分	40	
案例分析 B 分析解决	10		个人角色及执行	20	
案例分析 C 分析解决	10		代表发言陈述	10	
小组组织分工情况	5		演练创意	20	
汇报展示情况	5		友好互助	10	
合计	40		合计	100	
评价者:			评价者:		
评价时间:　　年　　月　　日			评价时间:　　年　　月　　日		

六、点评交流

学生每次完成模拟游戏，展示分析解决办法后，教师及时组织学生交流，教师结合学生的分析及解决方案，穿插引出相关理论知识及引申问题。本次课堂以模拟游戏激发学生兴趣，使学生积极参与分析讨论，教师以案例问题为载体，启发、讲解相关理论知识，学生通过模拟训练掌握相应的专业技能。

相关知识

一个企业是否拥有合理健全的激励机制，决定着一个企业的兴衰。现在绝大部分企业都建有自己的一套激励机制体系，这个体系往往是复杂和庞大的，除了管理制度之外，还包括诸如建议奖、质量奖、小指标奖等，覆盖的范围是多方面的，执行起来也是面面俱到的。但是这么多的激励制度却并不总是能给企业带来发展和壮大，只有建立在科学基础上的激励机制，才能够调动员工的积极性。实际上，没有一个企业的激励机制会是一成不变的，它必须随着企业的发展而发展。

一、建立科学激励机制的关键要素

激励机制是指通过一套理性化的制度来反映激励主体与激励客体相互作用的方式，激励机制的内涵非常丰富，而在激励过程中有一些关键要素对激励的效果有直接和显著的影响，主要是激励时机、激励频率、激励程度、激励方向等因素，认识和了解这些激励的关键要素对建立科学的激励机制是大有益处的。

（一）激励时机

激励时机是指为取得最佳的激励效果而进行激励的时间，激励时机是激励机制的一个重要因素。激励在不同时间进行，其作用与效果是有很大差别的。超前的激励可能会使工作人员感到无足轻重，迟来的激励可能会让工作人员觉得多此一举，使激励失去意义。

激励如同化学实验中的催化剂，何时该用，何时不该用，都要根据具体情况进行具体分析。根据时间的差异，激励时机可分为及时激励与延时激励；根据时间间隔，激励时机可分为规则激励与不规则激励；根据工作的周期，激励时机又可分为期前激励、期中激励和期末激励。激励时机既然存在多种形式，

就不能机械地强调一种而忽视其他，团队领导者应根据具体客观条件，灵活地选择激励的时机和形式，以有效地发挥激励的作用。

（二）激励频率

激励频率是指在一定时间里进行激励的次数，它一般是以一个工作周期作为时间单位的。激励频率的高低是由一个工作周期里激励次数的多少决定的。激励频率与激励效果之间并不完全是简单的正比关系。在某些特殊的条件下，二者成一定的反比关系。所以，只有区别不同情况，采取相应的激励频率，才能有效地发挥激励的作用。

激励频率的选择受多种客观因素的制约，这些客观因素包括工作的内容和性质、任务目标的明确程度、激励对象的素质情况、劳动条件和人事环境等。一般来说，有以下四种情况：

1. 对于工作复杂性强，比较难以完成的任务，激励频率应当高一些；对于工作比较简单、容易完成的任务，激励频率就应当低一些。

2. 对于任务目标不明确、较长时期才可见成果的工作，激励频率应该低一些；对于任务目标明确、短期可见成果的工作，激励频率应该高一些。

3. 对于各方面素质较差的工作人员，激励频率应该高一些；对于各方面素质较好的工作人员，激励频率应该低一些。

4. 在劳动条件和人事环境较差的部门，激励频率应该高一些；在劳动条件和人事环境较好的部门，激励频率应该低一些。

但是，上述几种情况并不能机械划分、绝对判断，应该实现有机结合，因人、因事、因地制宜地确定适合的激励频率。

（三）激励程度

激励程度是指激励量的大小，即奖赏或惩罚标准的高低，它是激励机制的重要因素之一，与激励效果有着极为密切的联系。能否恰当地掌握激励程度，直接影响激励作用的发挥。

超量激励和不足量激励不但起不到激励的真正作用，有时甚至还会起反作用，对工作热情造成严重挫伤。比如，过分优厚的奖赏，会使人感到得来轻而易举，丧失了发挥潜力的积极性；过分苛刻的惩罚，可能会导致人破罐子破摔的心理，挫伤下属改善工作的信心；过于微薄的奖赏，会使人感到得不偿失，提不起工作干劲；过于轻微的惩罚，可能导致人的无所谓心理，不但改不掉毛病，反而会变本加厉。因此从量上把握激励，一定要做到恰如其分，激励程度不能过高也不能过低。

（四）激励方向

激励方向是指激励的针对性，即针对什么样的内容来实施激励，它对激励效果也有显著影响。马斯洛的需要层次理论有力地表明，激励方向的选择与激励作用的发挥有着非常密切的关系。当某一层次的优势需要基本上得到满足时，应该调整激励方向，将其转移到满足更高层次的优先需要，这样才能更有效地达到激励的目的。比如，对一个具有强烈自我表现欲望的员工来说，如果要对他所取得的成绩予以奖励，奖给他奖金和实物都不如为他创造一次能充分表现自己才能的机会，使他从中得到更大的鼓励。还有一点需要指出的是，激励方向的选择是以优先需要为前提条件的，所以及时发现下属的优先需要是经理人实施正确激励的关键。

二、有效激励的基本原则

每个公司由于实际情况不同，都会有不同的激励机制。激励机制与公司的其他制度不同，激励机制有更大的风险性，如果它不能给公司带来正面的影响，就很可能带来负面的影响，所以团队领导者在实施激励机制时一定要谨慎。如果在制定和实施激励机制时能够注意一些必要原则，有助于提高激励的效果。

（一）因人而异

团队里不同成员的需求不同，即便是同一位成员，在不同的时间或者环境下，也会有不同的需求。所以，激励要因人而异，同时要因成员不同时期的需求而异。在制定和实施激励政策时，首先要调查清楚团队里每个成员真正的需求，并将这些需求整理归类，然后制定相应的激励机制，做到“你所给予和激励的正是他最需要的”。

（二）公平公正

公平公正是团队激励的一个很重要的原则，团队成员如果感到待遇不公平、不公正都会影响他的工作效率和积极性，影响激励效果。取得同等成绩的员工，一定要获得同等层次的奖励；同样，犯同等错误的员工，也应受到同等层次的处罚。如果做不到这一点，团队领导者宁可不奖励或者不处罚。

（三）奖励正确的事情

要奖励正确的事情，这是团队领导者都知道的，可是，看起来很简单的问题，往往在实施激励过程中被领导者忽视。有时候，团队领导者的激励会起到一定的作用，但是却和激励的初衷背道而驰，甚至南辕北辙。

相关案例·安全行车奖

有个司机，是个慢性子，开车挺认真，但就是快不起来。他所在的工厂，每天都要有几辆车拉原料，别人跑三趟，他最多跑两趟。但有一点，他的车不出事，很安全。每年的生产月里，他都成为领导表扬的对象。

又是一个生产安全月，这回领导和车队队长又表扬了他行车安全，从来不出事故。这引起其他司机的不快，心想，他是不出事故，可都像他那么干，厂里的锅炉、车间就都等"食儿"吃吧！这样，也就是在这个安全月里，便发生了这样的一幕。只要集体出车，司机们都让那个慢性子司机走在前面，他们一个个跟在后面，原来那些开快车的，现在也不紧不慢地跟着跑。这回队长可急了，原来司机们一天跑三趟，现在只跑两趟，原料拉不进来，没两天，生产就时断时续。队长先是开会讲道理，别人不理他；后来一个个做工作，总算给了面子，不再跟着那个慢性子司机后面跑了。

这事一时间成了该厂的热门话题。

（资料来源：《培训资料·现代管理心理与领导激励》，经作者整理改编）

（四）及时激励

激励就要做到"赏不逾时"的及时性，一方面当事人在渴望得到肯定的时候，你及时地肯定并奖励了他，他今后会继续加倍努力，以达到并超过你的期望；另一方面由于制度和领导是可以信赖的，其他人看到或听到这样的事情后，会立即效仿，大家就会争相努力，以获得肯定性的奖赏。这样，在你的激励之下，一个争先恐后干事创业的团队氛围就慢慢形成了。及时激励的核心是一个"快"字。古人提倡"赏不逾时""罚不迁列"，意思就是奖赏不能错过时机，惩罚不能等到士兵离开队伍的行列后再去执行。激励只有及时才能使人们迅速看到做好事的利益或做坏事的恶果，"赏一劝百，罚一警众"，只有产生震撼和轰动效应，才能赏立信、罚立威，真正实现激励要达到的效果。

相关案例·“金香蕉奖”的启示

美国一家名为福克斯波罗的公司，专门生产精密仪器设备等高技术产品。在创业初期，碰到久久不能解决的技术难题，如果这样下去，公司的生存很成问题。一天晚上，正当公司总裁为此大伤脑筋的时候，一位科学家急急忙忙地闯进他的办公室，说找到一个解决办法，听完科学家的阐述后，总裁豁然开朗，喜出望外，便想立即给予嘉奖。可他在抽屉中找了半天，只找到了早上上班时老婆塞给他的一只香蕉，这时，他也顾不上多想，激动地把这只香蕉恭敬地送给了科学家，并说：“吃了它，好补一补你的脑子！”这是他当时所能找到的唯一奖品了，科学家为此很受感动，因为自己的努力得到了领导的肯定与赞赏。从此以后，这家公司授予攻克重大技术难题的技术人员就是一只金制香蕉形别针。

（资料来源：《培训资料·企业管理者激励员工的五个技巧》，经作者整理改编）

三、团队激励的方法

（一）物质激励和精神激励

物质激励是指通过物质刺激的手段，鼓励员工积极工作。它的主要表现形式有发放工资、奖金、津贴、福利等。物质需要是人类的第一需要，所以，物质激励是目前我国企业内部使用得最普遍的一种激励模式。精神激励是指精神方面的无形激励，包括向员工授权、认可他们的工作绩效，提供学习和发展、进一步提升自己的机会，实行灵活多样的弹性工作时间制度以及制订适合每个人特点的职业生涯发展道路等。精神激励是管理者用思想教育的手段倡导企业精神，调动员工积极性、主动性和创造性的有效方式。物质激励与精神激励作为激励的两种类型，是相辅相成、缺一不可的。

随着主客观条件的发展，人们的物质需要和精神需要也在不断变化。从社会角度来看，社会的经济文化发展水平较低时，人们的物质需求会比较强烈；社会经济文化发展水平较高时，人们的精神需要则会占主导地位。从个人角度来看，一个人受教育的程度、所从事的工作性质及其自身的品德修养也会对需要产生很大程度的影响。

（二）正激励与负激励

正激励就是当一个人的行为符合组织的需要时，通过奖赏的方式来鼓励这种行为，以达到保持和发扬这种行为的目的。负激励就是当一个人的行为不符合组织的需要时，通过制裁的方式来抑制这种行为，以达到减少或消除这种行为的目的。

正激励与负激励作为激励的两种不同类型，目的都是要对人的行为进行强化，不同之处在于两者的取向相反。正激励起正强化的作用，是对行为的肯定；负激励起负强化的作用，是对行为的否定。

相关案例·伟大的母亲

第一次参加家长会，幼儿园的老师说："你的儿子有多动症，在板凳上连三分钟都坐不了，您最好带他去看看。"

回家的路上，儿子问她老师都说了些什么，她鼻子一酸，差点流下眼泪来。因为全班三十多个小朋友，唯有他表现最差；唯有对他，老师表现出不屑。然而她还是告诉她的儿子："老师表扬你了，说宝宝原来在板凳上坐不了一分钟，现在能坐三分钟了。其他的妈妈都非常羡慕妈妈，因为全班只有宝宝进步了。"

那天晚上，她儿子破天荒地吃了两碗米饭，并且没让她喂。

儿子上小学了。家长会上，老师说："全班五十名同学，这次数学考试，你儿子排第四十名，我们怀疑他智力上有障碍，您最好能带他去医院查查。"

回去的路上，她流下了泪。然而，当她回到家里，却对坐在桌前的儿子说："老师对你充满信心。他说了，你并不是个笨孩子，只要能细心些，会超过你的同桌，这次你的同桌排在第二十一名。"

说这话时，她发现儿子黯淡的眼神一下子充满了神采，沮丧的脸也一下子舒展开来。她甚至发现，儿子温顺得让她吃惊，好像长大了许多。第二天上学，去得比平时都要早。

孩子上了初中，又一次家长会。她坐在儿子的座位上，等着老师点她儿子的名字，因为每次家长会，她儿子的名字在差生的行列中总被点到。然而，这次出乎她的预料，直到结束，都没点到，她有些不习惯。临别，去问老师，老师告诉她："按你儿子现在的成绩，考重点高中有点危险。"

她怀着惊喜的心情走出校门，此时她发现儿子正在等她。路上她扶着儿子的肩膀，心里有一种说不出的甜蜜，她告诉儿子："班主任对你非常满意，他说了，只要你努力，很有希望考上重点中学。"

高中毕业了。第一批大学录取通知书下达时，学校打电话让她儿子去学校一趟。她有一种预感，她儿子被清华录取了，因为在报考时，她给儿子说过，她相信他有能力考取这所学校。

她儿子从学校回来，把一封印有清华大学招生办公室的特快专递交到她的手里，突然转身跑到自己的房间里哭了起来，边哭边说："妈妈，我知道我不是个聪明的孩子，只有你能欣赏我……"

这时，她悲喜交加，再也按捺不住十几年来的泪水，任它打落在手中的信封上。

（资料来源：根据相关资料整理）

（三）内激励与外激励

内激励是指由内酬引发的、源自工作人员内心的激励；外激励是指由外酬引发的、与工作任务本身无直接关系的激励。

内酬是指工作任务本身的刺激，即在工作进行过程中所获得的满足感，它与工作任务是同步的。追求成长、锻炼自己、获得认可、自我实现、乐在其中等内酬所引发的内激励，会产生一种持久性的作用。

外酬是指工作任务完成之后或在工作场所以外所获得的满足感，它与工作任务不是同步的。如果一项又脏又累、谁都不愿干的工作有一个人干了，那可能是因为如果完成这项任务，将会得到一定的外酬——奖金及其他额外补贴，一旦外酬消失，积极性可能就不存在了。所以，一般由外酬引发的外激励是难以持久的。

（四）目标激励

目标激励，也称为愿景激励，就是领导者为激励对象描绘出一个美好的远景，使得后者为之所向往、心动，继而激发他们迎难而上，坚定不移地努力奋斗的精神。在目标激励中，领导者一定要让激励对象树立相应的信念，通过那些"先相信而后再看到"的远景来带领他们前进。

相关案例 · 巴顿将军对下属的目标激励

第二次世界大战期间，巴顿将军带领集团军在欧洲作战的时候，曾经发表了如下一段动员报告："我们已经迫不及待了，早一日收拾掉万恶的德国鬼子，我们就能早一日去收拾日本的老巢。我们如果不抓紧时间，功劳就会全让那些狗娘养的海军陆战队夺去了。是的，我们想早日回家，我们想让这场战争尽快地结束。最快的办法就是干掉那些燃起这个战火的狗杂种们。我们早一日把他们消灭,我们就可以早日回家,我们回家的捷径就是要通过柏林和东京,把他们全部消灭了,我们才能回家。弟兄们,凯旋以后,今天在座的弟兄们都会获得一种值得夸耀的资格。20 年以后,你们会很庆幸你参加了这一次世界大战。那个时候你们坐在壁炉边,你们的孙子坐在你们的膝盖上,你们的孙子问你一个问题,他说,爷爷,在二次世界大战的时候您在干什么呀? 你们就不用很尴尬地咳嗽一声,啊,很不好意思吞吞吐吐地说,你爷爷我当时正在路易斯安纳铲粪呢。弟兄们,你们可以很骄傲地盯着你们孙子的眼睛,跟他讲,孙子,你爷爷我当年正在跟第三集团军的巴顿一起并肩作战"。

尽管措词有些粗俗,但巴顿将军的这段演讲却为他的士兵描绘了一个美好的人生愿景。正是在这样的愿景激励下,巴顿将军和他的战士们才拥有了战斗的勇气和奔向胜利的决心。

(资料来源:《培训资料・领导者如何激励员工》,经作者整理改编)

(五) 领导者的激励

李嘉诚用他的奋斗史造就了长江实业的巨头形象,霍英东用他的创业史创建了"霍英东时代"。他们的人生轨迹都可以看出一个团队领导者对一个团队的影响。一个团队领导者不仅要严格约束自己,还要经常与团队成员进行沟通,尊重、支持下属,对员工所做出的成绩要尽量表扬,在企业中建立以人为本的管理思想,为员工创造良好的工作环境,还要为员工做出榜样,通过展示自己的工作能力、管理艺术和良好的职业道理,培养下属对自己的尊敬,从而增加团队的凝聚力。团队领导者要注重与员工的情感交流,使员工在企业的工作得到心理的满足和价值的体现。

相关案例・韦尔奇的小纸条

享誉全球的管理大师、通用电器公司的首席执行官杰克・韦尔奇在团队管理方面有着"铁血宰相"的称号,他决策迅速、果断,办事讲求高效率和高质量,同时重视"底线"和结果。初掌通用电器公司时,他"新官上任三把火",公开宣称凡是不能在市场维持前两名的下属企业,都会面临被卖或被裁撤的命运。很多通用的员工抱怨韦尔奇要求太严,工作压力太大,无论在生产上打破多少记录,韦尔奇总嫌不够。但同时,韦尔奇又有非常关心员工的一面。一次,一位中层管理者在韦尔奇面前第一次主持例行简报,由于太紧张,两腿发起抖来。汇报完毕后，他坦率地告诉韦尔奇："我太太跟我说，如果这次简报砸了锅，你就不要回来了。"其后，韦尔奇叫人送了一瓶高级香槟和一束红玫瑰给这位经理的太太，并在便条中写道："你先生的简报非常成功，我们非常抱歉害得他在最近几星期忙得一塌糊涂。"这位中层管理者回家看到这张便条后，十分感动，因为他感到自己得到了韦尔奇的关心和理解，更加投入地从事自己的工作，发挥自己的潜能，创造出更多的效益。（有删改）

（资料来源：刘守亮、王长义，《韦尔奇的小纸条——全球杰出企业领导人的161个管理实践》，蓝天出版社2006年版）

（六）情感激励

情感激励是精神激励的一种方式。所谓情感激励，就是团队领导者以真挚的情感，增强管理者与员工之间的情感联系和思想沟通，满足员工的心理需要，形成和谐融洽的工作气氛的一种激励方式。人非草木，孰能无情，情感需要是人的基本需要，人的任何认知和行为，都是在一定的情感推动下完成的。所以团队领导者要注意各种随机性因素，注重感情的投入和交流，注重人际互动关系，关心团队成员，帮助下属，特别是当下属遇到困难时要真心为其解决难题；团队领导者要与下属沟通，沟通是一切激励方法的前提；信任激励也很重要，信任就是力量，信任就是最高的奖赏。

（七）成长激励

人都有尊重的需要，尊重的需要是指人对名誉、人格、地位等的欲望。团队领导者要激励勤奋好学、品格修养好的人，为成员创造表现自我的机会，如各种文体竞赛、会议主持等；为成员提供不同的培训机会，以训代奖，从而促进他们的成长。

培训是员工最好的福利待遇，培训使员工在各方面得到提升。有人说没有培训过的员工是负债，培训过的员工才是资产。通过培训，员工在思想上和行为上与公司的战略发展能够高度统一，让员工认同企业文化，处处以企业的核心价值观为导向。当然，在对员工进行专业技能培训的同时，还要进行其他方面的培训，使他们成为企业的复合型人才。

管理是科学，更是一门艺术，无论什么样的企业都离不开人的创造性和积极性，因此企业一定要重视对员工的激励，根据实际情况，综合运用多种激励机制，把激励的手段和目的结合起来，改变思维模式，真正建立起适应企业特色、时代特点和员工需求的开放的激励体系，使企业在激烈的市场竞争中立于不败之地。

任务二案例介绍

海底捞团队式激励

激励的作用，体现在它对于特定行为的强化上，而行为的强化则能够提高实现更好结果的概率。例如，公司对最好的销售员进行奖励，一方面会让这名销售员更加努力地工作（强化销售行为），另一方面也可能会让其他的销售员希望获得同样的奖励，因而更加努力地工作（强化销售行为），最终使公司取得更好的销售业绩（提高实现更好结果的概率）。

在现代企业中，由于分工的细化，很多工作需要团队的合作而不仅仅是个人的努力。因此，有很多公司宣称提倡“团队合作”，但是看一下公司的激励制度，多数公司奖励的还是个人努力，而不是团队合作。

有一家公司，在他们所开的每家连锁火锅店里，每天都有很多顾客排队，而几乎所有的顾客对他们的评价都是：服务好！大多数的顾客会成为回头客，并带来更多的顾客。火锅店的员工们每天在店里穿梭忙碌，面对一拨又一拨的顾客，他们虽然很累，却没有抱怨，也没有对顾客显得不耐烦，而是一直很快乐，并且能把这种快乐也带给顾客。

这家公司就是海底捞。公司的营业额和利润不是由哪一个人负责，而是由整个的管理制度和流程决定的，因为在餐饮行业，成本是相对可控的，更重要的是选好店址，提高上座率和翻台率。选店址是管理层的工作，而通过提高客户满意度来提高上座率和翻台率是所有员工的工作。

海底捞没有费尽心思对员工进行考核，但是员工却能尽心尽力地工作，这与公司的管理层所倡导的“客户满意”和“员工满意”的理念是分不开的。海底捞的管理层认为，餐饮行业的成功秘诀在于客户满意，客户满意的秘诀在于新鲜可口的食品和良好的服务。对于火锅店来说，食品的新鲜可口可以通过完善的流程来确保，而良好的服务源于员工的满意。

餐饮行业由于工资低、劳动强度大、缺乏保障，员工流动率很高。然而一支流动率很高的员工队伍，又如何确保高水准的服务呢？为了确保员工的满意，在海底捞，员工享有多种福利：住在24小时有空调和热水的公寓，每天饭桌上都会有一两道可口的荤菜，周末供应水果，并在晚 9 点供应面包和酸奶作为夜宵；生病的员工，会有宿舍管理员照顾，同事们会给他们带来饭菜，领导还会来看望他们；员工的子女可以免费到公司在四川简阳（公司发源地，以及多数员工的老家）办的私人学校就读。

海底捞激励制度的成功在于公司知道客户的满意不是由某一个人决定的，而是由整个服务团队来定的。因此，公司虽然不对每个人进行考核，却让每个员工非常清楚自己的目标是让客户满意。对此，在工作方法上，公司对员工进行培训，并授权给员工，让他们有能力为顾客提供优质的服务。同时，在生活上关怀员工，解决他们的后顾之忧，让员工有意愿为顾客提供优质的服务。因此，不论分工是什么，每个人都在自己的工作范围内尽职尽责。这种“润物细无声”的激励方式，岂不是比“胡萝卜加大棒”式的“激励”更好？

（资料来源：《培训资料 · 团队激励是最好的激励》，经作者整理改编）

实训练习

小苗的成长

北京雪莲羊绒有限公司的科技人员苗晓光，是公司先进人物中的典型代表。他从学校一毕业，就进了工厂，在企业他希望将自己的所学，结合实践发明创造出最好的羊绒分梳技术。这样一种抱负，这样一种追求，激励他在将近 6 年的时间内埋头苦干，孜孜不倦。终于在 1995 年，他们取得了突破性的进展，通过了专家鉴定。这项名为 BSLD—95 的工艺技术，达到了 20 世纪 90 年代国际先进水平。

苗晓光曾说：“作为一名知识分子，在企业里想干一些事，没有企业领导的支持，没有周围人创造条件，是很难的。像我们这个项目就是这样，刚开始研制的时候，因为我们厂发展正处于低谷，一个是人们不理解，因为消耗资金比较大，再一个是人力、物力的条件都不具备。李总来了后（他是技术出身），当他了解了这个情况，又了解了分梳的重要性以后，决定把这个项目干下去。在他的扶持下我们最终完成了项目。对我自己来讲，完成项目本身也是做了一件有意义的事情，为企业做了一点贡献。当然，今后新技术还有推广和如何更好地应用和发展的问题，我想在领导的支持下一定会做得更好。”

苗晓光指着公司奖给他的房子，激动地说：“这就是公司奖励给我的一套住房，是公司最好的房子，我很知足。为什么呢？在这个项目完成之前，公司曾两次给我调整住房，从原来的8平方米调到16平方米，后来又给了一套两居室。现在奖给我的这套住房，建筑面积大约有90多平方米，在北京给套住房是对我工作的一种认可。领导不仅奖了我房子，而且在晋级、职称还有工资待遇上也给了相应的奖励，我想我不能辜负领导对我的期望，也不能辜负一个知识分子的名誉。在工作上应该更努力地工作，要为企业做出新的贡献。”

（资料来源：根据相关资料整理）

思考题：

请分析小苗的成长过程中所涉及的激励方法。

任务三　激励效果评价与分析

任务引入

恰到好处地对员工进行激励，是优秀的团队领导者卓越领导力的一种表现。要切实地做好激励，使得激励方法的选择能真正满足员工的需求，提高员工的积极性和主动性，需要对激励效果进行评价与分析。

一、任务要求

查阅资料（教材、期刊、网络等）、企业访谈，完成以下事项：

1. 在教师引导下完成教师预设的激励效果评价与分析的案例分析。
2. 完成案例分析后的讨论及理论学习。
3. 完成后面的案例分析及实训练习。
4. 小组内分工协作完成任务。

二、任务分析

激励效果的评价与分析，主要以过程激励理论为基础，包括期望理论、公平理论和强化理论。组织领导者应该通过对激励的效果进行评价与分析，使激励方法的选择能真正满足员工的需求，提高员工工作的积极性和主动性。本次学习任务的重点是以模拟案例为基础，评价与分析激励效果，寻找更好的激励方法。

三、实施准备

1. 材料准备:案例模拟演练材料及问题每组各一份。

2. 场地准备:能分组讨论演练的实训室。

3. 学生约 6 人一组,确定管理人员(组长)1 名,分工协作。

四、实施步骤

1. 激励效果评价与分析案例 A——五星级酒店的五星级员工。

(1)布置任务:教师向每个学生讲解模拟案例。

五星级酒店很注重企业的成长,但缺少对员工成长的激励,加之一些新成立的酒店,会到其他大酒店挖墙脚,所以很多老酒店经常会成为新酒店挖墙脚的对象。深圳的一家五星级酒店因为受到新酒店高薪挖墙脚的影响,人才流失率高达 50%以上。

老企业永远竞争不过新企业,新企业进入市场,会不惜一切代价去占领市场,而老企业则必须要考虑成本,所以老企业的人总是被挖走。但是有一家五星级酒店没有增加工资,没有增加奖金,就改变了人才流失的局面。

五星级酒店为什么不可以有五星级员工呢?没有五星级员工哪来的五星级酒店?真正的五星级酒店是靠五星级员工来支撑的。那为什么不给员工评星级呢?

过去员工的晋升机制单一,普通营业员、主任、经理、总经理,就这几个位置,但真正能够走上领导岗位的极少,所以就被别人挖走了。但现在不同了,设立五星级员工标准、工资等级,奖金上给一点点体现,几乎是微乎其微的,完全是象征性的。酒店将员工分了九个等级,一星级员工、二星级员工、三星级员工,这三个等级员工数量比较多;接下来是四星下、四星中、四星上三个等级;再接下来是五星下、五星中、五星上。当设立了这些等级之后,你会发现,一星级员工、二星级员工、三星级员工开始竞争了。一个员工进入企业半年就会成为三星级员工,他很有成就感,他开始挑战四星,在四星下阶段上的员工,也会感觉到竞争的压力,有了危机感了,他立刻调整自己的目标,要爬到四星上。

于是员工之间就有了竞赛,这种竞赛形成之后,员工就觉得工作成了一种娱乐,每天上班感觉都很新奇。我在积分,他在积分,每一天上班都会有分积出来,所以比拼就开始了。偶尔也会有人被挖走,挖走了之后,给的工资待遇比现在高一倍,但是过了3个月,他不在那里做了,回来找老总说还想回来,问他为什么要回来,其实他也说不上为什么,就是在后来的单位一点意思也没有,也没有成就感。他已经把工作看成了一种娱乐。当人们把工作看成一种娱乐的时候,这份工作其实就已经最符合人的本性了。

(资料来源:根据相关资料整理)

(2)学生小组内进行角色分配并进行模拟。

(3)教师要求各组学生讨论这家五星级酒店人才不再流失的原因。

问题一:请评价与分析这家五星级酒店的激励机制。

问题二:为了避免人才流失,还有没有更好的激励方法?

(4)学生阐述原因、表述解决办法。

(5)教师最后点评,穿插讲解理论知识。

2. 激励效果的评价与分析案例B——固定工资还是佣金制。

(1)布置任务:教师向每个学生讲解模拟案例。

白铭泰在读大学时成绩不算突出,老师和同学都不认为他是很有自信和抱负的学生。他的专业是日语,毕业后便被一家中日合资公司招为推销员。他很满意这份工作,因为工资高,还是固定的,也不用担心未受过营销训练的自己比不过别人。

头两年,小白虽然工作兢兢业业,但销售成绩一般。随着他对业务越来越熟,他的销售额也渐渐上升了。到了第三年年底他已在全公司几十名销售员中排入前20名了。他对下年争当推销冠军充满信心。不过该公司不公布每人的销售额,也不鼓励互相比较。

10月中旬,日方销售经理召他去汇报工作。听完他用日语做的汇报后,日本经理对他格外客气,祝贺他已取得的成绩。在他要走时,经理对他说:"咱公司要再有几个像你一样的推销明星就好了。"小白只微微一笑,没说什么,根据经验,小白觉得10月中旬前他准能完成自己的定额。

但小白的心情并不舒畅,因为公司不告诉大家员工干得好坏。他听说本市另外两家中外合资的化妆品制造企业都在搞销售竞赛和有奖活动。其中一家不仅总经理亲自请最佳推销员到大酒店吃饭;而且在内部发行的公司通讯之类的小报上,不仅让人人知道每人的销售情况,还表扬了季度和年度的最佳销售员。与此相比，自己公司的这套做法，小白感到很恼火。

不仅如此，他开始觉得公司对推销员实行固定工资制是不公平的，一家合资企业应当按劳付酬，怎么也搞大锅饭？

随后，他主动去找了那位日本经理，建议推行佣金制，至少应按成绩分发奖金。不料日本上司拒绝了他的建议，认为现行制度正是本公司的文化特色。

于是，小白辞职了，去了另一家公司。

（资料来源：根据相关资料整理）

（2）学生小组内进行角色分配并模拟。

（3）教师要求各组学生讨论小白辞职的原因。

问题一：讨论小白辞职的原因，评价分析该公司的激励机制。

问题二：如果你是该公司的总经理，面对小白的建议，你会怎么办？

（4）学生阐述原因、演示解决办法。

（5）教师最后点评，穿插讲解理论知识。

3. 激励效果评价与分析案例C——快乐的处罚。

（1）布置任务：教师向每个学生讲解模拟案例。

通常对于员工迟到，领导都是板着脸问："怎么又晚了？"此外，少不了的就是罚款。现在有一个更好的解决办法，既能减少员工迟到的次数，又能让大家都感到很愉快。

企业不罚员工，认为员工来晚了代表他愿意为慈善事业捐款100元。结果捐款的人还是少的，准时上班的人多了；更重要的是受到处罚的人很快乐，因为这是快乐的处罚。真正好的管理应抓住人性的根本，简单、有效的管理就是最好的管理。

（资料来源：根据相关资料整理）

（2）学生小组内进行角色分配并模拟。

（3）教师要求各组学生评价及分析企业的激励机制。

问题一：请评价并分析该企业的激励机制。

问题二：如果你是该企业员工，对于迟到，你更加喜欢怎么样的处罚方式？

（4）学生阐述原因、演示解决办法。

（5）教师最后点评，穿插讲解相关理论，训练学生相关技能。

五、效果评价

对学生参与过程及完成情况给予评价(见表 5-6)。小组成绩主要考核团队整体完成情况,个人部分主要考核个人执行情况。

表 5-6　激励效果评价与选择训练评价表

小组序号:			学生姓名:　　　学号:		
小组成绩(教师评价或小组互评)			个人最终成绩		
任务及标准	满分	得分	项目及标准	满分	得分
游戏 A 完成及讨论	10		小组分解得分	40	
游戏 B 完成及讨论	10		个人角色及执行	20	
游戏 C 完成及讨论	10		代表发言陈述	10	
成果展示情况	5		演练创意	20	
团队合作情况	5		友好互助	10	
合计	40		合计	100	
评价者:			评价者:		
评价时间:　　年　　月　　日			评价时间:　　年　　月　　日		

六、点评交流

学生每次完成模拟游戏,演示分析解决办法后,教师要及时组织学生交流,结合学生的分析及解决方案,穿插引出相关理论知识及引申问题。本次课堂以模拟案例激发学生兴趣,引导学生积极参与分析讨论。教师以问题为载体,启发、讲解相关理论知识,学生通过模拟演练,锻炼评价分析激励效果的专业技能。

相关知识

一、激励效果评价

调查发现,无论对生产、管理还是研发与技术类的员工来说,真正起激励作用的都是机制、制度等与硬环境相关的因素,主要包括薪酬福利如何、考评制度是否公平、能否发挥个人才能等。除此以外,部分团队成员更加关注人与人之间的关系、领导对自己的态度以及晋升机会等。

从有效的激励方式来看，现阶段员工最看重的激励还是薪资和奖惩激励，同时，领导的表扬和关怀对员工的激励作用也比较明显。美国著名心理学家威廉·詹姆士(William James)曾精辟地总结道："人性的第一原则就是渴望得到赞赏。"我们常说"士为知己者死"，对员工的赞扬和关怀一定程度上可以改善员工与团队领导之间的信任关系，提高激励效果。

虽然物质激励在目前阶段更重要，但精神激励的作用也不容忽视。物质激励和精神激励两者是相辅相成、互相促进的，缺少了任何一方都会使另一方的效果大打折扣。单纯的精神激励只能在短期内调动员工的积极性和创造性，而单纯的物质激励可能使员工产生拜金主义思想，甚至出现边际效应递减的结果。只有将物质激励与精神激励结合起来，才能取得最大的激励效果。

二、弗鲁姆的期望理论

期望理论是美国心理学家弗鲁姆(Victor H. Vrosm)在1964年出版的《工作与激励》一书中首先提出来的。该理论认为，人之所以能够从事某项工作并达成组织目标，是因为这些工作和组织目标会帮助他们达成自己的目标、满足自己某些方面的需要。

弗鲁姆认为，某一活动对某人的激发力量取决于他所能得到的结果的全部预期价值乘以他认为达成该结果的期望概率。用公式可以表示为：

$$M=V\cdot E$$

其中：M表示激励力，是指调动人们积极性、激发人的内部潜力的强度；V表示目标效价，是指企业和团队的目标达到后，对个人有什么好处或价值，及其价值大小的主观估计，即一个人对某一结果的偏爱程度，偏爱程度越高，效价越高，意味着结果对他来说是很重要的；E表示期望值，是指一个人对自己实现某一目标的可能性大小，以及企业目标达到后兑现个人要求可能性大小的主观估计。如果目标完全可能实现，则期望值为1，若完全不可能实现，则期望值为0。一般情况下，期望值在0—1之间。

根据公式，激励力的大小主要取决于目标效价和期望值两大因素，推动人们去实现目标的力量，是两个变量的乘积，如果其中有一个变量为0，激励的效用就等于0。当行为者对某项活动及其结果的效用评价很高，而且估计自己获得这种结果的可能性很大时，他的主观努力与积极性便会很大，这种激励可以得到很好的效果。相反如果行为者的目标效价很低，或者估计自己获得这种结果的可能性很小，则激励力就很小。比如，以下两种情况中激励力就很小：其一，让卖茶叶蛋的去造原子弹，显而易见，激励力很小，因为虽然此种情况下效价很高，但期望值太低；其二，让造原子弹的去卖茶叶蛋，虽然期望值很高，但效价太低，所以激励力还是很小。

同时，我们还应该注意到，目标效价和期望值是因人而异的，对某人来说效价很高的事情，对另一个人则可能很小；对某人来说期望值很高的事情，对另一个人则可能很低。因此，在运用期望理论时应该注意以下四点：

1. 目标效价是指综合效价。即某目标给某人带来的好处、效益是多种多样的，它既可以是物质的，也可以是精神的，效价是指各种报酬的总和。

2. 同一事件或同一目标对不同的人而言，目标效价是不同的，同一个人在不同时期的效价也是不一样的。

3. 期望值是指当事人主观判断的概率，它与个人能力、经验以及愿意作出的努力程度等直接有关。

4. 目标效价与平均期望值相互影响。平均期望值低，目标效价相对增大；平均期望值高，目标效价相对减小。

期望理论为管理者提高员工的工作绩效提供了可实现的途径。所以，为了提高期望值，工作项目的目标设置都应是大多数人经过努力能实现的，要注意培训员工以提高其完成任务的能力，创造有利于完成任务的条件，并及时兑现报酬等。为了提高目标效价，一定要选择员工感兴趣、评价高的项目或手段，奖励要针对人们最迫切要求满足的需要，对不同的人可根据其需要的不同给予不同的奖励。要通过各种渠道了解员工效价、期望概率的变化情况，以便及时采取措施维持其工作的积极性。

相关案例 · 九寨沟之旅

为了激励业务员更好地完成销售目标，营销主管发布了这样一项奖励措施：年终销售业绩前两名，奖励九寨沟双飞旅游一次。这项激励政策在小张、小李和老王三个人身上就产生了不同的反应（假定小张、小李、老王都相信主管会兑现诺言）。

小张大学毕业一年多，别说九寨沟了，平常就是出远门的机会都很少，而且更没有坐过飞机，听到这项决定后，小张非常兴奋，暗地里发誓一定要努力工作，争取圆满完成任务出去风光一趟。根据期望理论，小张的效价如果用满分为1来计算，凭小张的能力和干劲，在三个人当中他成功的可能性是50%，那么这项激励政策对小张激励效用就是：1×0.5=0.5。

小李是一位工作了将近五年的业务员，全国各地他跑了不少地方，飞机也坐过了，可是九寨沟却一直没有去过，九寨沟风景秀丽他早就知道，也想着什么时候有机会去游览一番。这样看来，九寨沟旅游对小李的效价虽然不是1，但也很高，为0.8，凭小李的能力和经验，在三个人中他成功的可能性是80%，那么这项激励政策对小李的激励效用就是：0.9×0.8=0.72。

老王是一位老业务员，是三位中资历最老也是业绩最出色的一个业务员，全国各地几乎没有他没有去过的地方，九寨沟他已经去过两次，而且，他老婆刚刚动了一次大手术，并因此欠了不少债，人们都知道老王现在最缺的是钞票。可以看出，九寨沟对他已经失去了价值，效价应该是0，凭老王的能力和业务关系基础，在三个人当中他成功的可能性是100%，那么这项激励政策对老王的激励效用就是：0×1=0。

（资料来源：《培训资料·最伟大的领导与管理原则——激励》，经作者整理改编）

提示：激励政策在不同的员工身上会产生不同的激励作用，为了达到最佳的激励效果，营销主管应在权力允许的范围内因人而异制订一些奖励措施，以调动所有员工的积极性。

三、亚当斯的公平理论

公平理论是美国心理学家亚当斯(J. stacy Adams)在其1965年出版的《社会交换中的不公平》一书中首先提出来的，这一理论也称为社会比较理论。

公平理论的基本观点是，当一个人做出成绩并取得报酬以后，他不仅关心自己所得报酬的绝对量，而且关心自己所得报酬的相对量。因此，他要进行种种比较来确定自己所获报酬是否合理，比较的结果将直接影响今后工作的积极性。比较一般包括横向比较和纵向比较。

横向比较，即将自己获得的“报偿”（包括金钱、工作安排以及获得的赏识等）与自己的“投入”（包括教育、努力及耗用在职务上的时间等）的比值与组织内其他人作社会比较，只有大于或等于时，他才认为公平。如果觉得不公平，他会采取以下方法。

方法一:他可能要求增加自己的收入或降低自己今后的努力程度;方法二:他可能要求组织减少比较对象的收入或者让其今后增大努力程度。此外,他还可能另外找人作为比较对象,以便达到心理上的平衡。

纵向比较,即把自己目前投入的努力与目前所获得报偿的比值,同自己过去投入的努力与过去所获报偿的比值进行比较。只有大于或等于时他才认为公平。亦即组织成员的积极性与其所得报酬的绝对值并无直接必然的联系,相对报酬才是最有效激励的方式。

一般情况下,人们会更倾向于进行横向比较,而且在比较的过程中,人们总是过高地估计自己的投入量,过低地看待自己所获得的报酬,而对别人的投入量及所获得的报酬的估计则刚好相反。因此,管理者在运用该理论时,应当在工作任务分配、工资和奖金的评定以及工作业绩的评价中,力求公平合理,以保护和调动员工的积极性。不过,公平是一种心理感受,它是主观、相对的。由于受到公平标准、绩效评价、个人感受等许多因素的影响,绝对的公平是不存在的。因此,管理者还应注意对当事人进行正确的公平观的引导,作为员工也应树立正确的公平观,不要盲目攀比。

相关案例 · 对"公平与否"的辩证看待

有一家大公司在一线和三线城市都有工厂和相应的员工。该厂对位于不同城市但工作内容、职责以及招工的标准完全相同的岗位支付的薪酬差距很大。公司位于三线城市的员工针对这个问题向总部提出了意见,但没想到得到的却是总部基于物价水平和城市等级差距而做出的非常粗暴、简单的解释。于是,三线城市的员工非常不满,并且将这种不满的情绪通过破坏公司产品的形式表现出来。

(资料来源:根据相关资料整理)

四、斯金纳的强化理论

(一)强化理论的内容

强化理论是由美国心理学家斯金纳(Buwhus Fvederic Skinner)提出的。斯金纳认为,无论是人还是动物,为了达到某种目的,都会采取一定的行为,这种行为将作用于环境,当行为的结果对其有利时,这种行为就会重复出现,当行为的结果不利时,这种行为就会减弱或消失,这就是环境对行为强化的结果。强化的具体方式有以下四种：

1. 正强化。正强化就是奖励那些符合组织目标的行为，以便使这些行为得以进一步的加强并重复出现。不要把正强化仅仅理解为发奖金，对成绩的认可、表扬，改善工作条件和人际关系，提升、安排担任挑战性工作，给予学习和成长的机会等都能起到正强化的作用。

2. 惩罚。当员工出现一些不符合组织目标的行为时，采取惩罚的办法，可以使这些行为少发生或不再发生。惩罚是力图使所不希望发生的行为逐渐削弱，甚至完全消失。

3. 负强化。负强化强调的是一种事前的规避，与惩罚是有区别的。俗语"杀鸡儆猴"形象地说明了两者的联系与区别。对出现了违规行为的"鸡"加以惩罚，意欲违规的"猴"会从中深刻地意识到组织规定的存在，从而加强对自己行为的约束。

4. 忽视。忽视就是对已出现的不符合要求的行为进行"冷处理"，达到"无为而治"的效果。

强化手段所产生的激励效果的大小，不仅与采用何种强化手段有关，还与进行强化实施的程序有关。强化实施的程序一般分为持续性强化和间歇性强化两种。持续性强化是对每个行为都给予强化，没有中断和缺省；间歇性强化是指非连续性的强化，即经过一段时间强化一次。不同的强化方式所起到的效果也是不同的，因此，管理者在进行强化时，不仅要注意强化的内容，也要注意强化的方式。在运用强化理论时，我们应该注意以下几点：(1)要针对不同的对象采取不同的强化措施；(2)分阶段设立目标，及时给予强化；(3)及时反馈工作结果，增强强化效果；(4)尽管正强化和负强化都有激励作用，但在实际工作中应以正强化为主，负强化为辅，以获得更好的强化效果。

（二）正强化和负强化的应用

正强化和负强化是依据"强化理论"的原理而出现的激励制度，在企业中运用得比较多。正强化是当一个人的行为符合社会的需要时，通过奖赏的方式来鼓励这种行为，以达到持续和发扬这种行为的目的。负强化是当一个人的行为不符合社会的需要时，通过制裁的方式来抑制这种行为，以达到减少或消除这种行为的目的。正强化是从正方向予以鼓励，负强化是从反方向予以刺激，它们是激励中不可缺少的两个方面。俗话说："小功不奖则大功不立，小过不戒则大过必生"讲的就是这个道理。在实际工作中，只有做到奖功罚过、奖优罚劣、奖勤罚懒，才能使先进受到奖励、后进受到鞭策，真正调动起人们的工作热情，形成人人争先的竞争局面。如果良莠不分、是非不明，势必造成“干多干少一个样、干与不干一个样”的不良局面，使激励毫无效果。所以，只有坚持正强化与负强化相结合的方针，才会形成一种激励合力。正强化是主动性激励，负强化是被动性激励，就二者的作用而言，正强化是第一位的，负强化是第二位的。因此，在激励中应该坚持以正强化为主、负强化为辅的原则。

相关案例 · 海尔集团的正负激励

海尔集团在正负激励结合方面做得比较成功。当海尔集团开始宣传“人人是人才”时，员工反应平淡。他们想：我又没受过高等教育，当个小工人算什么人才？但是当海尔把一个普通工人发明的一项技术革新成果以这位工人的名字命名时，在工人中很快就兴起了技术革新之风。比如，工人李启明发明的焊枪被命名为“启明焊枪”，杨晓玲发明的扳手被命名为“晓玲扳手”等。这一措施大大激发了普通员工创新的激情，后来不断有新的被命名的工具出现，员工的荣誉感得到极大的满足。对员工创造价值的认可，是对他们最好的激励，及时的激励能让员工觉得工作起来有盼头，进而也能激发出员工更大的创造性。另外“海尔”集团每月还对所有的干部进行考评，考评档次分表扬与批评。表扬得1分，批评减1分，年底二者相抵，达到负3分的就要淘汰。同时，通过制定制度使干部在多个岗位轮换，全面提高其才能，根据轮岗表现决定升迁。

一正一负、一奖一罚的激励机制，树立了正反两方面的典型，从而产生无形的压力，在组织内部形成良好的风气，使群体和组织的行为更积极，更富有生气。激励的这两种手段虽然性质不同，但效果是一样的。从管理的整体看，奖（正激励）惩（负激励）必须兼用，不可偏废。只奖不惩，就降低了奖励的价值，影响奖励的效果；只惩不奖，就会使人不知所措，令员工仅知道不该做什么，却不知道应该做什么，甚至还可能由于人的逆反心理而产生反作用。（有删改）

（资料来源：康毅仁、汪洋，《海尔是海》，民主与建设出版社2002年版）

任务三案例介绍

神奇教练希丁克

用鼓励和赞赏来激发队员的士气、随时鼓励并称赞球员，是被称之为“神奇教练”的希丁克激励团队的风格。球场上比的往往不是技术，而是自信心。因此，希丁克一般不用直接的批评，而是以直接或间接的鼓励来刺激球员，使其兴奋起来。

他上任后，给教练组声明的第一个原则就是“千万不要责备球员”。意思是说，即使球员做错了，也要让球员自己说出来，这样他们才不会再犯同样的错误。

在选拔球员时，他也不用“那个球员不行”之类的否定话语；相反，他会非常积极地寻找每个人的潜能及特长。

希丁克一直说：“我会随时称赞球员，绝不会当众指责他们。要指出错误或骂一通，也只会在球队内部。那是我和球员之间的约定，也是我的原则！”对于球员的失误，他也绝对不会当面发火，相反会通过耐心的说明使球员领悟。但如果给了一次机会，球员还没有“听话照做”，该球员的机会也许就会到此结束。

在言论上，希丁克不管是称赞某个球员，还是指出某个球员的错误，从不指名道姓，而是针对问题，就事论事，总是先称赞后批评，或者先批评紧跟着称赞，来激励球员。

比赛结束后，要指出球员的错误时，他会开头先说：“只是要分析比赛情况，而不是为了责怪谁，所以请不要紧张！”接着他会让所有记者退出，然后列出原因一条条分析比赛内容。

正是希丁克不一样的心胸，为球员们的自信心和斗志奠定了坚实的基础，大大提高了球队的士气。

美国著名篮球教练迈克·库赛维奇说：“球队的‘士气’是胜利的第一要素！”希丁克能让所有球员在所有比赛中，感觉自己是球队中最棒的球员。他随时在鼓励球员“你刚才太棒了！”“要使球员在比赛中拿到球的瞬间，首先想到那个球不是‘我的球’而是‘我们的球’。此时，不仅替补球员，就连拉拉队的学生也要当做球队的一部分，‘我们’才能赢。”所以希丁克在选择球员时，比起实力来，他更重视有“团队精神”的人才。

当进球或丢球时，希丁克都会以独特的方式进行称赞或者批评。不像其他主教练只会责怪失误的球员，或只称赞进球的球员，希丁克称赞或批评的是整个球队，因为“球是 11 名队员一起踢进的，也是 11 名队员一起丢的”。

他会以这样的方式来解释丢球：因为最前面的前锋没能防守好，使中场失去平衡，最终后卫虽极力阻挡却还是丢掉了一个球。进球时，他会说成：因为后卫的第一个传球传得很到位，使对手慌乱，之后又因中场能确保空间，前锋才得以射进球。

从前，韩国的足球教练在中场休息时，对表现不太满意的球员，会开骂，直到他们流泪为止，这非但不能起到激励效果，反而会使球员的心理因此萎缩，不愿再主动说话，不敢再主动跑动。这种被当众羞辱的事情总是重复发生，就形成了大伙被动、不自信的习惯。希丁克主教练则不同，他只指出发生问题的要点，就不再多说了。

不是针对某个人的指责，而是使11名球员都能一起听到。希丁克是一位培养球员们自信习惯，让他们拥有主动分析力与判断力的教练。在整届世界杯赛上，希丁克没有特意称赞过谁，也没有特别批评过谁。

希丁克说："我最喜欢球队在比赛进行不顺利时，也绝不退缩的样子。不管形势多么恶劣，他们也会马上回到原位进行战斗——绝对不放弃！我对球员们强调的是，成功＝个人技术＋团队技术＋精神力。其中最重要的就是'精神力'（指运动员可以有效操控自信心以及愤怒、不安、纠葛、压力等情感控制的能力）。"（有删改）

（资料来源：[韩]李东炫、金华盛，《团队激励——看足球学成功》，云南教育出版社2006年版）

实训练习

走还是留？

助理工程师赵一是一个名牌大学高材生，毕业后已工作八年，于四年前应聘调到一家大厂工程部负责技术工作。他工作态度诚恳负责，技术能力强，很快就成为厂里有口皆碑的"四大金刚"之一，名字仅排在厂技术部主管陈工之后。然而，他的工资却同仓管人员差不多，夫妻小孩三口尚住在来时住的那间平房。对此，他心中时常有些不平。

厂长张二是一个有名的识才的老厂长，孙中山先生的名言"人能尽其才，物能尽其用，货能畅其流"在各种公开场合不知被他引述了多少遍，实际上他也是这样做的。四年前，赵一刚来报到时，门口用红纸写的"热烈欢迎赵一工程师到我厂工作"几个颜体大字，就是张厂长亲自吩咐人力部主任落实的，并且交代要把“助理工程师”的“助理”两字去掉。这确实使赵一当时工作更卖力。

两年前，厂里有申报工程师的指标，赵一属于有条件申报之列，但名额却给了一个没有文凭、工作平平的同志。他想问一下厂长，谁知，他未去找厂长，厂长却先来找他了：“赵工，你年轻，机会有的是”。去年，他想反映一下工资问题，这问题确实重要，他来这里工作的其中一个目的就是想工资高一点。但是几次想开口，都没有勇气讲出来。因为厂长不仅在生产会上大夸他的成绩，而且，有几次外地人来取经，张厂长当着客人的面赞扬他：“赵工是我们厂的技术骨干，是一个有创新的……”哪怕厂长再忙，路上相见时，总会拍拍赵工的肩膀说两句，诸如“赵工，干得不错”，“赵工，你很有前途”。这的确让赵一很兴奋，“张厂长确实是一个伯乐”。此言不假，前段时间，他还把一项开发新产品的重任交给他，然而……

最近，厂里新建好了一批职工宿舍，听说数量比较多，赵一决定要反映一下住房问题，谁知这次张厂长又先找他，还是像以前一样，笑着拍拍他的肩膀：“赵工，厂里有意培养你入党，我当你的介绍人。”他又不好开口了，结果家没有搬成。

深夜，赵一对着一张报纸的招聘栏出神。第二天一早，张厂长办公桌上放着一张小纸条。

张厂长：

您是一个懂得使用人才的好领导，我十分敬佩您，但我决定走了。

赵一于深夜

（资料来源：根据相关资料整理）

思考题：

1. 在本案例中，根据马斯洛的理论，住房、评职称、提高工资和入党对于赵一来说分别属于什么需要？

2. 根据公平理论，赵一的工资和仓管员的差不多，是否合理，为什么？

3. 如果你是张厂长，你将根据什么激励理论，采取什么激励措施来留住赵一？

综合练习

猎人、猎狗和兔子的故事

一、目标

一条猎狗将兔子赶出了窝，一直追赶它，追了很久仍没有捉到。牧羊人看到此种情景，讥笑猎狗说："你们两个之间小的反而跑得快得多。"猎狗回答说："你不知道我们两个的跑是完全不同的！我仅仅为了一顿饭而跑，他却是为了性命而跑呀！"

二、动力

这话被猎人听到了，猎人想：猎狗说得对啊，那我要想得到更多的猎物，得想个好法子。于是，猎人又买来几条猎狗，凡是能够在打猎中捉到兔子的，就可以得到几根骨头，捉不到的就没有饭吃。这一招果然有用，猎狗们纷纷去努力追兔子，因为谁都不愿意看着别人有骨头吃，自己没得吃。就这样过了一段时间，问题又出现了。大兔子非常难捉到，小兔子好捉。但捉到大兔子得到的奖赏和捉到小兔子得到的骨头差不多，猎狗们善于观察发现了这个窍门，专门去捉小兔子。慢慢地，大家都发现了这个窍门。猎人对猎狗说："最近你们捉的兔子越来越小了，为什么？"猎狗们说："反正没有什么大的区别，为什么费那么大的劲去捉那些大的呢？"

三、长期的骨头

猎人经过思考后，决定不将分得骨头的数量与是否捉到兔子挂钩，而是采用每过一段时间，就统计一次猎狗捉到兔子的总重量。按照重量来评价猎狗，决定一段时间内的待遇。于是猎狗们捉到兔子的数量和重量都增加了。猎人很开心。但是过了一段时间，猎人发现，猎狗们捉兔子的数量又少了，而且越有经验的猎狗，捉兔子的数量下降得越厉害。于是猎人又去问猎狗。猎狗说："我们把最好的时间都奉献给了您，主人，但是我们随着时间的推移会老，当我们捉不到兔子的时候，您还会给我们骨头吃吗？"

四、骨头与肉兼而有之

猎人做了论功行赏的决定。分析与汇总了所有猎狗捉到兔子的数量与重量，规定如果捉到的兔子超过了一定的数量后，即使捉不到兔子，每顿饭也可以得到一定数量的骨头。猎狗们都很高兴，大家都努力去达到猎人规定的数量。一段时间过后，终于有一些猎狗达到了猎人规定的数量。这时，其中有一只猎狗说："我们这么努力，只得到几根骨头，而我们捉的猎物远远超过了这几根骨头。我们为什么不能给自己捉兔子呢？"于是，有些猎狗离开了猎人，自己捉兔子去了。

五、只有永远的利益，没有永远的朋友

猎人意识到猎狗正在流失，并且那些流失的猎狗像野狗一般和自己的猎狗抢兔子，情况变得越来越糟。猎人不得已引诱了一条野狗，问他到底野狗比猎狗强在哪里。野狗说："猎狗吃的是骨头，吐出来的是肉啊！"接着又道："也不是所有的野狗都顿顿有肉吃，大部分最后骨头都没得舔！不然也不至于被你诱惑。"于是猎人进行了改革，使得每条猎狗除基本骨头外，可获得其所猎兔肉总量的 $1/n$，而且随着服务时间的加长，贡献的增大，该比例还可递增，并有权分享猎人总兔肉的 $1/m$。就这样，猎狗们与猎人一起努力，将野狗们逼得叫苦连天，纷纷强烈要求重归猎狗队伍。

日子一天一天地过去，冬天到了，兔子越来越少，猎人们的收成也一天不如一天。而那些服务时间长的老猎狗们老得不能捉到兔子，但仍然在无忧无虑地享受着那些他们自以为是应得的大份食物。终于有一天猎人再也不能忍受，把它们扫地出门，因为猎人更需要身强力壮的猎狗……

（资料来源：根据相关资料整理）

思考题：

请你重新设计猎狗激励方案。

项目六

团队绩效管理

知识目标

- 了解团队绩效概念；
- 了解影响团队绩效的因素；
- 了解团队绩效管理的流程；
- 了解绩效反馈面谈的技巧。

技能目标

- 会合理设置绩效评估指标及标准体系；
- 会对团队成员进行绩效辅导；
- 能对团队绩效进行有效管理。

任务一　团队绩效管理认知

任务引入

团队绩效管理体系以团队建设为核心，融合了组织绩效管理与岗位绩效管理并将其结合起来，同时提高了可操作性和绩效管理的深度，在团队内部形成自我激励与约束机制，有效化解各种矛盾。通过责任和权力的下放，管理者和团队成员更加关注结果。通过团队绩效管理使公司关注团队，以团队为绩效管理对象，团队则关注成员的绩效，以提高公司绩效管理的效率。实行团队绩效管理后，可以通过层层分解来落实公司的发展战略目标，促进公司整体业绩提升，提高员工满意度与企业凝聚力。对处于不同层次的团队，可确定不同的绩效管理关系。能够正确认识组织绩效和岗位绩效，是提高团队绩效的前提和基础。

绩效管理的核心逻辑是根据组织的战略目标确定绩效管理目标，并将绩效管理目标具体分解为绩效管理指标，并依据绩效管理指标对绩效管理对象的行为、结果和能力进行管理。团队绩效管理基本流程亦如此，但由于团队工作模式的特殊性，在绩效管理指标的确定及绩效管理流程方面也表现出一定的特殊性。例如，在绩效管理指标和绩效管理流程方面，往往表现为团队和团队成员两个层次。

一、任务要求

认真按照教师的指令完成体验游戏，并在此基础上讨论和回答游戏过程中提出的问题。

二、任务分析

提升团队绩效，建设高绩效团队，是团队管理的终极目标。正确认识和看待绩效，掌握团队绩效的基本概念，是团队领导者、团队成员必须具备的知识。

三、实施准备

1. 材料准备：白纸和笔，每个学生一份。
2. 场地准备：普通教室。

四、实施步骤

第一步

教师指令：请所有人在纸上分别划上“一横”“一竖”“一横”“一竖”，画完之后看一下周围其他人画的。

问题1：看到了什么？

一般结果：“一｜一｜”“井”“口”等，结果千差万别。

讨论1：为什么？

核心：目的不清楚。

第二步

告诉所有人我们这次要画一个正方形，然后再让大家四周看一下其他人画的。

问题 2：看到了什么？

一般结果：虽然都是正方形，但是大小千差万别。

讨论 2：为什么？

核心：目标不明确。

第三步

告诉所有人我们这次要画一个边长 2cm 的正方形，继续让大家四周看一下其他人画的。

问题 3：看到了什么？

一般结果：都是“正方形”，但是找不到“边长 2cm”的“正方形”。

讨论 3：为什么？

核心：没有标准。

例子：很多人设置标准时，喜欢弄个“准确性”“及时性”之类带个“性”字的词，而到底准确、及时到哪个程度却连自己都不知道。

第四步

讨论 4：假设某人的工作就是画“边长 2cm 的正方形”，绩效管理怎么做？

五、效果评价（见表 6-1）

表 6-1　团队绩效管理认知评价表

小组序号：			学生姓名：　　　　学号：		
小组成绩（教师评价或小组互评）			个人最终成绩		
任务及标准	满分	得分	项目及标准	满分	得分
问题 1 讨论	5		问题 1 讨论	20	
问题 2 讨论	5		问题 2 讨论	20	
问题 3 讨论	5		问题 3 讨论	20	
问题 4 讨论	20		问题 4 讨论	30	
讨论及合作情况	5		讨论及合作情况	10	
合计	40		合计	100	
评价者：			评价者：		
评价时间：　　年　　月　　日			评价时间：　　年　　月　　日		

六、点评交流

以学生为主体，通过简单的游戏，能够让学生亲身体验管理当中的心理活动过程，并由此引申到具体的管理理论中去。

相关知识

一、绩效

从管理学的角度看，绩效就是组织期望的结果，是组织为实现目标而展现在不同层面上的输出，它包括个人绩效和组织绩效两个方面。组织绩效是建立在个人绩效实现的基础上的，但个人绩效的实现又不能完全保证组织绩效的实现。如果组织的绩效按一定的逻辑关系被层层分解到每一个工作岗位以及每一个人，那么只要每一个人都达成了组织的要求，组织的绩效就实现了。但是组织战略的失误可能造成由于个人绩效目标的实现而导致组织战略的失败。

目前对绩效的界定主要有三种观点：一种观点认为绩效是结果；另一种观点认为绩效是行为；还有一种观点不再认为绩效是对历史的反应而是强调员工潜能与绩效的关系，关注员工素质，关注未来发展。

在实际应用中，对绩效的理解可能是以上三种认识中的一种，也可能是对各种绩效概念的综合平衡。概括而言，对于绩效概念的理解，可分为以下五种：

1.绩效就是完成任务。这一相对较早的界定简单明了，主要的使用对象是一线生产工人或体力劳动者。对于一线生产工人或体力劳动者来说，只要在保证按时和质量的前提下完成任务，这就是他们的绩效，即使这些产品还没有实现任何价值。

从思想根源上看，这种认识应当是与泰勒的“科学管理思想”一脉相承的。问题在于随着人类历史的发展，管理的对象早已不局限在生产工人或者体力劳动者，在面对脑力劳动者、知识工作者时，这样的界定往往异常模糊，甚至无法界定。

2.绩效就是工作结果或产出。这个界定从评估的内容方面将评估划分为绩效评估、技能评估和态度评估三种，但是相对于技能评估和态度评估而言，绩效评估强调的是结果或产出。事实上，这种界定在实际运用中是最为常见的。

3.绩效就是行为。根据墨菲（Murphy）的定义，绩效是“一套组织或个人体现工作组织单位的目标相关的行为”。“绩效可以定义为行为的同义词，它是人们实际做的，并且可以被奉行的东西。”

将绩效作为行为的观点，概括起来主要基于以下事实：

第一，许多工作后果并不一定是员工行为所产生的，例如由于需求旺盛而导致的销售额大增。

第二，工作执行者执行任务的机会并不相等，也并不是工作执行者在工作时所做的每一件事都同任务有关。这在中国企业中非常典型。

第三，过分重视结果会忽视重要的程序因素和人际关系因素。

第四，产出或结果的产生可能包括许多个体无法控制的因素，例如设备的不稳定可能会导致使用者无法及时完成“结果”或产出。尽管行为也要受外界因素的影响，但相比较而言，可以控制在个体范围之内。

第五，现实中没有一个组织完全以“产出”作为衡量绩效的唯一尺度。

行为通常被认为是工作结果产生的原因之一，而工作结果或产出又是评估员工行为有效性的一种重要办法，即根据员工所取得的结果，来判定他们行为的有效性。尽管将“绩效”界定为“行为”的观点日益为人们所重视和认可，但“行为”与“绩效”一样，面临应如何界定的尴尬。

4.绩效是结果与过程（行为）的统一体。优秀的绩效不仅取决于做事的结果，还取决于个人所拥有的行为或素质，即：

结果（做什么）＋行为（如何做）＝高绩效

从实际意义上讲，将绩效界定为“结果＋过程”是很有意义的，它不仅能很好地解释实际现象，而且一个相对宽泛的界定往往使绩效更容易被大家所接受，这对绩效评估与管理而言是至关重要的。

5.绩效＝做了什么（实际收益）＋能做什么（预期收益）。事实上对绩效概念的这一界定，已将个人潜力、个人素质纳入了绩效评价的范畴。它强调的是这样一点：绩效不再作为“追溯过去”“评估历史”的工具，而更在于关注未来。事实上这种界定也更接近于本书所探讨的所谓技能绩效的概念。

实际上，绩效的含义是非常广泛的，不同的应用环境和使用对象，有不同的具体含义。五种绩效的主要定义适用情况可参见表 6-2。

表 6-2 绩效的含义及适用对象

绩效含义	适应的对象	适应的企业或阶段
1. 完成了工作任务	体力劳动者 事务性或例行性工作的人员	
2. 结果或产出	高层管理者 销售、售后服务等可量化工作性质的人员	高速发展的成长型企业，强调快速反应，注重灵活、创新的企业
3. 行为	基层员工	发展相对缓慢的成熟型企业，强调流程、规范，注重规则的企业
4. 结果＋过程（行为/素质）	普遍适用各类人员	
5. 做了什么（实际收益）＋能做什么（预期收益）	知识工作者，如研发人员	

二、绩效管理与绩效评估

员工的工作绩效是指那些经过考核的行为、表现及其结果，而绩效管理则是依据主管与员工之间达成的协议来实施的一个动态沟通过程。它通常被定义为系统地对一个组织或员工所具有的价值进行评价，并给予奖惩，以促进系统自身价值的实现。① 与“绩效”概念有多种理解一样，由于侧重角度的不同，“绩效管理”的概念归纳起来也有以下三种不同的观点：

1. 绩效管理是管理组织绩效的系统。此种观点的核心在于绩效管理决定组织战略以及通过组织结构、技术事业系统和程序等来加以实施。它看起来更像是一种战略或事业计划等。而个体因素（即员工）虽然受到技术、结构、作业系统等变革的影响，却并不是绩效管理所要考虑的主要对象。

2. 绩效管理是管理员工绩效的系统。这种观点将绩效管理看做组织对一个人关于其工作成绩以及他的发展潜力的评估和奖惩，通常将绩效管理视为一个周期。

3. 绩效管理是管理组织和员工绩效的综合系统。这种观点将绩效管理看

① 付亚和，许玉林：《绩效管理》，复旦大学出版社 2008 年版，第 61 页。

做管理组织和雇员绩效的综合体系，强调将组织目标和员工个体的绩效密切联系起来。

《绩效管理的魔力》的作者安德烈·A.德瓦尔认为，绩效管理是一套程序，它使公司能够为持续创造价值作出可预见的贡献。绩效管理一般流程包括五个环节：绩效计划、绩效实施、绩效评估、绩效反馈与面谈以及绩效结果的输出应用。绩效管理的一般流程可以用图6-1表示。

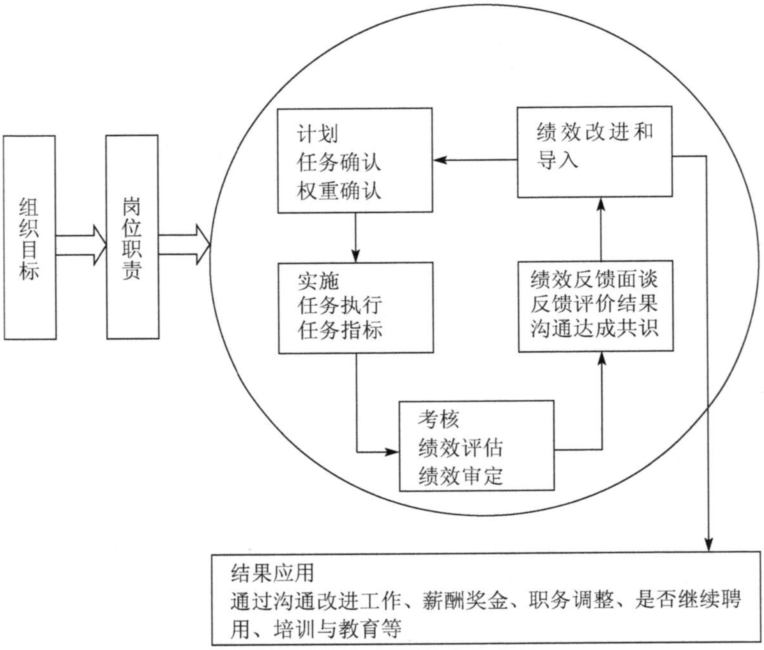

图 6-1　绩效管理流程图

（资料来源：付亚和、许玉林，《绩效管理》，复旦大学出版社2008年版）

无论在企业实践中，还是理论探讨时，往往将绩效管理与绩效评估混为一谈。直到现在，名为讨论绩效管理，实为讨论绩效评估的文章也并不少见。事实上，绩效管理与绩效评估既有密切联系，又有显著区别。无视绩效管理与绩效评估的联系与区别，盲目地把绩效评估当做绩效管理，不但使绩效评估的作用大打折扣，而且也会对绩效管理产生抵触情绪，无法体现绩效管理的价值。在企业实践中用绩效评估代替绩效管理，是企业实施绩效管理体系失败的主要原因之一。[①]

三、团队绩效与管理

与绩效管理的一般理论相比，团队绩效管理包括两个层次：一是在一个既定时期对团队成员的贡献设定目标、作出评价并不断持续提升的过程；另一个层次是指对团队整体的绩效进行有效的管理和提升，使团队能够为公司持续作出可预见的贡献。

从绩效本身的涵义来看，已经包括团队绩效的相关理念。然而由于团队相对于个体以及群体所表现出的特殊性，团队绩效与管理也表现出一定的特殊性。

（一）团队绩效与管理的概念

团队绩效是什么？这是在进行团队绩效研究前必须弄清的问题。贝茨(Bates)和霍尔顿(Holton)(1995)指出："绩效是多维建构，测量的因素不同，其结果也会不同。"因此，要想测量和管理绩效，必须先对其进行界定，弄清楚确切内涵。

从团队的角度看，现有研究中时常将群体绩效和团队绩效这两个概念混用。其实它们是有所区别的。群体绩效仅仅是每个群体成员个人贡献的总和，而团队成员努力的结果使团队的绩效水平远大于个体成员绩效的总和。桑德斯卓姆(Sundstrom)(1990)对团队绩效进行了广义的界定，认为团队绩效是团队为达到目标而采取的各种行为及其结果，主要有以下三个方面的内容：

一是团队的工作成果，包括工作数量、质量、速度、成本、顾客满意度等方面。

二是团队对其成员的影响，即团队成员的工作成果。

三是团队未来工作能力的改进，如研发团队创新能力和学习能力的提高等。

从上述定义可以看出，团队绩效包含两个层面的内容，即团队整体绩效和团队成员个人绩效。团队绩效不仅关注结果，也更关注工作过程或员工行为。

---

① 刘兴：《我国企业绩效管理的现状和几个误区》，参见《长沙铁道学院学报》(社会科学版)2005年第3期。

1. 团队绩效包括团队整体绩效和团队成员个人绩效。

首先,仅仅对团队绩效进行整体考核的话,考核结果无法显示每个团队成员的个体绩效,从而无法进行有效的管理。团队研究是将团队这一整体作为研究对象。因此,团队绩效就是指团队整体性的绩效。作为理论研究,这种指向性完全没有问题,但要应用到企业管理实际中,还存在局限性,因为仅仅对团队整体进行考核,就无法体现个体绩效,而薪酬、培训、晋升等其他人力资源管理手段大多基于个体绩效,没有度量也就无法进行有效管理。因此,团队的管理要真正落到实处,还必须具体到对团队成员个体的管理。

其次,只考核个体绩效而不对整体绩效进行考核也存在一定问题。一方面,个体绩效的简单综合并不是整体绩效,这样,个体绩效很高而整体绩效低下的极端情况也可能发生。其原因在于团队成员个体过分重视个体绩效,往往脱离团队整体目标趋向,这种现象屡见不鲜。另一方面,在团队背景下,对个人绩效的考核并不是孤立的,总是带有明显的团队色彩。因此,单纯的个人绩效考核必然不能顾及团队整体绩效的问题。

最后,无论是对团队整体绩效还是对个体绩效进行管理,都存在局限性。所以团队绩效考核的对象应既包含团队整体绩效,也包含团队成员个体绩效。

2. 团队绩效不仅要测评工作结果也要测评工作过程或行为。

团队绩效测评不但要反映团队作为一个整体对组织的贡献,还要反映团队成员对组织作出的不同贡献。如果说对团队整体绩效的测评是反映团队整体效率的话,那么对团队成员个人绩效的测评就是体现团队内部的公平。目前许多企业团队绩效测评的作用就是要反映团队中每个成员的贡献,并且为团队和团队成员工作的改进提供帮助。在传统的职能分工组织中,没有专门的职能部门对一个完整的价值实现程序负责,因而没有好办法来测评这些过程。而团队又必须建立起过程测评指标,否则就不能充分利用自己面对顾客需求可以快速作出反应的能力。因此,团队绩效考核既要对工作过程进行评估,也要对工作结果进行评估,因为过程和结果同样重要。

(二)影响团队绩效的因素

影响团队绩效的因素中,除了影响绩效的一般因素之外,通常还包括以下四种:

1. 团队结构。团队结构包括团队规模、团队成员异质性、团队成员间的熟悉程度等方面。对于团队结构与团队绩效的关系,目前还没有取得一致性意见。

有研究认为，团队的规模和团队成员的异质性越大，团队成员获得信息的渠道越畅通，团队绩效就越容易得到提升。关于团队的合理规模，著名管理学家罗宾斯认为，好的工作团队规模一般较小，不多于12人。除此之外，不同的管理学研究者从不同的实践经验出发，得出的结论也略有不同。但是比较一致的结论是，团队规模不宜无限扩张，通常保持在12至16人。超过这个界限，团队绩效将随着团队规模的扩大而降低。

异质性是个性、性别、态度、背景或经验因素的混合物。研究表明，具有异质性的组织更有可能获得成功。来自不同背景的员工能在一起工作并向组织目标靠近，组织的绩效就会很高。但也不能一概而论。

不同管理学家对团队成员间熟悉程度的看法也不一致。一般认为，由相互熟悉的人们组成的团队要比由相互不熟悉的人们组成的团队更为有效。但也有一些团队，在成立两年或者三年后，群体资历和成员间的熟悉度的提高反而不利于提高团队绩效。

2. 团队成员的心理素质和性格特征。间接经验或示范和反馈对团队绩效的影响，在很大程度上是通过情感评价和可直觉的团队功效来调节的。团队成员的团队功效感越高，其团队绩效也越高。影响绩效的团队成员心理素质和团队成员的性格特征包括：为人谨慎（其内涵是责任心）；性格外向；有亲和力，情绪稳定；有良好的悟性（即开放性）。

3. 团队的激励。团队的管理方式可以看成一种委托—代理关系，管理者希望成员为实现团队目标而努力工作、相互合作，而团队成员从个人利益出发，投入到项目上的精力或努力的方向与管理者期望的往往不一致，这样，就产生了团队的激励问题。激励理论认为，组织成员之间的合作由于目标不一致和信息不对称等因素的影响，经常被部分成员的机会主义行为所破坏，而建立适当的激励机制不仅能够减轻这种行为，而且能够提高团队绩效。

4. 其他因素。除以上因素以外，团队的目标、团队的领导、团队的氛围、团队的外部环境和组织特征等也会影响团队绩效。

任务一案例介绍

加拿大北电网络公司的绩效评估

自1874年亚历山大·贝尔发明世界上第一部电话机，并将在加拿大境内的生产许可权交给了他的父亲以来，北电网络的早期创业者就开始了其预测变革不断创新的奋斗历程。1895年由老贝尔创建的运营公司正式成立，经过一百多年的发展，在其鼎盛时期该公司曾经作为世界范围内通信及信息技术的领导者，市值在3000亿加元以上，全球雇员总数约2.5万人。尽管由于技术股泡沫破灭的影响及2008年金融危机的冲击，北电网络已在2009年1月申请破产保护，并进入重组阶段，但其作为世界通讯行业曾经的常青树，不断的技术创新和管理创新是有目共睹的。其中，北电网络的绩效评估制度就独具特色。

北电网络的员工绩效评估主要分为两个方面：一方面是员工的行为，另一方面是绩效目标。每个员工在年初就要和主管定下当年最主要的工作目标是什么。以前北电是每年定一次目标，现在由于发展的速度变快，市场的变化也加剧，所以北电网络对员工的考核是随时的，经常会对员工的已定目标进行考核和调整，每个员工除了和自己的老板订目标，还有可能和其他部门一起合作项目，许多人会参与到同一个项目中。所以一个员工的业绩考核不是一个人说了算，不是一个方面能反映的，而是许多方面的反馈。

员工除了自己的主管外，还有很多共事的人、手下的人对你进行评价，这就是360°考核。因为对员工的行为和目标的考核是经常性的，员工在工作中出现不足会及时从周围人和主管那里获得信息，所以一般不会出现到了年终总结时，考核结果会让员工非常惊讶的情况，最多是有些不同看法的时候主管会同员工进行沟通，力求考核结果能够让员工获得非常积极的认识。

考核有两种功能：一方面是以前的工作表现和业绩，也可反映一个人的能力；另一方面就是看这个员工以后的发展，通过考核过程可以发现员工能够发展的地方以及现在的工作或将来应该怎样。北电网络许多不同级别的领导也是在这样的考核中发现的，通过考核发现员工的潜能，使员工有可能被选为下一代领导。

北电网络考核的整个过程通常要花两个月的时间，大家都非常认真地对待考核，这既是对自己负责，也是对别人负责。考核虽然跟员工薪水挂钩，但是考核只是一部分，工资是另外一个方面。员工的工资既看个人对公司的贡献，也看整体人力市场情况。

考核结束后，通过矩阵看出员工的综合考核落在什么区域，就可以知道北电网络对员工的行为和目标要求是什么。用薪金奖励进步员工只是一种比较简单的手段，随着时间的推进，员工的个人物质水平提高了，薪金的激励作用就会慢慢降低，这就是所谓薪金和劳动生产率不是绝对成正比的关系。这时，对员工进行发展规划，帮助员工制订他的职业计划，会更加激励员工进步。北电网络在激励员工方面更注重员工的职业发展，例如让员工去轮岗，激励他们发挥自己的潜能。员工在工作中能够吸收别人的经验，使自己得到更好的发展。（有删改）

（资料来源：张挚，《团队协作创造绩效奇迹：著名企业 60 个经典案例透视》，金版电子出版 2003 年版）

实训练习

张华东的营销团队

张华东是杭州本地一所高职院校的毕业生，在校期间就口才出众，由于他所学专业是市场营销专业，毕业的时候一心想自己创业，为社会创造价值，为自己实现梦想。创业之初，由于感到自身的社会实践经验不足，加之暂时没有合适的创业项目，张华东决定先从推销保险做起。一方面可以提高自己的社会实践水平，锻炼自己的能力；另一方面保险公司的推销业务相对比较灵活，如果业绩优秀，马上可以组建自己的营销团队。同时，保险公司的人员机制也比较灵活，如果找到合适的创业项目，随时可以退出保险推销业务，开始自己创业。

张华东确实具有推销天分，在开始从事保险推销业务 3 个月之后，就已经在当地保险公司的业绩排名中名列第三，按照保险公司的推销模式，他不仅拿到了很高的销售绩效奖，而且可以组建自己的营销团队，领导自己的团队进行推销。如果团队绩效良好，除了自己推销的绩效奖金之外，保险推销团队的领导者还能从团队业绩中拿到一笔不菲的奖金。看到日益高涨的业绩和随着业绩高涨的收入水平，张华东踌躇满志，暂时放弃了自己独立创业的想法，招募了四名推销员，组建了自己的团队，准备将保险推销业务继续提高到一个自己满意的水平。

对于自己团队的管理，张华东参考了公司的管理模式，将团队业绩按比例分配给每一位团队成员，团队成员各自推销自己的业务。张华东为了激励自己的团队成员创造更好的业绩，还许诺将保险公司的按团队业绩分配给自己的绩效奖励中拿出一部分分给团队成员。这样，按照公司的绩效评估标准，团队成员在完成销售业务的情况下也能拿到一笔不错的奖金。

团队成员在张华东的指导和激励下，业绩突飞猛进，看起来似乎一切都朝着不错的方向发展。然而3个月后，张华东和他的团队面临了一次重大的危机。张华东团队的一名推销员销售的保单，客户出险后却发现不能理赔，直接投诉到了总公司，并且声称要起诉保险公司。调查之后发现，是该推销员为了争取销售业绩，在向客户推销时隐瞒了重大的免责条款，导致客户出险后不能理赔，张华东和他的团队随之遭到了公司严厉的处罚。

推销员为了业绩误导客户，难道绩效管理出错了？什么是业绩考核，什么是绩效评估，什么是绩效管理？张华东不得不认真思考了。

（资料来源：根据相关资料整理）

思考题：

请帮助张华东思考以上问题，并给出你的答案。

任务二　团队绩效管理流程设计

任务引入

一般而言，绩效管理流程是一个完整的系统，它由绩效计划、绩效管理、绩效评估、绩效反馈、绩效改进五个环节构成，完整的团队绩效管理流程也包括以上五个环节。绩效管理流程的设计，即合理安排以上五个环节相互之间的联系及工作先后次序与责任岗位的界定，确保绩效管理活动顺利进行。合理的设计团队绩效管理流程，决定了团队绩效管理是否能准确、顺畅地运行，对于直观地提高团队绩效，具有决定性意义。

一、任务要求

认真阅读给出的案例，着重研究该公司在绩效管理流程方面存在的问题。

二、任务分析

管理流程是指企业内部发生的某项业务从起始到完成，由多个部门、多个岗位、经多个环节协调及顺序工作共同完成的完整过程。简单地讲，管理流程就是一组输入转化为输出的过程。团队绩效管理流程，即要确定在该项管理活动中，各相关部门、各相关人员，包括绩效管理主体和绩效管理对象相互之间的关系、工作顺序和工作结果。

三、实施准备

1. 材料准备：A 公司的新考评案例。
2. 场地准备：能分组讨论的教室。
3. 学生约 6 人一组，确定管理员（组长）分工协作。

四、实施步骤

1. 阅读案例《A 公司的新考评》。
2. 分组讨论案例后的问题，并由组长整理本小组观点。
3. 各小组派出代表陈述本小组的理解。
4. 教师总结各小组观点，并进行点评。

相关案例 · A 公司的新考评

A 公司已有 20 年的历史，年营业额在 12 亿元左右。但以往的考评内容一成不变，流于形式，不能真实地反映员工的工作绩效。因此，人事部门全面修订考评制度，重新编制了考评表。2010 年起，新的考评制度开始实行。公司对普通员工的考评分为自我考评、上级考评和人事部门考评，对部门经理的考评分为自我考评、上级考评、人事部门考评和下级考评。

每月初，部门经理在员工考核表上列出员工本月应当完成的主要工作，将考评表发给员工。考评表除了列出本月的工作要求外，还有固定的考评项目，如工作态度、工作品质、纪律性、协调能力、团队精神等，每项都注明了含义和分值。考评项目满分为 100 分，月末员工填写考评表为自己打分，交部门经理。部门经理在同一张考评表上为员工打分，交给人事部门。人事部门对员工进行最终的考评和分数汇总，并向员工通报当月的考评成绩。如果员工对考评结果有疑问，可直接向人力资源部反映。

普通员工的考评自评占 30%，人事部门评分占 10%，部门经理评分占 60%。部门经理的考评自评占 30%，下级评分占 20%，人事部门评分占

10%，上级评分占40%。考评结果应用于薪酬、晋升、培训等各方面。（有删改）

（资料来源：2006年5月人力资源管理师二级试题）

思考题：

1. 请指出案例中体现了考评制度设计的哪些内容。
2. 请指出案例中该公司在绩效管理方面存在的主要问题。
3. 针对该公司在绩效管理中存在的问题，提出你的解决方案。

五、效果评价

对学生学习过程及完成质量给予评价（见表6-3）。小组成绩主要考核团队整体完成情况，个人部分主要考核个人执行情况。

表6-3 团队绩效管理流程设计实训评价表

小组序号：			学生姓名：　　　　学号：		
小组成绩（教师评价或小组互评）			个人最终成绩		
任务及标准	满分	得分	项目及标准	满分	得分
案例理解情况	10		小组分解得分	40	
小组讨论过程	10		个人参与讨论情况	20	
观点价值	10		代表发言陈述	20	
观点表述	10		讨论发言	20	
合计	40		合计	100	
评价者：			评价者：		
评价时间：　　年　　月　　日			评价时间：　　年　　月　　日		

六、点评交流

流程决定效率，流程影响效益。好的工作流程能够使企业各项业务管理工作良性开展，从而保证企业的高效运转；相反，差的工作流程则会使问题频出，出现部门间、人员间职责不清、相互推诿等现象，从而造成资源的浪费和效率的低下，绩效管理的流程设计亦是如此。案例分析的关键在于使学生对绩效管理的认识从理论走向实际，从概念走向具体的应用环境。

相关知识

一个完整的团队绩效管理体系包括绩效计划、绩效实施、绩效评估、绩效反馈与面谈以及绩效结果的输出应用。团队绩效评估作为绩效管理的核心，将在下一节详细介绍，此处仅介绍计划、实施与反馈的过程。

一、团队绩效计划

计划是行动的先导，没有绩效管理计划，工作起来东走西顾，不得要领。团队绩效的计划主要内容是确定评估指标和选择评估方法。

（一）确定团队目标

制订团队绩效计划时，首先要依据企业经营战略和顾客需求确定团队目标，根据团队目标确定团队的策略，为开发考核标准提供依据。其次要分析现有的组织目标和关键业绩指标，看在这些目标中团队能够影响的指标有哪些。最后要对组织绩效考核指标进行分析，看团队如何帮助组织实现这些指标。

（二）确定团队绩效测评维度

确定团队绩效测评维度，通常采用以下六种方法：

1. 利用组织绩效目标来确定。该方法最适用于那些为了帮助组织改进绩效目标而组建的团队。组织的绩效目标体现在压缩运转周期、降低生产成本、增加销售额、提高客户的忠诚度等方面。通过以下步骤可以确定能够支持组织实现目标的团队绩效测评维度。

（1）首先界定几项团队可以影响的组织绩效目标。

（2）如果团队能够影响这些组织绩效目标，接下来就要回答这样一个问题："团队要作出什么样的业绩才能有助于组织达到其目标？"

（3）把这些成果细化为考核指标，并以它们为基础进行团队绩效考核。

2. 利用业绩金字塔来确定。业绩金字塔的出发点首先是要明确绩效的层次。组织必须创建这些绩效指标并选择那些能够把团队和组织目标紧密联系起来的绩效指标。把团队绩效和组织绩效紧密联系起来就能保证团队的成功，并将会有利于整个组织。可以通过回答以下有关工作成果的问题来构筑企业的绩效金字塔。

（1）什么是整个组织的宗旨或功能，组织需要什么样的绩效产出？

(2)需要什么样的绩效水平来支撑组织绩效的产生?

(3)这些绩效中哪几项是团队负责创建的?

如果创建的绩效金字塔是为整个组织而建立的,那么,只有金字塔内的某些部分才是团队需要对此负责的。通过对金字塔的观察,团队可以确定应当负责哪几项成果。

什么时候使用绩效金字塔来确定团队绩效考核维度呢?当团队的绩效目标是组织大的绩效目标中的一个小的组成部分时,可以采用此方法来确定团队绩效考核的维度。

3. 利用工作流程图来确定。工作流程图是描述工作流程的示意图。工作流程贯穿于各个部门之间,是向客户提供产品或服务的一系列步骤。用工作流程图来计划工作流程,并把它作为确定团队绩效的考核维度的工具有三点好处。

(1)把质量与流程改良计划和绩效管理联系起来。

(2)那些有清晰工作流程的团队能够对其在工作流程方面的有效性进行测评。

(3)对工作流程进行计划可以确定简化和重新设计流程的机会,从而形成更好的工作流程。

那么,怎样使用工作流程图来确定团队绩效的测评维度呢?从工作流程图中,至少可以提取三个内含的绩效考核指标。

(1)向顾客提供的最终产品。

(2)整个团队应负责的重要的工作移交。

(3)整个团队应负责的重要的工作步骤。

工作流程图法适用于当团队的工作具有清楚、明确的工作流程时。

4. 利用客户关系图确定。要描述团队的客户以及说明团队能为他们做什么,最好的办法就是画一张客户关系图。如图 6-2 所示。这张图能够显示出团队、提供服务的内外客户的类型以及客户需要从团队获得的产品和服务。也就是说,该图能够显示出团队及其客户之间的“连接”。

当团队的存在主要是为了满足客户的需求时,最理想的方法是采用客户关系图法。团队必须要考虑客户对团队的需求,客户的需求是团队绩效测评维度的一个主要来源。客户就是那些需要团队为其提供产品和服务并帮助其工作的人,既可以是组织内部的同事,也可以是组织外部的顾客。

5. 利用关键业绩指标(Key Performance Indicator, KPI)来确定。在为

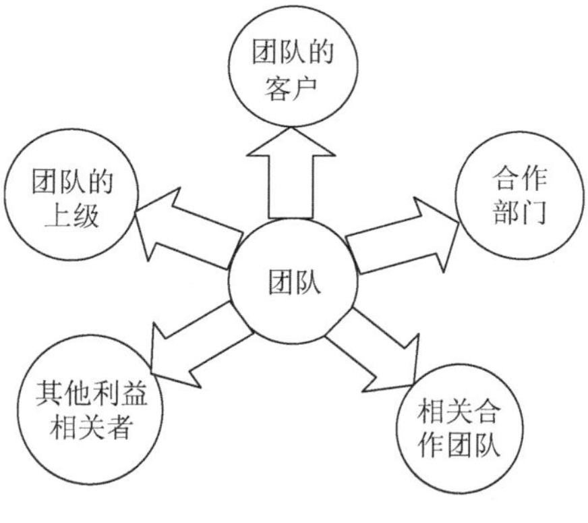

图 6-2 团队客户关系图

团队选择 KPI 时，首先，确定企业战略下团队的目标，据此确定团队整体绩效测评维度；其次进行各个维度下 KPI 的解析，确定每个维度的内容及目标实现的标准；最后，根据 SMART 原则来选择具体的关键业绩指标。SMART 原则即具体的（Specific）、可衡量的（Measurable）、可达到的（Attainable）、现实的（Realistic）、有时限的（Time-based）。

6. 利用平衡计分卡来确定。平衡计分卡不仅可以用于企业、部门和个人的考核，同样也可以用于团队的考核。可以从以下四个方面来建立团队的平衡计分卡。

（1）上级角度：该团队所承担的共同目标是什么？实现了这个共同目标，也就达到了该团队的关键绩效。

（2）协作角度：团队成员是以什么样的运作方式来开展工作的？

（3）职责角度：团队的职责是什么，团队工作标准是什么？

（4）培训学习角度：怎样持续应对变化而创造价值；利用培训等手段，如何达到成员间能力的互补？

（三）界定个人绩效考核维度

根据团队绩效的定义，团队绩效考核不仅要对团队整体绩效进行考核，还需要对团队成员个人绩效进行考核。团队中成员都希望知道自己的绩效水平如何以及自身对于团队的贡献如何，因此需要对团队成员的个人绩效进行考核。对团队成员个人绩效进行考核可以发现团队中绩效优秀者，以便对其进行奖励；同样可以发现在团队中绩效不佳的员工，以便团队能够采取有效的措施帮助其改进绩效。既然要对团队成员的个人绩效进行考核，那就需要确定个人绩效考核的维度。在进行个人绩效考核维度设计时，可以使用前面介绍的绩效考核方法，如个人平衡计分卡、个人 KPI 等。除此之外，还可使用“角色—业绩”矩阵来界定团队成员个人绩效的考核维度。

“角色—业绩”矩阵是用来确定团队成员为了确保团队目标的实现所必须作出业绩的一个表格，同时它明确了各团队成员在为团队作贡献时所扮演的角色。在“角色—业绩”矩阵内，团队各项绩效维度列于表格横轴，团队成员则排在表格的纵轴。中间每个方格是团队成员为了支持团队业绩而必须创造的个人业绩(如表 6-4 所示)。

表 6-4　角色—业绩矩阵

团队绩效 团队成员	团队绩效维度 1	团队绩效维度 2	团队绩效维度 3	团队绩效维度 4
团队成员 A	个体绩效			个体绩效
团队成员 B		个体绩效		
团队成员 C			个体绩效	

(资料来源：徐芳，《团队绩效测评技术与实践》，中国人民大学出版社 2003 年版)

(四) 分配考核维度权重

权重反映了每项成果的重要程度，不仅仅是所消耗的时间长短，而且有助于团队更加有效地利用时间。当团队进行个人的任务分配时，权重有助于团队成员了解每项任务的重要程度。

确定权重的方法有专家定权法、历史资料法、数据分析法等。专家定权法是由相应的行业和领域内造诣较深的专家依据自己积累的经验来确定权重。历史资料法是根据历史资料的记载，按每种指标调查结果的重要程度赋予相应的权重。数据分析法是从实际数据出发来确定权重，具体包括平均赋值法、主要成分法、因子分析法等。权重分配完成以后，应反映各项绩效维度的相对重要性。

在团队绩效考核中，权重分配的方法如下：

1. 决定在整个 100％的权重中，应该将多少比例分配给团队绩效，将多少比例分配给个人绩效。为了在团队整体绩效和团队成员个人绩效之间进行有效的权衡，一般给予团队整体绩效较高的权重，具体可根据实际情况而确定。

2. 把所有的团队权重在团队绩效维度范围内进行分配，把所有的个人权重在个人绩效维度范围内进行分配。

3. 分配权重时，应根据各项业绩对组织的重要性而非所花费的时间来分配权重。权重通常以50%为增量。

4. 权重分配完成以后，应确保能反映团队成员对各项测评维度相对重要性的看法。

（五）确定考核要素

对团队绩效进行考核时，确定考核要素十分重要。考核要素是用来评定每项业绩做得如何的衡量标准，分为一般性要素与具体性要素两类。对团队进行绩效考核时，常见的要素有四个：数量、质量、成本和时效性。

1. 数量：数量的多少、比率或总量。如每年服务的顾客数、每月的客户投诉数量、每周开展的项目数等。

2. 质量：质量的好坏、准确程度、完整性或原创性。如差错率、返工率、准确无误的订单占全部订单的百分比等。

3. 成本：成本的高低，或是团队成员完成工作须执行的成本指标。如预算金额、前一阶段节省的费用、预算变动的百分比等。

4. 时效性：何时达到某些绩效目标，或必须达到某些绩效目标的最后期限。如完成任务所需要的天数、两周之内作出响应的百分比等。

一般性的考核要素指通常情况下什么是一项业绩的重要因素。具体性的考核要素指业绩中那些需要进行进一步跟踪的部分。具体性考核要素可以确定数量、质量、成本和时效性标准如何得到满足。具体性的考核要素共有两种表述方式：定量化和定性化。定量化考核要素使用数字来考核业绩，主要明确需要进行跟踪的指标。定性化考核要素使用文字来考核业绩，主要明确将由谁来判断绩效和需要考核的要素。

（六）分解绩效考核指标

如果考核要素是用来判断团队或团队成员绩效的标尺，那么绩效指标就好比标尺上的制度，可以用来表示绩效等级。要素是考核的内容，而绩效指标则是所要求达到的程度。

团队绩效考核指标有两种：

1. 定量化指标：主要考虑“希望生产的数量是多少”或“为了帮助组织达

到目标，必须达到什么样的绩效水平”。将绩效指标确定一个范围，最高标准是某些业绩优秀者或业绩优秀的团队经过努力可以达到的绩效，最低标准则代表管理者认为可以接受的水平。

2. 描述性指标：考虑“对于每一个要素，哪些判断依据表明工作达到了预期的目标”，或“哪些判断依据表明顾客认为达到了预期的目标”。列出判断依据、因素并为每一个因素设置符合规定的工作。

二、团队绩效管理实施

团队绩效管理既要测评团队整体绩效，对团队整体绩效进行管理，也要考核团队成员个体绩效；既要强调工作过程，也要重视团队行为的结果。这样，才能详细地描述、考核和诊断团队的绩效，从而制定具体措施纠正错误，改进团队成员及团队的整体业绩(如图 6-3 所示)。

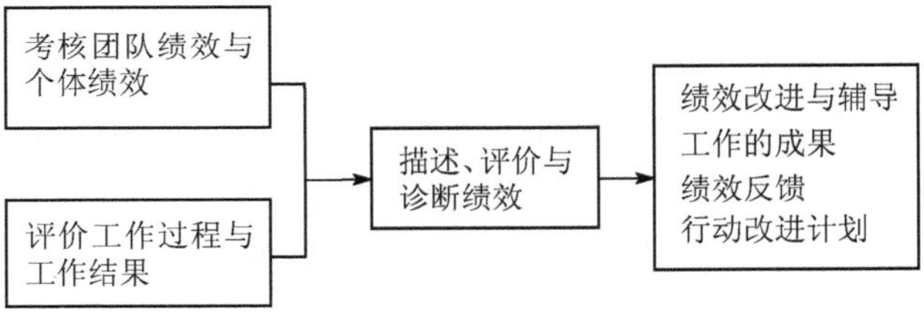

图 6-3　团队绩效考核的实施

对团队绩效考核的主要目的是改进团队的绩效，在对团队成员实施测评后，团队领导必须与团队成员进行绩效面谈。绩效面谈是团队经理和团队成员共同针对绩效考核结果所作的面对面的沟通与实施，共同分析在实现绩效目标过程中产生各种问题的原因，找出解决这些问题的办法。同时通过绩效面谈，可以为团队成员制订未来发展的规划与目标，制订下一个阶段的行动计划。团队绩效的改进是通过三大体系来确保工作态度、行为及工作业绩的不断改进，图 6-4 描述的即为团队绩效改进系统。

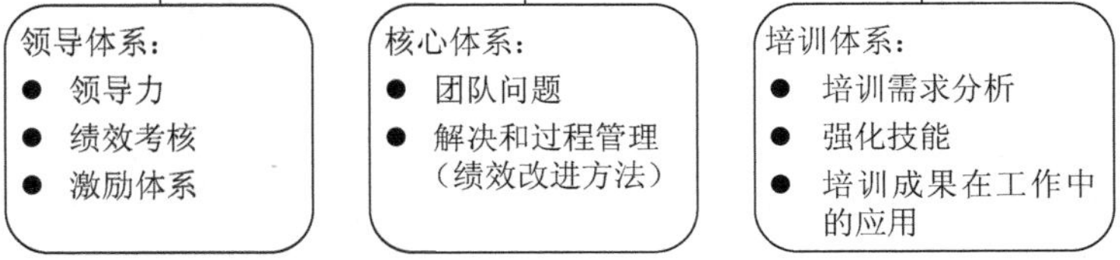

图 6-4　团队绩效改进系统

团队绩效管理实施中，一个重要的环节是团队绩效数据的收集。团队绩效数据来源可以是现有的各种报表数据，也可以是实际调查收集的数据。收集数据是团队绩效考核中的重要环节。

首先，数据是绩效考核的事实依据。绩效考核结果的判定需要明确的事实依据作支撑。尽管初期确定的工作目标可以反映一些问题，但不足以完全证明员工按照规程、制度进行了操作。收集数据和记录，可以作为对团队成员进行绩效诊断和绩效考核的重要依据。

其次，有助于诊断团队成员的绩效。对绩效信息的记录与收集可以使团队积累一定的关键事件。通过这些信息或关键事件，可以诊断员工的绩效，找出潜在的问题，以帮助员工改进。

最后，为绩效改进提供依据。收集数据和观察团队成员绩效的目的是为了解决问题、提高绩效。但是要解决问题必须要知道两件事，即存在什么问题和是什么原因引起了这个问题。如果笼统地对团队成员讲，你“沟通能力欠缺，需要改进”，员工可能不会在意，更不清楚应如何改进。

对于团队绩效资料的收集，最好由团队来完成，因为团队所了解的信息是准确的；由团队收集资料能够保证团队及其成员获得及时的反馈；可以为团队领导节省时间。

当出现数据收集要中断工作流程和需要太多时间、只有团队以外的人才能确认工作的完成或者考核尺度需要团队成员以外的人来掌握等情况时，才需要团队以外的人来收集数据。

三、团队绩效反馈与提升

绩效评估的目的在于鼓励、帮助员工，实现团队目标。须知，评估不是目的，通过绩效评估，发现团队及团队成员存在的问题以及积累的经验，对存在的问题及时加以解决，对获得的经验在团队中及时总结和分享，不断提高团队绩效，才是团队绩效评估的目的。

作为被评估对象，出于工作岗位的不同，员工在绩效评估中常常处于信息劣势，如果没有及时、有效的绩效反馈，员工对组织、团队对自己的期望与帮助无从知晓，无法做出有利于信息双方的合理行为，那么绩效评估就会流于形式，实现团队目标和团队成员发展就会成为一句空话。

（一）绩效反馈中的信息不对称

在实行MBO（Management By Objectives，目标管理）的团队、组织中，无论是绩效目标的设立还是绩效标准的制订，都需要员工的积极参与，使员工的个人目标与团队目标、组织目标在整体上保持一致，令其通过努力实现个人目标，并确保组织目标的达成。在绩效评估流程中，尽管实行了员工自我评估，但作为被评估对象，员工总是处于不完全信息环境中。员工对岗位职责、个人努力程度、劳动输出的了解是比较完全的，至于主管是否了解员工的实际工作绩效、绩效目标的达成度、绩效评价的结果，员工却无从得知。所以如果没有员工绩效信息的反馈，可以说在实行MBO绩效管理中，员工与主管之间在绩效评估中存在着信息不对称的情形。即使在绩效评估之后进行信息反馈，员工与主管之间对反馈的时间、地点、方式、程序、气氛、内容等方面，总存在信息不对称的情形。由于劳动分工和专业化程度不同是信息不对称性存在的决定因素，很明显，员工作为被评估对象，作为下属，在信息不均衡分布的环境里，是处于信息劣势的。

根据信息不对称理论，处于信息优势的一方在双方的交往活动中，往往处于控制、主导地位。乍一看，这对于主管加强对员工、下属的控制似乎是有利的。而员工作为处于信息劣势的一方，由于缺乏对交往活动的认识、信息渠道不畅、获取信息不足，常常会做出非理性的行为选择，破坏与主管达成的绩效契约，妨碍个人目标甚至部门、团队目标的实现。所以无论是事前信息不对称还是绩效反馈中的信息不均衡分布，对于团队管理、提高绩效都是有害的。

为了逐步达成双方的信息对称，提高员工绩效，实现组织目标，在绩效评估末期进行考评沟通或者考评结果的反馈是必不可少的。

（二）绩效反馈的有效性条件

在绩效反馈中，主管首先得理解团队及团队成员在工作中的行为及其对考核结果的反映，可以把握团队、团队成员需要得到什么样的反馈及自己该反馈什么信息。例如，根据团队成员关注度的不同，将团队成员分为三个不同的层次。第一层次是总体任务过程的层次（或称自我层次）。在这个层次上，团队成员关心的问题是：我做的工作怎样能够为团队发展作出贡献，我在团队中的位置是什么，对自己提出了什么样的要求。第二层次是任务动机层次，该层次的团队成员关心的是他所执行的工作任务本身：这项工作怎么做，有没有更好的办法来完成这项任务。第三层次，即最低层次，是任务学习层次，团队成员关注工作执行过程中的细节和员工的具体行动，如主管告知一位该层次的秘书接电话的态度有待改进时，她会追问："我哪句话说得不对，你说我该说什么话，我就是这个语气怎么办"。

对于层级越高的团队成员，对信息反馈的要求高，接受传递的信息就越快，他改变自身行为也就越快，相应地他的关注层次会随之提高。这样的反馈面谈就能产生更令人满意的效果，所以设法提高团队成员关注的层次，既是绩效反馈面谈的一个重要目标，又是绩效面谈的一个重要结果。

（三）反馈面谈的 SMART 原则

由于组织内存在岗位分工的不同和专业化程度的差异，所以在主管与员工之间存在着信息不对称的情形，为了不断提升员工关注的层级，努力实现组织内评估双方的信息均衡分布，在主管与员工之间进行反馈沟通应该是经常的、及时的，并应该遵循 SMART 原则。

S—Specific：面谈交流要直接而具体，不能作泛泛的、抽象的、一般性的评价。对于主管来说，无论是赞扬还是批评，都应有具体、客观的结果或事实来支持，使员工明白哪些地方做得好，差距与缺点在哪里。既有说服力又让员工明白主管对自己的关注。如果员工对绩效评估有不满或质疑的地方，向主管进行申辩或解释，也需要有具体客观的事实作基础。只有信息传递双方交流的是具体准确的事实，每一方所做出的选择对另一方才算是公平的，评估与反馈才是有效的。

M—Motivate：面谈是一种双向的沟通，为了获得对方的真实想法，主管应当鼓励员工多说话，充分表达自己的观点。因为思维习惯的定向性，主管似乎常常处于发话、下指令的角色，员工是在被动地接受；有时主管得到的信息不一定就是真实情况，对于下属迫不及待的表达，主管不应打断与压制；对员工好的建议应充分肯定，也要承认自己有待改进的地方，一同制订双方发展、改进的目标。

A—Action：绩效反馈面谈中涉及的应是工作绩效，是工作的一些事实表现，员工是怎么做的，采取了哪些行动与措施，效果如何，而不应讨论员工个人的性格。员工的优点与不足都是在工作完成中体现出来的，性格特点本身没有优劣好坏之分，不应作为评估绩效的依据。对于关键性的影响绩效的性格特征需要指出来，必须是出于真诚的关注员工与发展的考虑，且不应将它作为指责的焦点。

R—Reason：反馈面谈需要指出员工不足之处，但不需要批评，而应立足于帮助员工改进不足之处，指出绩效未达成的原因。出于人的自卫心理，在反馈中面对批评，员工马上会做出抵抗反应，使得面谈无法深入下去。但主管如果从了解员工工作中的实际情形和困难入手，分析绩效未达成的种种原因，并试图给以辅助、建议，员工是能接受主管的意见甚至批评的，反馈面谈也不会出现攻守相抗的困境。

T—Trust：没有信任，就没有交流，缺乏信任的面谈会使双方都感到紧张、烦躁，不敢放开说话，充满冷漠、敌意。而反馈面谈是主管与员工双方的沟通过程，沟通要想顺利地进行，要想达到理解和达成共识，就必须有一种彼此互相信任的氛围。主管人员应多倾听员工的想法与观点，尊重对方；向员工沟通清楚原则和事实，多站在员工的角度，设身处地为员工着想，勇于当面向员工承认自己的错误与过失，努力赢取员工的理解与信任。

(四) 面谈反馈技巧

在面谈中应把握以下技巧：

1. 时间、场所的选择。避开上下班、开会等让人分心的时间段，与员工事先商讨双方都能接受的时间，远离办公室，选择安静、轻松的小会客厅，双方成一定夹角而坐，给员工一种平等、轻松的感觉。实行什么样的开场白，往往取决于谈话的对象与情景，设计一个缓冲带，时间不宜太长，可以先谈谈工作以外的其他事，如共同感兴趣的某一场球赛，上下班挤车的情形，孩子的学习等，拉近距离，消除紧张，再进入主题，“好的开始是成功的一半”。

2. 认真倾听员工解释。面谈中主管常犯的错误是喋喋不休，连指责带命令，这样只会使面谈成为只有一个听众的演讲，而没有信息的交流。调查表明即使主管听了员工的谈话也至多只记了对方不足30％的内容，所以主管应尽量撇开自己的偏见，控制情绪，耐心地听取员工讲述，并不时地概括或重复对方的谈话内容，鼓励员工继续讲下去，这样往往能更全面地了解员工绩效的实际情况，帮助分析原因，这也是面谈得以成功的重要基础。

3. 为了员工更多地表达对绩效的看法，主管应多提一些开放性的问题激起员工的兴趣，排除员工戒备心理，慢慢调动员工的主动性。称赞员工多用“你们”、批评时用“我们”，这样的沟通方式很容易让人接受，如“你们9月份开发的项目，顾客非常感兴趣，董事会也注意到了”、“我们对产品的市场调查还不够，只做到了40％”。

4. 善于给员工下台阶。面谈中，员工有时已清楚自己做得不好，在主管给出了具体的事例与记录后，却不好意思直接承认错误，主管就不要进一步追问，而应设法为对方挽回面子，可以这么说：“我记得以前这一项你们做得相当棒，这次可能是大意了”，员工会随口说“是啊，是啊”，这样，一方面给员工搭了个“台阶”，使其对主管心存感谢，同时又引导员工承认自己的不足，可谓一举两得。

5. 以积极的方式结束面谈。如果面谈中的信任关系出现裂痕，或由于其他意外事情打断，应立即结束面谈，不谈分歧，而肯定员工的工作付出，真诚希望对方工作绩效有所提高，并在随后的工作中抽空去鼓励员工，给以应有的关注。如果面谈顺利实现了信息沟通，主管要尽量采取积极的令人振奋的方式结束，或紧握员工的手，或拍拍对方的肩，语气亲切而诚恳地说：“所有的问题都能解决，真令人高兴”，或“辛苦了，好好干吧”，这可以使面谈更加完美。

不管反馈面谈在什么时间、场所，以何种方式进行，过去的行为已不能改变，而未来的业绩与发展则是努力的目标。面谈反馈应尽量传递给员工鼓励、振奋的信息，使员工摆脱信息劣势，与主管一道以平等、受尊重的心态制订下一个绩效期的发展目标与可行方案，实现组织目标与员工个人发展，这才是绩效反馈面谈的最大成功。

任务二案例介绍

王经理的烦恼

眼看 2006 年就要结束，瑞新科技股份有限公司软件开发部的王经理接到了人力资源部的一叠业绩考核表格，要求在年底前完成对本部门员工的业绩评估和考核工作。这使他又想起了去年年底那段不愉快的经历。

去年年终考核，软件开发部共有 3 名员工得了“优秀”，7 名员工“合格”，2 名员工“不合格”。考核结果出来后，按照人力资源部的规定，部门经理要做好绩效反馈工作。于是，王经理挨个找大家谈话。对于优秀员工自然好谈，合格的员工也还比较好说，可就这两个不合格的员工——小张和小周，着实让王经理头疼。小张的问题主要是工作很不主动，纪律性也比较差，经常迟到早退；小周人很聪明，工作能力也比较强，可就是不合群，孤芳自赏，总是用批判的眼光看待事物，缺乏团队意识，同事们也不喜欢和他合作。

和小张谈话的时候，话还没说到一半，小张突然哭了起来，抱怨说自己刚结婚，又正在装修房子，家务繁杂，所以工作没有以前那么努力了……她这一哭一闹，把王经理想说的话给憋了回去。和小周的面谈就更不愉快了，王经理的话没说完，小周就表示，自己不想干了，辛辛苦苦干了一整年，考核得个不合格，业绩奖金全泡汤了。第二天，小周就递上了辞呈。

回想去年的不愉快，王经理陷入了苦恼之中。长期以来，绩效面谈与反馈的重要性都被管理者忽视了。绩效管理应该是一个完整的流程，包括绩效计划（前馈控制）、绩效实施（过程控制）和绩效反馈（后馈控制）。如果没有实施有效的绩效反馈，即缺少了后馈控制的关键环节，绩效管理的效果可想而知。成功的绩效反馈让绩效管理不只具有单纯的监督业绩完成进度的控制功能，更具有帮助和指导企业和员工不断提升绩效水平的牵引功能；有效的绩效反馈也对管理者的反馈技巧和沟通能力提出了更高的要求。（有删改）

（资料来源：中国人力资源网，《灵活沟通、解决绩效反馈难题》，http://blog.hr.com.cn/html/11/n—2911/html/）

实训练习

联邦快递自下而上的绩效评价系统

下面是联邦快递调查反馈行动的自下而上绩效评价系统。

第一阶段给每位员工发放一份标准化匿名表格，搜集的信息包括：在雇员的工作环境中，哪些因素会促进或妨碍他们的工作，如我可以把我的想法告诉我的上级；我的上级告诉我他对我的期待；我的上级关注我的想法；上级管理者倾听我这一级员工的意见；联邦快递为我们的顾客提供了优良的服务；相对于我所从事的工作，我得到的报酬是公平的。然后人力资源部会把从某一工作群体中搜集的信息进行整理、汇总，提交给管理人员（为保证匿名性，对一些较小的工作单位一般不单独给出评价结果，而是汇总到一个较大的工作群体，人数达到 20—25 人后，才给出一个总的评价结果）。

第二阶段是管理人员及其下属工作群体之间的反馈面谈阶段，目的是确认雇员关注的事项以及所存在的问题，查找造成这些问题的原因，设计行动方案来解决这些问题。

第三阶段，即制订行动计划阶段，是一长串行动项目清单，指明了管理人员应当采取哪些行动和措施来解决雇员们所关注和提出的问题。包括：什么是雇员关注的问题？你对这些问题是如何分析的？导致这些问题的原因是什么？你应当采取哪些措施来解决这些问题？

（资料来源：陶金，《团队建设与管理》，暨南大学出版社 2010 年版）

思考题：

联邦快递的这种绩效评价系统的优点在哪里？

任务三　团队绩效评估方法

任务引入

绩效评估，又称绩效评价、绩效考评等，是一种正式的员工评估制度，它是通过系统的方法来评定和测量员工在职务上的工作行为和工作成果，是团队绩效管理的核心环节。团队绩效的评估包括团队整体绩效评估和团队成员绩效评估两个层次。

一、任务要求

认真阅读给出的案例，着重研究该公司在绩效评估方法及评估对象应对措施方面存在的问题。

二、任务分析

绩效评估与绩效管理既有联系又有区别。绩效评估是绩效管理的重要组成部分，但绩效评估与绩效管理又有明显的区别。正确认识绩效评估的含义和方法，对于绩效管理的正常实施具有决定性意义。

三、实施准备

1. 材料准备：《某企业的绩效管理》案例。
2. 场地准备：能分组讨论的教室。
3. 学生约 6 人一组，确定管理人员（组长），分工协作。

四、实施步骤

1. 阅读案例《某企业的绩效管理》。
2. 分组讨论案例后的问题，并由组长整理本小组观点。
3. 各小组派出代表陈述本小组的理解。

4. 教师总结各小组观点，并进行点评。

相关案例 · 某企业的绩效管理

某家公司通过渠道销售产品，一位区域销售总监负责的市场没有迅速扩张，销售状况很不理想。年底前，所有的主管都紧张起来，因为一旦不能完成任务，整个团队的利益都要受到损害。

这位总监与自己信赖的下属们紧急商量对策，形势逼迫之下，唯一可行的方法就是让经销商多进货。于是公司放松了信用额度的控制，向经销商提供优惠的付款条件和价格，鼓励经销商大量进货——在最后的两个月内，经销商囤积了相当于平常半年销量的货品。

最后当年的销售任务勉强算是完成了，但是由于市场上需要很长时间消化囤积的产品，经销商难以按时结账，导致应收账款超出了正常的范围。但是应收账款仅占总经理考核指标的10%，牺牲了这个指标，总体KPI得分并没有受到严重的影响。这位总监成功地渡过了难关，但也知道了以后工作的难度，后来经过活动调到另外的部门去了。

（资料来源：付遥，《业绩腾飞》，北京大学出版社2005年版）

思考题：

1. 前任总监为什么要这么做？
2. 新任总监将面临什么问题？

五、效果评价

对学生学习过程及完成质量给予评价（见表6-5）。小组成绩主要考核团队整体完成情况，个人部分主要考核个人执行情况。

表6-5　团队绩效评估方法实训评价表

小组序号：			学生姓名：　　　　学号：		
小组成绩（教师评价或小组互评）			个人最终成绩		
任务及标准	满分	得分	项目及标准	满分	得分
案例理解情况	10		小组分解得分	40	
小组讨论过程	10		个人参与讨论情况	20	

续　表

小组序号：			学生姓名：　　　　学号：		
观点价值	10		代表发言陈述	20	
观点表述	10		讨论发言	20	
合计	40		合计	100	
评价者：			评价者：		
评价时间：　　年　　月　　日			评价时间：　　年　　月　　日		

六、点评交流

绩效评估作为绩效管理的核心过程，在团队绩效管理中起着决定性作用。绩效评估指标设计的好坏，往往决定着绩效评估的成败，如何根据组织、团队的目标，设计合理的团队绩效评估指标，是绩效管理的重中之重。

相关知识

有效的团队绩效评估是整个团队绩效管理的核心内容。对于团队领导者来说，应该意识到对团队成员的考核必须是全面的，并且是一个连续不断的过程，而不是每年只有一次，这一点非常重要。

由于团队组织与传统组织在形态、运作方式、权责范围、目标要求等方面有许多区别，所以团队绩效评估有它自己的特色。一般来说，一个部门越独立，它就越有权力独享自己的工作成绩，但对于团队来说，由于要与其他部门一起工作，所以团队中的个体与团队这个整体很难被分割开。进行团队绩效评估时，首先需要明确的一点就是团队的整体性，它的成绩是集体智慧的结晶，是靠大家的力量共同完成的。集体智慧如何与个人考核相结合，是一个比较复杂的问题。大部分企业，或者说传统上的考核方式，更看中的是对个人工作的考核，但要使团队成员齐心协力地工作，在许多企业中，也出现了对团队整体共同考核的趋势。

团队考核并不像想象的那样，可以简单地通过考核团队目标的实现情况来判断团队的工作成效。尽管从工作上看，两个团队取得了一样的结果，但是并不表示两个团队是一样的。团队是否有活力，能否长远发展并不断自我更新，团队的内部运营机制是否有效，并不能从一个工作结果中得出。对团队的绩效评估，根本上在于充分调动团队成员的积极性，从而提高团队整体的绩效。

一、团队绩效评估体系

在进行有效的团队绩效评估体系的设计过程中，特别需要考虑绩效评估的对象、数据来源、内容、操作过程、频度以及道德风险等一系列问题。

（一）绩效评估的对象

绩效评估的对象是个体成员还是整个团队？实践表明，如果没有认同个体的努力，仅仅评估团队的结果、行为或能力，可能造成团队懒散现象，即个体由于参与团队工作而使其工作效率比自己单独工作时的大大降低，滋生“吃大锅饭”的思想；而个体层面的绩效评估却会很容易忽视优秀团队的互动和协同效应。团队的绩效评估应该给整个团队传达这样一个信息：必须认识到团队里的问题以及团队成员共同开发团队的能力。团队的绩效评估可以提高团队成员的自豪感和所有感，并不断提高团队成员的认同感等。

（二）绩效评估的数据来源

考核时的数据应该从哪里来，是否对所有类型组织的团队进行绩效评估时都要参照同样的信息？例如，很多人认为，360°绩效评估所提供的信息最具有效性。据调查，在《财富》杂志列出的全球 1000 家大公司中，超过 90％的公司在职业开发和绩效评估过程中应用了 360°绩效评估系统。然而，自 20 世纪 90 年代以来，360°考核却在遭受来自不同方面的批评。

（三）绩效评估的内容

绩效评估大致经历了基于结果、基于行为以及基于能力的评估发展过程，随着团队工作和员工参与以及 TQM（Total Quality Management，全面质量管理）等的引进，员工在工作中的角色也在不断拓展。目前经常强调的绩效评估的内容有：任务绩效（即关注任务的质量、数量等）、周边绩效（作为一个优秀的组织公民，其自身工作的外部——组织产生特定的任务之外的绩效）以及团队工作绩效（在问题解决和冲突处理过程中的相互配合、公开沟通、目标设定以及绩效评估中团队成员之间的合作等）。

员工的任务绩效主要对组织的核心技术过程有贡献；而周边绩效和团队绩效则对任务绩效的发生所处的组织的、社会的以及心理的背景有贡献。一般的绩效评估仅仅评估的是员工的任务绩效，而对员工的周边绩效和团队绩效关注得比较少。如果要使整个绩效评估具有战略性，仅仅评估结果是不行的，还应该注重对行为和能力等的评估，并且要使评估的结果、行为和能力等与组织战略和发展的方向一致。

（四）绩效评估的操作过程

绩效评估过程中谁执行评估、谁参与评估以及如何进行评估的问题，都会直接影响员工对绩效评估的公平感。

1. 谁执行评估？一些企业在实施绩效评估时，采用了360°绩效评估技术，但企业在选择评估者时往往走到了另一个极端，即各方面的评估者对每一个评估指标都要进行评估。其实，不同的评估者对不同的评估指标的了解程度是不同的，有的指标上级最了解，有的指标下级最清楚，还有的指标则是同级同事最有发言权。对某一具体的评估指标而言，让不了解该指标的评估者也参与对该指标的评估，其评估结果的有效性和可信度就会大打折扣。因此，不同的评估指标应由不同的评估者来进行评估，这样才是真正的360°绩效评估。同时，由于评估指标源于“岗位任务”和“岗位职责”，与评估指标的内容相对应的那个关系主体就是该指标最有发言权的评估者。

2. 谁参与评估？由于涉及评估的公平性，应该让员工参与对自己的评估过程，尤其是在对评估结果进行调整的过程中，更应该鼓励被评估人员的参与。

3. 如何进行评估？系统的绩效评估运作流程可以划分为以下五个步骤：(1)绩效评估标准体系的设计；(2)绩效评估的实施；(3)评估结果的分析和评定；(4)反馈评估结果及落实改进计划；(5)绩效评估结果的使用。这五个步骤是环环相扣的，其中任何一个环节出了问题都将直接导致绩效评估的失败。

（五）绩效评估的频度

一般认为，企业的绩效评估就好比机器设备的自我检测反馈系统，评估的频度越高，就越能及早地发现和解决问题。由于员工每个月的工作表现是不同的，评估在很大程度上受评估者近因效应的影响，因此，评估的频度过低会影响评估结果的客观性和准确性。根据心理学的研究成果，激励讲究及时性，否则激励的效果会以指数关系递减，随着评估频度的降低，评估激励的效果也将迅速下降。

具体来说，绩效评估的频度取决于企业经营的具体状况和企业管理的实际水平。有观点认为，一般情况下，每月评估一次是最佳的，最低不能少于每季度评估一次。目前，已有很多企业实现了月度评估，有的甚至还做到每周评估、每日评估。

二、团队绩效评估工具

团队绩效评估是团队绩效管理的核心内容。如何科学合理地设置绩效评估指标，则是团队绩效评估的难点和重点。目前常见的团队绩效评估指标体系的管理方法有：360°考核、目标管理法（MBO）、关键绩效指标（KPI）及平衡计分卡（BSC）。

（一）360°考核

360°反馈（360° Feedback），又称"360°绩效评估法"或"全方位考核法"，最早由被誉为"美国力量象征"的典范企业英特尔首先提出并加以实施的。360°绩效反馈是指从员工自己、上司、直接部属、同仁同事甚至顾客等全方位的各个角度来了解个人的绩效，绩效维度包括沟通技巧、人际关系、领导能力、行政能力等，通过这种理想的绩效评估，被评估者不仅可以从自己、上司、部属、同事甚至顾客处获得多种角度的反馈，也可从这些不同的反馈清楚地知道自己的不足、长处与发展需求，使以后的职业发展更为顺畅。

360°考核既可以作为团队成员个人绩效的管理方法，从其他团队成员、团队领导者、员工个人以及顾客、供应商等各个方面来全面评价个人的绩效，也可以作为团队绩效的考核方法，从组织内部其他团队、团队的客户、团队的供应商以及团队的上级主管和团队成员获得全方位的评价。表6-6是反映360°考核的一个例子。

表 6-6　360°考核表

姓名		职位	
评分标准	1—差;2—及格;3—中等;4—良;5—优秀		
上级考核 (权重:0.4)	业务推进能力		
	计划执行能力		
	洞察创新能力		
	表达沟通能力		
同级考核 (权重:0.3)	团队协作能力		
	创造良好工作氛围能力		
	业务能力		
下级考核 (权重:0.2)	驾驭全局能力		
	策划决断能力		
	培养项目成员能力		
客户考核 (权重:0.05)	服务态度		
	服务质量		
	交流能力		
自我考核(0.05)			
总分			

绩效考核中的一个变化就是采用多个考核者,取代过去仅由上级或者自己作出考核的方式。用 360°绩效考核法考核团队绩效就是通过不同的考核官(上级主管、同事、下属和顾客等),从不同的角度来考核,全方位、准确地考核团队及其成员的绩效。从多角度进行考核综合了多方面的因素,拓宽了团队及其成员的视野,让团队及其成员明白不仅要服务好外部顾客也同样要让企业内部顾客得到满足。

360°绩效考核把焦点放在团队及其成员的发展上,并努力使个人目标与组织团队、组织的目标协调一致,这一点大大优于传统绩效考核方式,并且有助于团队的健康成长,提高员工的满意度。随着组织的不断变革,团队或部门内的协作精神显得日益重要,而同事间的评价将有效地提高团队成员对共同目标的追求。

360°绩效考核对以团队配合为主要工作方式的企业十分重要，用360°方法对团队成员进行考核可以发现只讲求个性而不能与团队相容的成员。对于这样的成员，可以采取相应的方式进行改变，以提高团队合作能力，同时也可以让团队发现自身不足，探讨改进方法，不断提高团队绩效。

（二）目标管理法（MBO：Management by objectives）

目标管理的基础是充分相信人的积极性和工作能力。其功能在于通过目标的设置激发人的动机，指导人的行为，使个人的需要、期望与组织、团队的目标挂钩，以调动个人的积极性。目标管理的特点在于，它是一个团队与其成员之间双向互动的过程。在进行目标制订时，组织、团队及其成员都必须依据自己的经验和手中的材料，各自确定一个目标，然后进行沟通，找出之间的差距以及差距产生的原因，提出解决方法，然后重新确定目标，再进行沟通和讨论，直至取得一致意见。一旦目标被认可并确定下来，就必须严格地执行，并按照目标的要求进行定期考查和互相督促。一旦出现意外变动，应该立即进行沟通，以便根据实际情况对目标进行调整。在整个评估期内，组织或团队通过反馈的方式来监控员工达到目标的过程。在实施过程中，要坚持被考评者参与目标的制订，坚持个人目标与团队、组织目标有机结合，激发团队成员实现个人目标的责任感，并坚持自我评价和自我调整。

（三）关键绩效指标（KPI：Key Performance Indicator）

关键绩效指标是通过对组织内部流程的输入端、输出端的关键参数进行设置、取样、计算、分析，衡量流程绩效的一种目标式量化管理指标，是把企业的战略目标分解为可操作的工作目标的工具，是企业绩效管理的基础。KPI可以使部门主管明确部门的主要责任，并以此为基础，明确部门人员的业绩衡量指标。建立明确的切实可行的KPI体系，是做好绩效管理的关键。关键绩效指标是用于衡量工作人员工作绩效表现的量化指标，是绩效计划的重要组成部分。

KPI法符合一个重要的管理原理——“八二原理”。在一个企业的价值创造过程中，存在着“80/20”的规律，即20％的骨干人员创造企业80％的价值；在每一位员工身上“八二原理”同样适用，即80％的工作任务是由20％的关键行为完成的。因此，必须抓住20％的关键行为，对之进行分析和衡量，这样就能抓住业绩评价的重心。

基于KPI的团队绩效考核的思路是:依据企业的战略目标和客户的需求来确定团队的目标,据此确定团队整体绩效和团队成员个体绩效的考核维度,并分配不同的权重;然后进行各个维度下KPI的解析,确定每个维度的内容及目标实现的标准;最后根据SMART原则来选择具体的关键业绩指标。

在清楚界定各个层次团队的工作职责后,团队KPI指标提取应该遵循以下六个步骤的工作流程:

1. 由公司团队绩效管理专家组根据已经确定的团队工作职责初步提出同一层面各个团队的KPI。其中最重要的是KPI考评标准的确定。绩效评估标准是考评者通过测量或通过与被考评团队约定所得到的衡量各项考评指标得分的基准。制订绩效评估标准需要遵循以下五项原则:

(1)客观性原则:编制绩效评估标准时要以团队职责的特征为依据。

(2)明确性原则:编制的绩效评估标准要明确具体,即对工作数量和质量的要求、责任的轻重、业绩的高低做出明确的界定和具体的要求。

(3)可比性原则:对同一层次、同一工作性质团队的绩效评估必须在横向上寻求一致。

(4)可操作性原则:考评标准不宜定得过高,应最大限度地符合实际要求。

(5)相对稳定性原则:绩效评估标准制订后,要保持相对稳定,不可随意更改。

在初步提出团队KPI时,首先确定KPI的数量,一般主指标选择3—6项比较适当,不能追求面面俱到。KPI多了,看似详尽,事实上是胡子眉毛一把抓,失去了工作重点,也不符合“80/20”原则。其次需要确定每个指标的名称及子指标、各个指标的考评标准以及考评所需信息的来源及提供周期。最后进行指标的权重分配。

2. 由专家组成员分别与各个团队负责人(或者团队全体成员)就初步提出的KPI进行沟通,征求团队的意见,并将沟通成果整理汇总。在考评体系建立及指标确定过程方面与团队进行沟通,这有利于增强团队的责任心与团队成员的满意感。在沟通过程中,重点需要与团队确定考评指标的可行性及必要性。对一些需要考评但信息来源困难或难以衡量的KPI,需要用其他的指标来代替。例如,用户满意度指标,非常符合用户至上理念,是公司需要考评的重点,但事实上公司很难经常进行用户满意度调查,且这种调查得到的数据并不真实，这时我们可以考虑放弃这个指标，用其他容易衡量的指标代替，如客户投诉率、合同纠纷率等。这个沟通过程是取得团队认可和 KPI 考评实施的关键环节。

3. 召开相关团队共同开会讨论专家组整理汇总出来的团队 KPI。这个讨论沟通过程是一个平衡与互相制约的过程。由经常性发生工作联系的相关团队共同讨论各个团队的 KPI。只有上下游的团队才知道最应该考评这个团队的关键环节，由他们来担当裁判，分别对每个团队的 KPI 进行评价与平衡，能保证 KPI 的相对公平性。通过这种开放式、多角度、多思维地讨论各个团队的 KPI，能够保障公司战略发展目标的顺利实现。

4. 由专家组整理出不同职系团队的标杆 KPI。专家组根据团队讨论结果，选取相对合理、比较完善的一两个团队作为标杆。对于不同的职系，需要分别选出一个标杆，例如职能管理团队，选取一个提取 KPI 相对最好的团队作为标杆；对业务型团队，同样选取一个相对最优的团队 KPI 作为标杆。

5. 参照标杆团队 KPI，由团队主管领导与团队负责人共同协商确定本团队的 KPI。标杆团队 KPI 实际上是公司对团队绩效评估的导向，而由主管领导与团队负责人参照标杆共同协商本团队的 KPI，就是一个考评者与被考评者博弈的过程，通过这个过程有利于增强公司对团队工作行为及结果的导向。同时在沟通协商过程中，还能增进上下级间的了解，达成对团队绩效评估的共识，为下一步团队绩效管理奠定了良好的基础。

6. 由高层领导班子成员，即公司绩效评估委员会在公司范围内讨论确认各个团队的 KPI。在各个团队与主管领导协商确定 KPI 的基础上，召集公司层面的高层班子成员对各个团队的 KPI 进行的讨论，是公司层面对各个团队的 KPI 全面性及平衡性的审核过程。审核内容包括：从公司整体利益角度出发来确定公司的所有战略发展目标是不是已经全部分解下去了，各个团队之间的 KPI 是否平衡，考评宽严度是否适当，各个团队的绩效评估是否遵循共同的价值导向。在确认以上要求都得到满足后，由公司层面高层班子成员审核通过后，开始正式实施团队 KPI 的考评。

经过上述六个步骤提取出来的团队绩效 KPI，既考虑了公司整体业绩的要求，也关注了各个职系的特性，同时取得了各个团队的认可，为下一步团队绩效管理打下了良好的基础。

(四) 平衡计分卡(BSC:Balanced Score Card)

平衡计分卡是由美国学者卡普兰(Kaplan)和诺顿(Norton)在1990年提出来的一种全新的理念,目前它也是比较先进的一种业绩评价方法。它在原有传统财务指标的基础上,接纳了新经济时代的多元化观点,从四个不同的角度来衡量组织的业绩,即财务、客户、内部流程运作、学习与发展。平衡计分卡的问世打破了传统的只注重财务指标的业绩管理方法,它要求企业从不同的角度去审视自身业绩。平衡计分卡的目标和衡量指标来源于组织战略,它把组织战略转化为有形的目标和衡量指标,是一个崭新的绩效衡量模式。

平衡计分卡不是一个绩效评估体系,而是一个将战略转化为行动的指导工具。它在确定企业总体目标和战略目标的前提下,将经营目标和主要策略转化为四个方面的指标,体现其特有的全方位的平衡优势。

1. 对团队整体绩效的考核。一个存在于企业内部又具有相对独立性的团队,同样适用平衡计分卡的评价模型。首先,要明确该团队是属于什么类型的团队以及团队的整体战略是什么;然后在企业战略的基础上,设计团队的平衡计分卡,将评价模型分为四个维度;再在整体战略的基础上根据每个团队自身的实际情况,结合市场信息设计出四个维度的绩效衡量指标。这样就可以为团队提供运作所必需的信息,并且使信息系统化,不至于过分庞杂。其中最重要的是,平衡计分卡将这些指标量化,对团队监控的有效性起到了很大作用。

平衡计分卡在团队中的应用,比起其他绩效测评模型更具优点。其优点主要体现在以下几个方面:(1)使用范围:平衡计分卡不论是在营利性组织(如企业)还是非营利性组织(如政府),不论企业整体还是存在于企业内部的某一团队,都同样适用。(2)发展程度:从20世纪80年代中期的思想起源,到现今的广泛应用,都为平衡计分卡引入团队绩效管理打下了良好的基础。这是其他任何一种测评方法所不具备的。(3)内容的详细程度:平衡计分卡在确定四个维度(财务、顾客、内部业务流程、学习与成长)的基础上,还分别对四个维度进行了详细的绩效测评指标的设置。另外,平衡计分卡作为一个动态的工具应该根据团队的具体情况作出相应的调整,因为在一定时期内,各种目标、指标和目的预期都会发生改变。

2. 对团队成员个人绩效的考核。在对团队成员进行个人绩效评定时,可以制作员工的个人平衡计分卡。根据团队类型及考核重点的不同,将团队的平衡计分卡进行细化，结合组织的整体目标和战略规划，由员工参与制订自己的工作目标和评估手段。个人平衡计分卡也应从财务、内部业务、客户和创新学习四个方面来设计指标，对团队中的成员个体进行考核。

个人平衡计分卡包括三个层次的信息：第一层是企业的总目标和评估手段；第二层是团队如何将企业的目标和评估手段转化成团队的目标、计划和具体的评估手段；第三层对于个人来说最为重要，主要提供个人对工作目标的阐述及其在近期内将如何表现以实现这些目标。员工可以为自己的工作目标制订评估手段，以实现团队的目标及企业的总目标。

团队成员在设计个人平衡计分卡时应发挥主导作用，这样可以充分调动员工积极性和归属认同感。在制订个人平衡计分卡的过程中，可以使团队成员加强对团队目标的认识，明白自己的行为会对整个团队的发展产生什么样的影响，增强整个团队的凝聚力。在团队工作方式下建立团队成员的个人平衡计分卡是必要的，个人平衡计分卡的考核对象是团队中的每个个体成员，用以评估每个成员在团队产出中所作出的贡献，这样可以在一定程度上缓解单纯以团队为绩效评估单位的考核方式给团队成员所带来的不公平感，提高团队成员的工作积极性。

由于团队工作方式本身所固有的信息不对称的特点，在实际的绩效评估过程中，要将团队层面的评估结果和以个人为考核单位的评估结果相结合，赋予二者不同的比重，使绩效评估在最大程度上做到公平公正，减少“搭便车”现象的产生。

采用平衡计分卡法建立团队关键绩效指标（KPI）体系，应遵循以下步骤进行：

（1）明确团队的目标。将团队的任务目标进行细化、分解，形成具体的、能定性定量分析的、可操作性强的绩效评估目标，并将该目标转化为各成员的具体任务及目标。综合考虑企业的长远目标和团队的任务目标，将其转化为平衡计分卡上具体的评价指标，这是以平衡计分卡法建立团队绩效评估的基石。

（2）确定团队平衡计分卡的绩效维度。企业业绩可以从平衡计分卡上的财务、客户价值、内部经营过程、学习与成长等四个维度来衡量，在建立团队关键绩效指标体系时，维度确定的原则可从以下几个方面来考虑：

①团队的目标。团队必须能够在预定时间内完成项目目标，并产出符合

预期的可测量的项目结果。该目标是团队关键绩效的努力方向和最终目标。

②团队的客户。客户的满意度是目标能否实现的最重要指标之一。只有充分了解客户的最新需求,提供最满意的服务才有可能。

③团队的沟通与协作。降低沟通成本,实现良好的团队协作是团队管理的必备前提,也是实现团队目标的必要条件。

④团队的学习与成长。知识型员工具备良好的学习能力,团队的学习能力与成长状况,对团队的绩效将产生深远影响,还会给团队及本人带来长期的能力绩效。它可以反映团队适应外部环境变化的能力,是提高团队沟通与协作能力的重要保障。

(3) 确定成员平衡计分卡的绩效维度。确定方法主要从以下几个方面进行考虑:

①成员的工作目标。由于团队内部的分工,将团队目标细化分解至具体成员。

②成员的工作职责。团队内每个成员的角色和责权都有非常明确的规定。团队成员明确自己的职责,及时、高质量地实现工作任务,是实现工作目标的前提。

③成员的工作过程。团队成员以知识技能、工作态度、合作程度为基础反映的工作过程,是完成工作职责的保障。

④成员的学习与成长。团队成员要善于学习,强调知识、经验的共享,项目集成的动态调整和以信任为核心的团队文化建设,促进自我完善和个体成长,提高应变能力。

(4) 设计团队及成员的关键绩效指标体系。应依据"任务分解"和"流程分析"等方法建立符合 SMART 原则的团队及成员的绩效评估指标体系,设计的体系应当是具体的、可度量的。团队任务目标经过分解形成团队绩效指标,再根据团队绩效指标对基于流程制订的关键业绩指标进行调整。通过分解团队任务目标,制订团队计划,并细分到岗位职责中。最后,利用流程分析制订关键绩效指标。

成员的关键绩效指标体系设计原则、设计步骤与团队类似。从指标层面和活动层面将团队任务分解到团队成员层次,利用流程分析制订关键绩效指标,利用流程分析界定团队成员职责,基于流程制订成员关键绩效指标体系,细化团队成员职责的全过程。

(5) 确定平衡计分卡考核维度与考核指标的权重。原则上应以团队目标、工作任务为导向，体现系统优化原则，向具有显著代表性的指标有所倾斜。成员个体绩效层面中每一成员绩效所占权重的确定，应以整体最优作为出发点和追求的目标，适当增加准确性高的考核结果的权重。同时，结合团队客观情况，通过对结果、行为和能力配以不同的权重实现对团队及成员的引导。

(6) 确定关键绩效指标体系的绩效标准。绩效标准的设定应当综合考虑团队、成员的工作目标以及以前的绩效水平，充分考虑其合理性，保证其客观、公正，按照指标体系中定性与定量指标分别确定。定量指标的绩效标准一般对该指标设定一个考核范围，定性指标则从客户的角度进行文字描述确定。各种绩效标准不应发生冲突，而应相互补充，构成一个完整的指标体系。

(7) 审核、完善关键绩效指标体系。关键绩效指标体系是否科学，考核效果是否符合实际，团队及个人对考核结果是否信服，这些都必须认真审核。针对考核的结果，与团队成员及时沟通，并根据反馈内容予以进一步完善。

采用平衡计分卡法实现团队的绩效评估，能充分考虑团队的特殊性，兼顾长期与短期、财务与非财务指标、滞后与先行指标、外部与内部业绩指标，既强调了结果，也对获得结果的动因、过程进行了分析，能全面、客观、及时地反映团队的绩效状况和战略实施的效果，对团队成员的评估也非常有效。

一个由平衡计分卡实现的团队绩效评估指标实现过程如图 6-5 与图 6-6 所示。

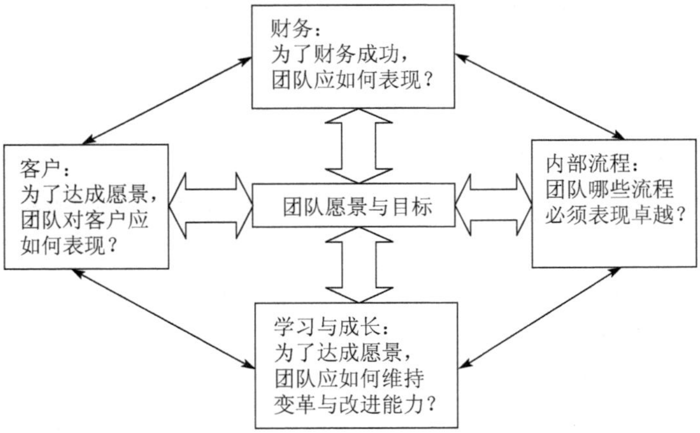

图 6-5　团队平衡计分卡

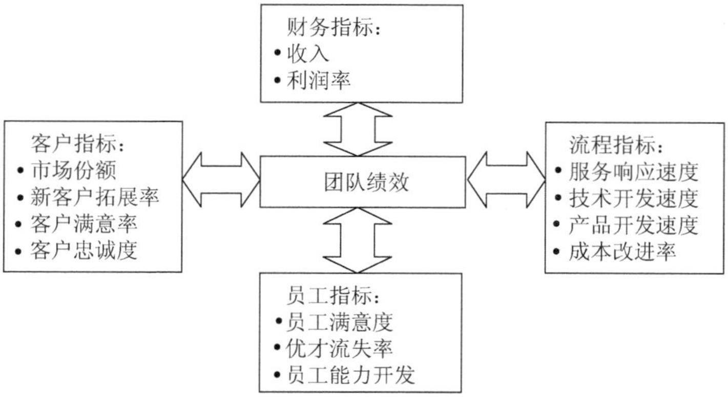

图 6-6　根据团队平衡计分卡创建 KPI

三、绩效评估的技巧

作为团队领导者，除了定期对员工进行评估、开诚布公地谈论已取得的成绩和存在的不足、一起制订下一阶段的工作目标外，要想取得绩效评估的良好效果，还必须掌握以下的绩效评估技巧。

（一）就事论事

当完成绩效评估后，对团队成员工作反馈的信息是批评时，应遵循的原则是：针对工作进行批评，不要对人的品质进行评论。作为一名管理者，任务之一就是设法使工作向积极的一面改进。为此，应该强调的是如何改进员工工作的质量。具体来说，可以从以下几个方面入手：

1. 找出工作中需要改进的地方。例如，不精确的数据，不够详细的具体措施以及错误的构思等。

2. 要遵循“事实胜于雄辩”的原则，与其说，“我觉得你并没有把工作做好”，还不如摆出事实，“我注意到你已经连续几个星期没有按时交报告了”。这样的效果一定比不具体的空话要好。

3. 不要从对员工错误行为的讨论上跑题，员工可能会把问题引向“你对我有成见”这一类的话题上。当然，正面评估员工时也要就事论事。

员工的工作表现有四大要素：员工的动机、员工的客观行为、部门对该行为的支持以及行为的结果。而这几种要素没有一项与员工的个性有关。

（二）“三明治”式的评估

“三明治”式的工作评估，指的是评价团队成员的工作时，可以选择三步走的做法：先肯定其工作成绩，然后再具体地指出工作中的不足，最后提出对他的期望，这就好比“三明治”一样，将批评夹在好评与期望之间，令下属更易于接受评估。将不好的评价夹在好评之中，巧妙而不失委婉，让被评估者心中有数，而又不至于大失面子。同时，评估下属工作成绩时，描述问题要力求准确，泛泛而谈是不能起到好效果的。

（三）平庸者不要奖励

在团队中，总会有一些工作平庸的人，他们从来没有什么新颖的想法，但给他们的任务至少还可以完成，他们从来不表示异议，也不要求用不同的方式做事。如果经常奖励这类人，其实是在否定评估标准。所以，在做绩效评估时，无论何时都不要奖励平庸者。

（四）避免“心理移情”

我们与人交往时，经常会无缘无故地对一个人心生好感，也可能对一个不认识的人厌恶至极。对于喜欢的人，愿意与其长久交谈，而且看其处处是优点，而对不喜欢的人却看什么都是缺点。这就是我们所说的“心理移情”作用。一些管理者也如此，对自己喜欢的员工时常赞誉有加，而对自己不喜欢的员工则往往吹毛求疵。作为一名优秀的团队管理者，在给团队、团队成员做绩效评估时千万要避免这种情况产生。因此，在对某些事情或个体员工进行评估之前，应准备翔实可靠的资料，全面回顾过去一段时间的工作情况，并且明确自己的态度，保持警惕，不让个人感情影响评估的公正性。

（五）不要一叶障目，要全面评估

一般来说，业绩出色的成员往往容易受到领导者的偏袒，而那些有过失记录的成员，在领导心中多少会留下一些不良的印象。但事实上，也许这些过失成员比那些暂时出色的成员更具有发展潜力。对某位员工的偏袒，虽然会给其带来信心及继续挑战工作的勇气，但是团队是属于每一个成员的，对某员工的偏爱，势必会让其他员工心存不满，打击了他们的积极性。帮助有过失的团队成员分析错误的原因，找到症状，恢复自信，走出消极的误区，一样能为团队创造佳绩。作为一名管理者，应该认识到，成员个人的成败是团队荣辱的组成部分，领导者的任务是不断地磨合好这个集体，增加集体凝聚力。

（六）坦率评估

调查表明，员工们倾向于高估自己的表现，如果上司的评价低于他们的估计，就会失望、不满。员工无视领导者的信息反馈，坚持高估自己的原因有两个：一是反馈信息不够详细具体；二是不愿意接受消极的反馈信息。因此，当评价不到位时，要及时解释清楚，缓和交谈气氛。团队成员习惯把自己表现不好的地方归咎于客观原因，如工作条件、工具、各种不合理的限制等。而领导者们则习惯将其归为主观原因，如不负责任、不够努力等。如果双方不能就原因达成一致意见，团队成员就很难接受上级的评价。

任务三案例介绍

MTL 公司大客户经理 KPI 体系的确定

MTL 公司是一家合资企业，创立于 1992 年。该公司主要生产紫外线固化树脂涂料（简称 UV 涂料），该产品能够对家电、摩托车、塑料、金属、纸张、竹木和精密电路等行业制品起到保护作用。因此，公司 92%的利润来源于应用这些产品的企业，具有典型的大客户营销的特点，其客户分为潜在客户、不稳定客户和稳定客户三种类型。公司分别成立了中南、西南、西北、东北、华北、江苏、浙江、上海、广东 9 个分公司，分公司设大客户经理、会计、销售人员、技术服务人员等岗位。大客户经理的主要职责是完成营销计划任务，进行市场开拓调研与客户维护、谈判、团队管理、财务控制等。下面以该公司分公司大客户经理的客户关系图为例，进行 KPI 设计。大客户经理的客户关系如图 6-7 所示。

该公司利用客户关系图来确定大客户经理 KPI 体系（见表 6-7）的步骤如下：

第一，绘制客户关系图。大客户经理的外部客户包括家电、摩托车、塑料、金属、纸张、竹木和精密电路等制造企业，内部客户为营销公司本部、公司财务部和所辖团队成员。

第二，根据客户关系图确定客户所需要的产品和服务，如销售额、营销费用、营销利润、客户投诉、客户数据库建设、市场调研、团队管理、供货准确率、服务支持、团队成员满意度等。

第三，将不同客户的相同或相似的需求项目进行归类，如对团队管理与团

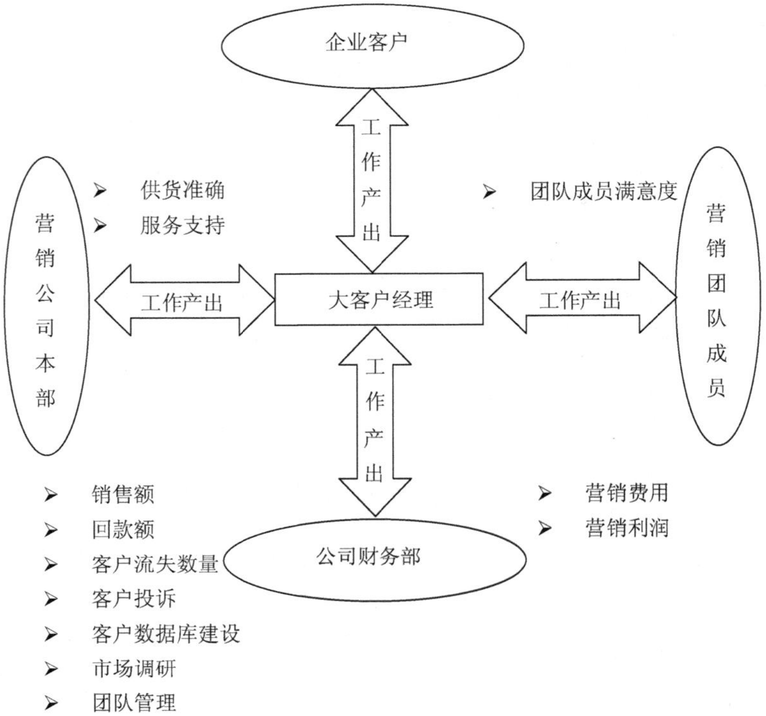

图 6-7　大客户经理的客户关系图

队成员满意度进行测评。

第四，确保每一个列出的项目都值得测评，分别从成本、数量、质量、时限这四个维度来进行归类识别。

第五，把客户关系图中所列的KPI重新进行命名，尽可能用精炼、准确的词来描述。

第六，根据以上步骤，最终确定大客户经理的KPI指标。

表 6-7 MTL 公司的分公司 KPI 体系一览表

测评维度	KPI 指标名称
成本	营销费用
数量	销售额
	回款额
	营销利润
	客户流失数量
	开拓新客户数量
质量	客户投诉
	客户数据库建设
	市场调研
	团队管理
	服务支持
时限	供货准确率

（资料来源：杨利新、黄辉，《采用客户关系图构建大客户经理的 KPI 体系》，参见《企业技术开发》2005 年第 6 期）

实训练习

平衡计分卡在团队绩效考核中的作用

一、A 公司销售安装团队绩效考核问题分析

A 公司位于西南地区，是成立于 20 世纪 90 年代初期的中美合资企业。公司的主要业务是生产、销售、安装改性沥青防水卷材。该产品在全国 21 个省、市地区各类重点工程中得到广泛应用。

A 公司的产品销售、安装工作由公司市场部全面负责。市场部根据公司产品销售的主要区域，成立了重庆、成都、西北、华南四个销售安装团队，销售安装团队及其成员具有以下特点。

1. 销售安装团队成员由销售人员与安装人员组成；销售人员的主要职责是收集市场信息、销售产品、回收货款；安装人员的主要职责是按照国家、行业及企业标准安装、铺设销售人员销售的防水卷材。团队成员具有互补的技能，

必须相互配合才能完成团队的销售安装任务。

2. 销售安装团队成员没有固定的工作时间与工作地点，由于工程地点不同，常常分散工作在不同的城市，主要通过电话、电子邮件、传真及有限的见面机会交流销售信息，协调产品运输、安装以及销售合同的审核。

3. 团队的每个销售安装工程由一至多个销售人员与安装人员负责，人数多少取决于工程量的大小与工程的难易及重要程度。

A公司的销售安装团队在公司发展初期，为公司迅速开拓市场、转变客户建筑防水观念起到了重要作用。自2000年以来，A公司销售数量、销售利润严重下降，其原因虽是多方面的，但是销售安装团队的绩效考核严重制约了A公司的发展。

第一，销售安装团队及团队成员绩效考核指标单一，没有完整的绩效考核指标体系。A公司根据生产能力与公司发展要求，每年给市场部门下达销售目标及新市场开拓目标，然而每个销售安装团队及团队销售人员没有具体的销售数量、销售利润目标。A公司及市场部只是将团队及团队成员的收益通过提成的方式与销售数量、销售利润联系起来，单纯利用利益驱动团队及团队成员的工作，这必然导致销售安装团队与团队成员工作行为的随意性，使公司的销售目标得不到切实的保障。此外，现行绩效考核指标(见表6-8)主要考核团队及团队成员一些片面的工作结果，并将考核结果作为进行团队及团队成员利益分配决策的唯一依据，从而导致销售安装团队及团队成员更重视短期行为，忽略了对公司长远发展非常重要的一些活动，如开拓新市场、提高团队成员能力、关注客户需求变化等，最终导致A公司在2000年后出现销售数量、销售利润下降的情况。

第二，A公司市场部没有完整的绩效管理系统，没有将团队成员、销售安装团队与市场部的活动有机联系起来，三者之间欠缺有效的沟通，团队缺乏凝聚力；销售安装团队的绩效管理缺乏有效的绩效辅导，团队管理者不了解也不关心团队成员的工作行为、工作过程，片面地认为产品质量加上利益驱动就能够解决销售安装过程中的一切问题。公司在销售环境、销售信息及其他特殊问题方面缺乏对团队成员的必要支持，销售安装团队成员不能及时发现问题、获得帮助，常常处于独立应对市场竞争压力的局面。

表 6-8 公司销售安装团队及团队成员现行绩效考核指标

	销售安装团队	团队销售成员	团队安装成员
绩效考核指标	年销售数量 年销售金额	年销售数量 每次销售单价 应收账款余额	单项工程安装漏水次数

二、A 公司销售安装团队及团队成员关键业绩指标(KPI)体系建立

根据对 A 公司销售安装团队绩效管理问题的分析,A 公司及市场部均认识到,必须改变绩效管理观念,建立有效的、与团队及团队成员特点相适应的绩效考核指标体系,并确定将增加销售量、提高市场占有率、稳定安装质量作为销售安装团队的主要目标,以支持市场部的整体市场目标。

依据平衡计分卡(BSC)及 A 公司销售安装团队的现状,建立团队及团队成员的关键业绩指标(KPI)体系。首先,建立销售安装团队 KPI 体系(见表 6-9)。团队的 KPI 标准是在充分考虑了销售安装团队的目标以及公司、团队的竞争力、外部环境等内外多个因素后加以确定的。

然后,建立团队销售成员与安装成员的 KPI 体系,团队成员的 KPI 体系是团队 KPI 体系的一部分或分解。

如前所述,团队销售成员的主要职责是收集市场信息、销售产品、回收货款、协助团队与其他成员的工作。因此,依据工作任务、性质,从平衡计分卡的四个维度建立了团队销售成员的 KPI 体系(见表 6-10)。团队销售成员 KPI 标准主要依据相关历史数据,结合销售成员的工作任务、工作职责确定。

团队安装成员的主要职责是按照国家、行业及企业标准安装、铺设销售人员销售的防水卷材,但并不需要对团队的财务指标承担直接责任。因此,依据工作任务、性质,从工作质量、客户、施工过程、学习与成长四个维度建立了团队安装成员 KPI 体系(见表 6-11)。团队安装成员 KPI 标准主要依据了各类安装标准、相关历史数据,结合安装成员的工作任务、工作职责确定。

团队管理中运用平衡计分卡进行绩效考核,能够全面反映团队及团队成员的绩效状况,有利于改善、提升团队及团队成员的绩效。但在具体运用时,必须以团队目标作为建立平衡计分卡的基础,并不一定必须包括平衡计分卡中的四个维度,可以多于、少于甚至不同于这四个维度。但必须依据团队目标及团队成员的工作任务,恰当地确定平衡计分卡的绩效考核维度与考核指标。

表 6-9 销售安装团队 KPI 体系

KPI 维度	权重	KPI	KPI 权重	KPI 标准
财务维度	0.30	年实际销售量	0.30	20 万 m^2
		货款回收率	0.30	80%
		销售增长率	0.20	10%
		年实际销售额	0.20	800 万元
客户维度	0.30	老客户年续约率	0.30	60%
		新客户签约率	0.30	20%
		客户满意度	0.25	有效回答客户咨询、及时解决客户问题、维持良好客户关系
		年投诉客户率	0.15	低于 5%
内部流程维度	0.20	工程一次达标率	0.30	90%
		工程维修率	0.25	5%
		市场推广度	0.20	积极参用多种形式，宣传公司与产品
		计划工期完成率	0.15	80%
		材料利用率	0.10	70%
学习与成长维度	0.20	成员满意度	0.30	有效协调成员关系，管理、配合成员工作
		主要成员保留率	0.30	85%
		成员流动率	0.25	20%
		成员年轮训率	0.15	70%

表 6-10 团队销售成员 KPI 体系

KPI 维度	权重	KPI	KPI 权重	KPI 标准
财务维度	0.35	年实际销售量	0.30	1 万 m^2
		货款回收率	0.30	80%
		销售增长率	0.20	5%
		年实际销售额	0.20	40 万元

续　表

KPI 维度	权重	KPI	KPI 权重	KPI 标准
客户维度	0.30	老客户年续约率	0.30	60%
		新客户签约率	0.30	20%
		客户满意度	0.25	有效回答客户咨询、及时解决客户问题、维持良好客户关系
		年投诉客户次数	0.15	低于 3 次
内部流程维度	0.20	工程一次达标率	0.30	80%
		市场推广度	0.20	积极参用多种形式，宣传公司与产品
		合同执行达标率	0.20	85%
		信息提供满意度	0.15	积极有效提供市场信息
		成员协作良好度	0.15	能够按照团队要求处理与团队成员关系
学习与成长维度	0.15	销售技能提升度	0.30	能够运用现代销售程序、手段开展工作
		综合能力度	0.30	具有一定的适应、分析、沟通能力
		营销范围提高度	0.20	每年至少在 2 个城市从事营销活动
		年轮训次数	0.20	2 次

表 6-11　团队安装成员 KPI 体系

KPI 维度	权重	KPI	KPI 权重	KPI 标准
工程质量维度	0.35	工程一次达标率	0.30	80%
		工程维修率	0.30	低于 4%
		工程平均维修次数	0.25	低于 3 次
		年实际安装量	0.15	1 万 m^2
客户维度	0.25	客户满意度	0.35	有效回答客户咨询、及时解决客户问题、维持良好客户关系
		维修及时度	0.25	获知维修消息，72 小时内进行处理
		规章制度遵守度	0.20	施工中遵守公司及施工现场各项规章制度
		年投诉客户次数	0.20	低于 3 次

续 表

KPI 维度	权重	KPI	KPI 权重	KPI 标准
施工过程维度	0.25	计划工期完成率	0.25	80%
		成员协作良好度	0.25	能够按照团队要求处理与团队成员关系
		工程安装美观度	0.20	施工外观符合行业、公司要求
		材料利用率	0.15	70%
		平均每天安装量	0.15	120m²
学习与成长维度	0.15	施工技能提升度	0.35	掌握行业、公司要求的各项施工技能
		综合能力度	0.35	具有一定的适应、分析、沟通能力
		成员年轮训次数	0.30	2 次

（资料来源：吴建新，《平衡计分卡在团队绩效考核中的应用》，参见《中国人力资源开发》2007 年第 9 期）

思考题：

请结合相关知识，评价该公司基于平衡计分卡建立的绩效评估指标有何优点和缺点。

综合练习

思考题：

1. 你是如何理解绩效和绩效管理的？
2. 团队绩效的含义是什么？
3. 团队绩效管理的操作流程是怎样的？
4. 如何构建团队绩效考核的指标体系？

项目七 营销团队协作案例评析

知识目标

◆熟悉营销团队的组建；

◆掌握营销团队的运作方法；

◆初步掌握营销团队稳固提升方法；

◆初步掌握营销团队改进方法。

技能目标

◆能确定营销团队目标；

◆能明确团队的角色及职责；

◆能初步运用营销团队的沟通方式；

◆能初步运用营销团队的激励方法；

◆能初步建设营销团队的团队文化。

项目七主要以华康奶业拓展北京市场为例，就营销团队组建、营销目标制订、营销团队沟通、营销团队激励进行解析。

任务一 营销团队组建

华康奶业是河北的一家民营企业，近年来发展迅速，对于北京市场，已经期望很久，苦于没有合适的销售团队管理人才，一直没有进入。2005 年初，公司经过慎重考虑，决定派遣优秀销售经理王东开发北京市场。王东已经在公司三年了，几乎是看着公司从小做到现在 1 个多亿的销售额。3 月 5 日，在公司总经理期待的眼神中，走马上任北京分公司经理。

作为初来乍到的新产品，王东很清楚市场开发的压力，他着手的第一件事是把几十个销售人员分成若干个小组组成多个营销团队，每组选一个销售经理；第二件事是把市场分成若干个区域，每个营销团队对应一个销售区域，把人员定岗定区域。

王东尽量按照能力、性格和年龄等优势互补的原则来组建营销团队。北京朝阳区营销团队的组建如图 7-1。

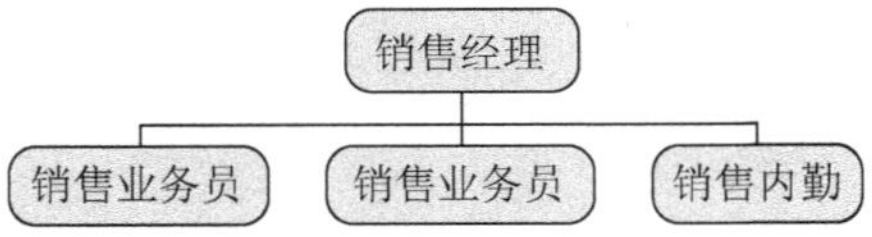

图 7-1　北京朝阳区营销团队结构图

各人员职责

销售经理：(1)负责销售部内部管理制度和流程管理；(2)负责销售部业务规划；(3)负责销售目标的达成；(4)负责费用管理；(5)负责营销策略的组织、实施；(6)负责团队建设；(7)负责销售部内、外协调。

销售业务员：(1)负责销售指标的达成；(2)负责市场拓展与维护；(3)负责信息收集及分析；(4)参与部门内部及对外的初步协调。

销售内勤：(1)负责销售部日常事务工作的管理；(2)负责售后服务管理；(3)负责信息收集与管理。

销售经理：丁磊，25 岁，男，毕业于上海交通大学，有一年快速消费品销售经验。他精力旺盛，但脾气火爆；行事果断，勇于接受挑战，有强烈的成功欲望，但对处理琐碎的事务缺乏耐心；反应快，能说善道，不高谈阔论也不拐弯抹角，一针见血，但总是忽略别人的感受；做事讲求效率，追求结果，是较好的领导人，也是要求高的行动者。

销售业务员：艾乐，35 岁，男，高中学历。他积极、爽朗、友善、外向、热情。他不喜欢重复、不能忍受一成不变，喜欢热闹、无拘无束；不能埋头苦干，喜欢抛头露面，重视地位和头衔；乐于与人亲近，人际关系很敏锐，能很快与别人建立关系，总是很注意别人的感受，口才好，是一个“社交者”角色。

销售业务员：舒谨，19岁，女，高中学历。她忠实、可靠、从容、有耐心和同情心。她个性谦逊温和，总是面带微笑；不喜欢独断独行，希望能获得清楚的指示和大力的支持；追求稳定，凡事先做好计划，然后按照计划行事；有点含蓄和害羞，比较被动，很愿意加入团队，但不愿意成为大家瞩目的焦点；很有礼貌和风度，尽量避免对立和冲突，希望和他人建立友好和信任的关系；很有奉献精神，忠诚度很高，是一个“支持者”的角色。

销售内勤：陈思，30岁，女，大专学历。她自律、刻板、保守、善分析、逻辑性强，是个完美主义者。她条理分明、思维严谨，很喜欢提出问题；不争强好胜，愿意听从指挥、按指令办事，且办事认真，不轻言放弃；实事求是，注意细节与流程，但缺乏灵活应变的能力；注重分析，常能洞察细微而具体的问题，但太重批判性，易被认为是挑剔、吹毛求疵。

小结：新型的营销团队必须能将个人能力转化成组织能力、将个人思维转化成组织思维、将个人的理性和激情转化成组织的理性和激情、将个人的创新转化为组织的系统创新，组织内的每一个成员都有共享的价值观系统。每个成员拥有自己的核心专长与技能，团队成员之间能力互补、职责分明、分工协作、信息交流无阻隔，要做到知识经验共享，并勇于创新、勇于自我超越。

任务二　营销目标制订

营销团队成立后，王东首先要制订营销目标。对于营销目标的制订与实施王东主要采用以下方式。

一、准备阶段充分沟通

在每一阶段工作结束后，团队成员做上期工作总结，总结的内容主要是对上期的销量目标及单项产品达成状况、竞品资讯反馈、市场状况等做一个综述，关键是找出上期工作中的问题，总结出所取得的成就，初步计划下期的工作内容及工作重点。同时，团队主管对全公司的销售情况也加以说明。

通过充分交流，公司上下层均能对市场环境有更充分的了解，在最大程度上消除信息不对称的现象，这是上下级之间相互理解、相互协调的前提条件。

总结之后，团队主管与其他有关领导一起共同协商，选择和确定自己团队的业绩目标，管理层在制订目标时根据所掌握的信息，要考虑到其他因素，如以往数据、行业趋势、竞争、特殊事件等内外部环境因素，运用 SWOT 分析、BCG 矩阵、回归分析等科学的方法和工具进行分析，最后制订期望水平适度的、可行性较高的团队目标。

与此同时，每个团队成员结合个人的总结与团队整体、公司的总结，重新分析自己区域的市场机会点与威胁点，其意义在于让员工理解公司的经营目标，并在公司经营状况的基础上，将自我目标与公司远景发展规划协调一致，在以后的工作中有明确的方向感。

小结：制订目标前，公司上下层一定要充分地沟通交流。

二、目标的初步分解

目标的分解过程遵循参与决策的方式，由上而下结合由下而上，共同参与目标的选择，并对如何实现目标达成一致意见。

假设团队的本期目标比上期增加了 20%，在团队会议上，每个团队成员首先将自己上期目标乘以 120%作为基准目标，然后每个成员可适当增加或减少业绩量来确定自己的目标。每个成员应论证业绩量增减的原因，对于要求减少业绩量的，可提出队员所在区域市场的困难，并就此提出解决办法；对于要求增加的，要与大家分享他是如何寻找新的业绩支撑点的。

参与决策可以大大鼓舞员工的士气，使员工们对自己选择的目标充满信心，这对于目标的实现非常重要。

小结：参与通过增强个人的勇气而对绩效产生积极的影响。参与决策的主要优点是能够引导个人设立更有挑战性的目标，如果目标难到足以使个人发挥出他的潜能，则此方法最有效。

三、营销目标深度分解

团队队员可结合自己的销售目标，分析公司下一期的工作方向与竞争策略，找出自己思路与公司经营思路的差异与分歧，分析其中原因（毕竟每个区域各有特点），在理解公司的经营目标后，在工作中有正确和清晰的方向感，在追求短期利益的同时，保证了公司长期战略的实现，并据此重新拟订下期的工作计划。

在目标深度分解过程中，最重要是从产品组合的角度出发。每个区域的产品组合、产品梯队与点公司的往往不同，这说明区域中某些产品还有很大发展空间，也需要区域市场与整体市场就产品组合与公司达成长期性的协调与平衡。在保证整体销量完成的同时，还得兼顾培养一些“明星”产品，以期将产品迅速培养成“金牛”产品，获得业绩新的支撑点。从长期来看，形成完整的产品梯队更具战略意义。

每个成员先将总业绩目标分解到每项产品，再将每单项产品的目标分解到每个客户身上。在产品品项与客户数目较多时，公司依据“80/20”法则进行目标分解，即往往20%的主要客户完成了80%的销售业绩；20%的产品销量占总销量的80%，因此要赋予这20%的客户和产品最高的优先级，通过这样的方法将目标的大部分先分解下去。当然条件允许的话，目标分解越精细，执行效果往往会越好。

小结：要使团队目标顺利实现，必须做好目标深度分解工作。

四、工作计划拟订

将目标分解的过程，也是业务人员思考每一个数据是怎样估计出来，以及如何去完成的过程。当目标分解完之后，业务人员对于下期的工作细节也就基本上胸有成竹了。随后根据每个细节的重要性与紧急性安排好自己的工作计划，并形成文字和表格，在执行时记载进度情况，业务人员也就是从这里开始走出“精细化营销”和“深度营销”的第一步。最后在确定工作计划的团队会议上，每人应就自己的计划与其他队员以及主管研讨，群策群力，博采众长，再次修正计划，增加计划的可操作性与执行效率，也让主管对工作有明确的了解，以便后期执行阶段进行监督与控制。

通过加强沟通和反复论证，团队队员既能站在战略的高度，从全局上把握区域市场与公司的发展方向，又能深入到实践操作的每个细节，提前对目标认识达成一致，这样在执行过程中，就能做到有的放矢，游刃有余。

小结：拟订计划，明确任务，便于后期监控。

五、营销目标实施

由于每一个人都有了具体的、定量的目标，所以在目标实施过程中，人们会自觉地、努力地实现这些目标，并对照目标进行自我检查、自我控制和自我管理。这种“自我管理”，能充分调动各部门及每一个人的主观能动性和工作热情，充分挖掘潜力，完全改变了过去那种上级只管下达任务、下级只管汇报完成情况，并由上级不断检查、监督的传统管理办法。

任务三　营销团队沟通

沟通的意义是传递与理解，完美的沟通是经过传播后，被接收者感知的信息与发送者发出的信息应完全一致。有效的沟通在营销工作中至关重要。

作为营销团队管理的核心，王东要做到及时汇总并公开成员传来的信息；定期了解各团队成员的工作状况，并提供必要的技术支持和后勤支持；此外，还能准确把握团队工作的近况，确定团队沟通的途径。

团队成员之间与团队领导之间应进行频繁、实时、互动的交流。频繁的交流有助于提高信息接收的准确性，及时的互动反馈有利于迅速解决存在的问题，也可以更清楚地接收对方发来的信息。这可以通过制订一些规则来实现，例如规定“碰面”时间、频率、讨论的议程等。

除了每周的例会，王东基本上每月都会请下面的员工吃饭。吃饭时，大家随意交流畅谈，把碰到的问题和烦恼都倾诉出来，再一起来想办法解决。此外，为了创造机会，使员工更好地随意沟通，每年王东还为员工及家属举办一次野餐会，席间大家可以随意交流畅谈，气氛热烈而融洽。

在工作中，王东尽量克服自己的缺点，让员工人尽其才，设身处地倾听员工意见并及时作出反应，支持并鼓励员工参与并分享自己的想法、感受及合理化建议。

和员工沟通时，如员工不愿意参与，王东会采用“夸听问讲”的方式鼓励他们参与。第一，强调他们参与的重要性，这是“夸”。例如，“哎呀，今天谁都可以不参加，就你不能不参加，你太重要了！”（让员工感觉自己很重要。）第二，表示理解他们的顾虑或者不情愿，这是“听”，要富于同情心，要设身处地听。第三，提出没有固定答案的问题，这是“问”。例如，“你对这事情怎么看？”第四，表达信心、强调积极方面，这是“讲”。讲的时候，要动之以情、晓之以理，帮助员工分析事实，并提出可行的建议。

小结：小团队的管理靠情感，大团队的管理靠规范。

任务四　营销团队激励

王东认为，激励就像一只诱人的“胡萝卜”，它时时在前方，只要你达到设定的标准，就会得到；但同时如果你违背了规则，那么，“大棒子”也会毫不客气地落在你的身上。如何让激励促进营销团队的发展，实际上就是如何在“胡萝卜”和“大棒”之间寻求平衡。

一、激励的原则：虚实结合+雷区管理

王东觉得激励机制是一个虚实结合的管理工具，就看你怎么运用，如何分步骤做到。作为高效团队建设中的重要部分，激励措施得当，营销团队的管理就会事半功倍，但前提是要明白团队成员在每一个阶段真正需要什么，并且知道如何通过激励去满足他们的需要。

产品上市初期，激励考核以稳定团队为中心。

在激励的原则方面，王东是这样考虑的。

虚：在任何一个组织里面，成员都会产生荣誉的需求，而这种需求就是一种“虚”的激励，是一种精神上的鼓舞。王东考虑每月通过评比，在公司设立光荣榜，把评比产生的优秀营销团队、优秀营销员等的照片贴上去，同时，对于连续评上优秀的个人和团队颁发证书。

实：首先是基本工资，要能够保证销售人员的基本需求，同时要根据每个阶段的侧重点不同，设立特殊奖励，并不可忽视营销团队完成任务后的激励。

在虚实激励之外，王东还考虑到违纪和没有达标时的处罚，违纪和没有达标就是闯“雷区”，这种管理也称为“雷区管理”。

王东确定激励的原则后，就开始思考激励考核的方法。作为营销人员，业绩是主要的；同样，作为一个营销团队，业绩也是衡量团队效率的主要标准。但仅仅考虑业绩是不行的，还要考虑业绩以外的内容，比如同事之间的配合、客情关系等。王东通过思考和自己多年的工作经验认为，激励考核的指标应包括两个方面：一是定量的考核，一是定性的考核。所谓定量考核，就是具体

的与销售有关的指标，以业绩为标准；所谓定性考核，就是行为考核，以能否遵守公司的制度、要求等为标准。

小结：高效团队激励的原则是：虚实结合＋雷区管理；考核的标准是：定量考核（业绩考核）＋定性考核（行为考核）。

王东知道，在华康奶上市初期，首先要打一场攻坚战，这决定着华康奶能否在北京生存发展下去。因此，发展初期的激励，必须以稳定营销团队为中心。于是，王东首先确定了这一时期的工作重点，进而确定了考核的原则和标准（见表 7-1）。

在产品上市初期，工作的重点主要是能否铺货到位以及产品在终端能否销售出去。基于这样的考虑，王东决定加大对重点网点开发的奖励力度，以快速形成销售网络，进而达到以点带面的效果。

表 7-1　2005 年华康奶业北京公司销售员工考核表

项目		考核标准	完成情况	分值比例	得分	备注
业绩考核	核心网点开发	每月最少开发 5 个以上，纯奶销售每天不低于 200 元，包括其他产品不低于 400 元		15		行为考核中同事关系和工作关系表现由上级主管直接评分，酌情处理
	普通网点开发	每天开发不低于 20 个，销售量在 30 元以上的网点		25		
	销售回款	回款完成金额		30		
	应收账款	应收账款不得高于 100 元，如无应收账款则为满分		10		
行为考核	考勤	每缺勤一次扣除 0.5 分，扣完为止		10		
	同事关系			5		
	工作表现			5		
雷区管理	业务	不按公司规定乱承诺客户政策，一次从总分中扣除 1.5 分				
	赠品	截留、骗取赠品一次扣除 1.5 分				
	客情关系	抽查考核中，如客户有负面说法，一次扣 1.5 分				
合计				100		

说明：

1. 基本工资与考核表中分值比例的关系：基本工资÷分值＝1200元÷100分＝12元/分。

2. 核心网点：是指每个销售区域人流量大的网点或者重点位置，经各区销售经理确认后才能够认可。

3. 核心网点的开发，每增加一个奖励100元。

4. 雷区管理中扣除的分数是从总分中扣除。

5. 工资计算方法：工资＝基本工资－考核没有达标扣除的工资＋网点开发奖励＋团队销售奖励。

在市场开发初期，王东保证了营销团队每位成员的基本工资1200元；同时，如果努力开发核心网点的员工，每人可以奖励100元。这些实实在在的、看得见的薪酬是基本保证。在此基础上，王东组织北京分公司市场部出版了《华康牛奶报》，其中主要的一个栏目内容就是《精英风采》，这里不仅仅是表扬优秀零售商的园地，同时也是优秀员工展示风采的园地。每月评出的优秀员工和优秀团队都会出现在《精英风采》这个栏目，这一措施不但让更多零售商了解了情况，也让优秀员工得到了精神上的鼓舞。而对于那些触犯雷区的员工，王东主要采取找其单独谈心的方式，寻找根源，做到有的放矢。

小结：在产品的上市初期，王东通过有效的激励措施稳定了营销团队，通过不断地表扬优秀员工鼓舞了士气，真正做到了高效团队管理中的虚实结合，为下一步的市场开发工作打好了基础。

二、市场快速发展期：加强雷区管理，建立高效团队

转眼之间，7月快到了，王东到北京已经四个月了，整个营销团队发展得还算健康，虽然中间各个团队之间出现过一些诸如窜货的问题，但在王东的协调下，都迎刃而解了。此时旺季已经到来，华康的销售也是芝麻开花——节节高。但在市场快速发展时期，也出现了一些王东没有遇到过的问题：一是各个营销团队变得不稳定，内部出现了不协调的声音，有人认为工资低了，有人甚至跳到了竞争对手那里了，还有甚者，居然截留货款；二是各个营销团队没有了当初的劲头，好像整个团队都懈怠了。

一天晚上，王东找到西城区的销售经理张志非，以个人的名义请他吃饭，实际是想了解一下团队究竟出了什么问题。销售经理直截了当地说出了其中

的原因：一是随着销售额的提升，各个销售人员的工作量在增加，而此时他们的待遇却没有大的变化，送货量的多与少都差不多；二是经过几个月的开发，网点已经基本趋于饱和，新的网点开发很难；三是之所以出现截留货款等违纪现象，是因为公司在这一块管理上不严格，这是一个很大的隐患；四是竞争对手的工资明显高于现在华康的待遇。

鉴于此，王东决定在激励方面重新调整，以适应当前的情况。基本原则是加强雷区管理，提升待遇，满足多劳多得的需求。很快，王东宣布了新的考核计划。

新激励措施的原则是：营销团队成员自己决定是否拿基本工资（目的是取消基本工资）。员工收入共分三类：一类是拿 1200 元/月的基本工资，第二类是拿 600 元/月基本工资，第三类是不拿基本工资。同时，王东还设计了不同的销售提成办法（见表 7-2）。新的激励措施实施以后，员工比原来的收入只会多不会少，真正体现了销售这个行业的特点——多劳多得。

表 7-2　2005 年华康奶业北京公司销售提成办法

类型	基本工资	提成（%）	假设月销售额（万元）	月薪酬（元）
有基本工资	1200	1	10	1200＋10 万×1%＝2200
有一半基本工资	600	2	10	600＋10 万×2%＝2600
无基本工资	0	6	10	0＋10 万×3%＝3000

这个激励措施实施前，王东做了调查，销售人员平均月销量都在 8 万元以上，这个以提成为核心的薪酬激励措施无形中可以提高员工的积极性。但纯粹提成的激励机制，王东知道有很多弊端，可为了稳定队伍，在旺季到来时能够成功占领市场，他不得不采用这种有些冒险的做法。同时，王东很清楚：如果过于在利益上寻找突破，管理显然就要加强。因此，团队成员要想拿到最终的月薪酬，就必须遵守公司的规定。新的绩效考核激励措施如表 7-3 所示。

表 7-3　2005 年华康奶业北京公司销售员工考核表

项目		考核标准	完成情况	分值比例	得分	备注
主要指标考核	核心网点开发	把普通网点培养成核心网点 2 个/月，所有产品销售量不低于 400 元/天		5		同事关系和工作表现由上级主管直接评价，酌情处理
	普通网点开发	每周开发不低于 5 个，销售量每天在 20 元以上的网点		10		
	销售回款	回款完成金额		10		
	应收账款	无应收账款，否则，每天按 5% 扣除滞纳金		5		
辅助指标	核心网点维护	核心网点能够保持基本销量		5		
	促销费用管理	按月初计划申请促销费用，超额部分自行承担		5		
	考勤	每缺勤一次扣除 0.5 分，扣完为止		10		
	工作表现	能否积极热情地工作		5		
	同事配合	配合程度		2.5		
	上级领导评价	综合各方面评价		2.5		
雷区管理	业务	不遵守公司规定乱承诺客户政策一次从总分中扣除 1.5 分		5		
	赠品	截留、骗取赠品一次扣除 1.5 分		5		
	客情关系	抽查考核中如客户有负面说法，一次扣 1.5 分		5		
	经销商库存	库存合理，不出现退货现象		5		
	价格	价格稳定，没有出现价格混乱现象		5		
	窜货	没有窜货现象		5		
	投诉	没有投诉现象		5		
	日常管理	没有执行公司政策，信息传递不及时；工作报表填写不及时；不服从公司管理		5		
合计				100		

说明：

1.假如月末某员工的提成工资是3000元，则他的工资与考核表中分值比例的关系为：提成工资÷分值＝3000元÷100分＝30元/分。

2.员工工资＝考核得分×平均分值＋其他奖励－应收账款滞纳金。如考核得分为90分，平均分值为30元/分，其他奖励为400元，应收账款滞纳金为20元，则他的本月工资为：90分×30元/分＋400元－20元＝3080元。

小结：这种以业绩为主的激励政策提升了整体销售，但造成了很多业务人员的短视行为，长此下去，必定会影响到整个市场的进一步发展。王东认为，不光要让业务员拿到一份不错的收入，还要给他们一个发展平台，进而成为一个全面型的人才。

三、市场稳定期：规范管理，在"胡萝卜"与"大棒"之间寻求平衡

10月以后，天气也变冷了，经过半年多的市场运作，华康奶业基本上进入了稳定期，该开发的网点也开发出来了，该铺的货也铺上了。王东知道，这个时期，是销售的一个稳定期，增量已经很吃力了。由于利益激励而产生的冲动已经渐渐淡去，作为北京公司的经理，他又面临着在市场稳定期该怎样去激励整个团队成员的问题。

为了使公司的激励政策进一步完善，通过了解，王东感到员工需要成长的空间，需要在能力方面进一步的加强，而他们在薪酬方面的需求已不明显。根据这种情况，王东的思路渐渐明朗。

一个周一的下午，王东召集了北京分公司的所有员工，就激励政策的变化做了阐述。其核心要点包括：

1.回归基本工资考核，调整基本工资为1600元(见表7-4)。

2.激励考核进一步完善。

3.启动优秀员工发展计划。

4.主管以上职位采取竞争上岗措施。

表7-4　2005年华康奶业北京公司销售员工调整后的薪酬

基本工资	提成比例(%)	假设月销售额	考核得分(%)	提成工资	月薪酬
1600	1	10万元	90	900元	2500元

说明：

月薪酬＝基本工资＋提成工资＝1600元＋提成工资(10万元×1%×90%)＝2500元。

与前期的薪酬相比，员工整体的工资好像少了，但实际上并不少。因为，此次调整后，员工可以得到更多无形的收获，比如公司将组织不同层次的培训；同时，连续三个月销售额在前5名的员工，可以获得参加公司出资的“职业经理人”培训班，培训班学费2600元。

这个激励政策出台后，遭到了少部分员工的抵制，这也是王东事先预料到的。王东的策略是，先安抚，从公司大局出发，如果还不能解决问题，就要拿公司的政策和规章制度这支“大棒”上纲上线了。当然，王东还是以动之以情，晓之以理为主。通过这种软硬兼施的方法，团队成员最后接受了现实，团队也走向健康发展的道路。

这个阶段考核的内容，主要指标和辅助指标是必须的。在此基础上，又增加了主观评价，使整个考核体系更趋完善(见表7-5、表7-6、表7-7、表7-8)。

表7-5　2005年华康奶业北京公司销售员工考核表

项目			评价标准	完成情况	分值比例	得分	备注
客观评分	主指标	销售	销售完成率		20		
		回款	回款完成率		10		
		销售费用	是否超标		5		
	辅指标	网点开发	新增网点升级(普通网点升级为核心网点)		3		
		老店维护	老店数量稳定率及销售回款稳定率		2		
		推广	促销及其他推广活动的执行能力		1		
		信息反馈	市场及竞品的市场信息收集和反馈		2		
		报表填写及管理	报表的真实性、准确性、及时性		2		
		终端展示	宣传品的摆放、产品展示、宣传点的发掘		3		
		客情表现	同终端各级人员的熟悉程度、友好程度、配合程度		2		
	态度	出勤率	每月法定假日及公司政策规定的休假除外的出勤率		2		
		同事配合	员工工作的配合程度及热情		2		
		工作执行力	对手头工作的投入程度和成果		2		
		同事评价	包括其他部门的一半看法意见		2		
		主管上级评价	对该员工工作态度的观察和打分		2		
	工作能力及素质	产品知识	对公司产品品种、规格、价格、特点、卖点的熟悉程度		2		
		岗位专业技能	客情能力、推广能力、回款实效、产品展示、宣传到位率等专业技能和沟通能力		5		
		销售方案理解与制订	对营销方案、政策的理解程度和自主制订有效方案的能力		3		
		工作建议	有效建议的表现和次数		2		

续 表

项目			评价标准	完成情况	分值比例	得分	备注
客观评分	雷区激励	客户库存管理	库存合理,没有缺货或者销售过期退货现象		2		
		业务往来	乱承诺各种政策,往来账目不清,影响市场发展		3		
		赠品	偷盗、冒领、截留、骗取赠品		3		
		投诉	因政策执行不到位造成客户投诉		2		
		价格	对区域出现"乱价扰市"情况而应对不及时造成恶劣后果的,怂恿经销商窜货的就地免职		3		
		泄密	泄露公司营销机密(方案、政策、品种、操作价格、公关、广告、事件等策略)		3		
		兼职	同时兼职其他单位工作		2		
主观评分	各部门考核	销售部考核得分	考核得分标准见各部门考评细则(表7-6、7-7、7-8)		4		
		市场部考核得分			3		
		行政部考核得分			3		
合计					100		

说明:

1.在平稳期的提成是固定的,假如月末某员工销售10万元,则他的提成为:10万元×1%=1000元。

2.员工本月工资与考核表中分值比例的关系:提成工资÷分值=1000元÷100分=10元/分,则员工的平均分值为10元/分。

3.主观评分为百分制,比如销售部对某员工的评分结果是90分,则他的最后得分为:90%×4分=3.6分,其他部门评分同上。

4.每月评出优秀员工10名,每人奖励200元。

5.其他奖励包括终端展示创新奖、最优建议奖、优秀员工奖等。

6.每月销售前5名的员工和每月综合评分前3名的员工可获得公司出资提供的"职业经理人"培训。

7.员工工资=基本工资(1600元)+考核最终得分×平均分值+其他奖励。假如考核得分为90分,平均分值为10元/分,其他奖励为500元,则本月工资为:1600元+90分×10元/分+500元=3000元。

表 7-6 销售部考核评价标准

部门	描述	评价标准					分值比例	得分	备注
		强	较强	一般	差	较差			
销售部考核部分	有胜任本职工作的文字和口头表达能力，具有处理实际问题的判断能力和应变能力						15		
	善于利用创造性的方法，增加销售量						10		
	善于发现工作中的薄弱环节并不断改进，善于及时提出合理化的建议						20		
	对工作不扯皮，不推诿，不敷衍；工作配合度高						20		
	对客户的协调能力						20		
	预算及时性，预算准确						15		
	遵守公司纪律						25		
合计							100		

表 7-7 市场部考核评价标准

部门	描述	评价标准					分值比例	得分	备注
		强	较强	一般	差	较差			
市场部考核部分	终端管理能力						30		
	市场信息上报的及时性、准确性						30		
	市场建议						20		
	市场费用的把控能力						20		
合计							100		

表 7-8　行政部考核评价标准

部门	描述	评价标准					分值比例	得分	备注
		强	较强	一般	差	较差			
行政部考核部分	出勤情况						25		
	相关报表填写、上交及时、同事间配合程度						25		
	言行举止、文明礼貌、个人仪表仪容						25		
	遵守公司纪律						25		
合计							100		

说明：

1. 评价标准中：强为 100%，较强为 90%，一般为 80%，差为 60%，较差为 50%。表中的得分为评价标准乘分值比例，如某员工市场部第一项评价为较强，则得分为：90%×30分＝27 分。

2. 各部门评分表由部门经理填写。

小结：市场稳定期的考核更加全面，各项内容更加均衡，实际要求的是对销售人员综合能力的全面检验，这是进行规范管理的有效手段。在激励方面，不仅仅是从奖金，更是从销售人员职业发展的角度进行调整，使员工在发展到一定阶段有提升自己能力的机会，进而让员工能够创造性地工作，稳定销售队伍，减少管理成本，增强市场的竞争力。

四、合理激励：平衡市场发展各阶段的需求

激励是高绩效团队建设中的重要部分，但是激励是一把双刃剑，如何利用团队成员的心理预期来不断调整激励机制，是团队领头人工作的重要部分。王东知道销售人员在每一个阶段的需求是不一样的，因此激励不能想当然地进行，而是要根据实际情况，通过挖掘他们的需求，运用适当的政策，激发销售人员的工作热情，完成市场发展中每一阶段的任务。

王东在市场发展的不同阶段，采用了不同的激励措施，又有所侧重：第一阶段是用奖金和薪酬来稳定团队，第二阶段是通过荣誉来鼓励团队，第三阶段是通过个人的发展前景来吸引团队的各个层级。这一系列激励措施的实施，有力地保证了华康奶业在北京市场的发展。

在产品上市初期，营销团队最需要的是稳定和销售人员朝气蓬勃的干劲。营销团队如果不稳定，每一个区域的销售人员总是调换，客户会很反感，他们和原来的销售人员还没有熟悉，或者刚刚建立信任，这时又来一个新的销售人员接替原来销售人员的工作，这样换来换去，已经建立的信任就有可能荡然无存。王东很好地把握了这一点，为了保证营销团队的稳定，他通过激发销售人员开发重点销售网点来提高他们的收入，并且每月在《华康牛奶报》上刊登优秀的销售人员名单对他们进行奖励，运用舆论的力量来增强销售人员的团队荣誉感和个人荣誉感，最终达到了市场开发的目的，建立了销售网络，为旺季的到来做好了铺垫。

而市场快速发展期则要求一鼓作气，彻底占领市场，巩固已有的成果。经过四个月的市场开拓，产品销售进入了旺季，旺季意味着销售人员要付出更多的劳动，如果他们觉得自己的付出和收获不相称，不满的情绪会迅速在团队中蔓延，在这个关键的时候，王东及时采取了措施，宣布了新的薪酬计划，激发了销售人员的积极性。显然这种以销售业绩为核心的方法存在一定的弊端，如果销售人员只是为了业绩而不去很好地服务客户，这样的隐患将会对后期的市场稳定造成很坏的影响，因为客户觉得你服务不好，他们就可以找服务好的厂家，这样一来，公司前期做的很多工作就白费了。王东深知这一点的重要性，所以他加强了"雷区管理"，使之在整个考核体系中，占到40%的比重，这有效制约了销售人员在销售过程中唯业绩是图的可能性。

在市场进入稳定期之后，对于销售团队来讲，这是一个很好的调整期，可以淘汰一些不合乎公司要求的员工，同时，为了长远发展的需要，必须培养一批后备的管理干部。在这一阶段，王东又一次调整了激励中的重要部分——薪酬，为了平衡销售人员的心理，他采取了系列有效的措施，比如实施优秀员工发展计划，让员工超越单一的薪酬，从个人职业发展的角度来考虑问题。这样一方面可以留住精英销售人员，另一方面可以淘汰只要薪酬而不要个人职业发展的员工。市场稳定期是整顿销售队伍最好的阶段，同时在整体的考核体系中，可以进一步完善各项指标，随着市场的发展，调动公司的各个主管部门参与其中，争取做到考核更加公正，使公司的发展走向正规化。

销售团队的激励，说到底是平衡各方面的需求，使之达到一种合理的状态。在市场发展的不同阶段，需要采取不同的方式方法，分清激励的重点、工作的主次，不断完善激励制度，使团队的成长循序渐进，并最终走向健康的发展道路。

相关案例·ST 整体厨房公司团队提升

ST 集团是一家多元化的耐用消费品企业，拥有家用电器、整体厨房和汽车等多家子公司，很多员工都因为自己能在 ST 公司上班而感到自豪。而作为 ST 整体厨房公司新任总经理的刘总却一直轻松不起来，也没有什么自豪感。

因为三年来，ST 整体厨房公司总是走在危险的边缘，公司总部规定凡业绩被列入行业第七位以后的子公司将被关闭，ST 整体厨房公司的业绩排名却一直在第六和第七位之间徘徊着，成绩总是不尽如人意。刘总前来接收工作的时候，他的前任对他说："如果总部不给增加费用预算，谁都不可能扭转 ST 整体厨房公司的亏损局面。希望你好运！"

刘总原来在 ST 集团总部的战略管理部门工作，对 ST 整体厨房公司的情况也有所了解。他的前任以及现任副总经理都是 ST 集团三年前从国有企业里挖过来的。副总经理做事小心谨慎，而刘总的前任则大手大脚、喜欢摆阔，两人经常意见相左。刘总希望自己能与这里的每一个人进行很好的合作。但到任一周以后，他发现，这里的一切远比他想象的还要糟糕得多。

ST 整体厨房公司亏损得已经三个月发不出员工的工资，总部也不愿意为这些事情买单。因为财务显示 ST 整体厨房公司是有钱的，但都在别人的口袋里，公司的应收账款创历史新高。同时，ST 整体厨房公司也拖欠广告公司制作费、媒体刊播费，因为这些广告公司不了解 ST 整体厨房公司的财务情况，所以很放心地继续为它服务，而没有前来讨债。让刘总大跌眼镜的是，这里的员工上班不准时，工作时间聚众聊天、玩扑克牌，根本不把公司制度放在眼里，甚至有人把公司的促销品当做福利。刘总问副总经理为什么不管一下这些员工？回答是现在待在办公室里的员工基本都是计划拿到工资就走人，他们并不是来上班的。他们觉得在这里收入微薄，工作环境险恶，工作时间长，在任职晋升体制中前途黯淡，这一切都使他们的士气跌到谷底。他们不把公司的现状向外说出去已经是最好的表现了。另外，刘总在这里上班一周以来，接到最多的电话是顾客投诉。

这一切让刘总喘不过气来，一下子面对如此多的问题，应该如何处理呢？从刘总到任的第一天起，各种问题就日夜困扰着他。最近，他获得消息，如果

ST 整体厨房公司今年的业绩冲不到前三甲，总部就算不关闭这家公司，也会把它卖掉。从知道这个消息的那一天起，刘总每次走进办公大楼时，脑子里就计算着：他还能在这儿待多久？他会创造奇迹吗？

早上八点，刘总已经走到了电梯门口，电梯指示灯显示八楼。“奇怪，谁会这么早来办公室呢？”公司是八点半正式上班，一般情况下除了刘总不会有人这么早就来到办公室的。正在等待和思考的片刻。“咚咚咚咚”，刘总看到业务部的罗经理跑了过来。

“刘总，早！”

“早上好，罗经理！你今天很早啊！”刘总有点不解地问。

“企划总监要我早点过来帮他整理促销品，说好是八点钟，我已经迟到了。”罗经理解释他早来公司的原因。ST 整体厨房公司的总体状况虽然糟糕透顶，但刘总却从这样的员工身上感到一丝欣慰。但他实在又想不出有这么好的员工在这里服务，为何公司的业绩就上不去。

“刘总，我有一个困难需要您帮忙。我们的一级代理商李总那边出了点问题，我看您非得过去一趟不可，目前，他在价格上一分也不让步。”罗经理的态度几乎是哀求。看来罗经理的问题不小，作为新来的管理者，刘总需要通过为部属解决一些实际问题来树立自己的形象，于是，他说：“好吧，我们星期三过去吧，你最好先和李总通一下电话。”

上了八楼，刘总和罗经理一同走进了促销品存放间。企划总监一个人正在那儿忙碌着。刘总一看到新进的促销品，脸上的笑容马上就消失，立即问道：“你怎么买这些茶壶啊，这种款式也太难看了吧？昨天我在商厦里看到一种杯子很漂亮，你怎么没把它们买来？”

“您不是同意我买这种茶壶的吗？我还问过您呢！”企划总监一脸的委屈。

“我看都没看到过样品，我怎么知道你说的漂亮茶壶却是这么难看！”话刚说出口，刘总就有一种莫名其妙的感觉，他不知道自己是在按正常的心态做事，还是特意在新的部属面前表示他严格的一面。正在这个时候，销售总监也走了进来，他和刘总打了个招呼，就拿起一只茶壶，说：“这茶壶样子不错，价格应该不便宜吧？”“不。虽然样子不错，但价格却特别便宜。昨天商场打对折促销销售，我就进了一批。”刘总一听，火气更大了，就骂了起来：“你还高兴呢，做事不动脑子的，尽买这些没有人要的滞销品。光廉价有用吗，我们要的是顾客喜欢的促销品。”刘总的骂声结束后，安静了十秒钟左右，销售总监走出了促销品存放间，又回到了门口说："刘总，商场里很多品牌都要打折销售，我获得的消息是他们将从明天早上开始打八折销售。估计要持续多久我也不知道。我们怎么办啊？要跟上吗？还是有别的措施？"

"这真是个麻烦！我能有什么办法？总部不但没有什么费用支持，连打折销售都不允许。先看着吧！现在不要去管它。""好的。"销售总监一听转身就走。

刘总回到自己的办公室里刚刚坐下。办公室主管就小心翼翼地进来，"刘总，我想和您说个事。"

"什么事？"

"您昨天扣了我一分绩效考核分，我想向您解释一下，其实前天晚上是售后服务部的人最后离开办公室的，灯应该是由最后离开办公室的人来关。所以，我认为……"

"不要说了，我还以为是什么大事，不就一分吗？对你的工资不会有什么大影响。再说你是办公室管理人员，你走时没有提醒他们关灯，不扣你的扣谁的？"办公室主管看到刘总不高兴，吓得赶紧溜了出来。其实她下班的时候已经提醒过售后服务部的人，可能是他们忘了。

思考题：

你觉得刘总的这种沟通方式恰当吗，为什么？如果你是刘总，你会怎么做？

刘总闭上眼睛，想着ST整体厨房公司以前经历的种种情景，发现公司里的问题主要表现为信息传达与接收之间存在沟通障碍，使计划无法获得正确实施；员工对企业目标认识上的障碍，它使员工看不到团队目标与个人目标之间的关系，员工干劲不足；员工团队协作的障碍，它让很多人的努力失去了应有的功效；激励制度极不公平，它令员工灰心丧气、士气低落；以及员工之间、员工与企业之间存在不同价值观上的障碍——随着思考的深入，刘总的思路越来越清晰。于是刘总决定从沟通方案开始。

想到就要做到。刘总是个行动主义者，他立即召集ST整体厨房公司的中高层管理人员开会。他说："通过这几天与大家的接触，我发现各位工作都非常努力，但同时我也发现大家经常因为沟通不良而做了很多无用功。今天，我请大家来，就是想听听我们在沟通上都存在哪些问题，我们应该如何解决？"刘总的开明让大家感到会议很轻松，经理们都踊跃发言。

行政总监说："在ST整体厨房公司里，不同部门、不同级别的员工之间沟通存在障碍是一个普遍现象，我认为解决的办法是根据员工的实际情况，传达更具针对性的信息，使信息简单清晰、生动活泼，便于员工理解。不要每个部门都用自己的专业术语、自己的习惯与他人沟通。"

"ST整体厨房公司从来就没有正式的沟通团队，而管理层已经分身乏术，我建议从各部门组织一些具有写作和创意才能的员工组成一个跨部门团队，同时利用外部资源进行沟通。"企划总监说。

销售总监说："不愿让竞争对手获悉公司的战略和绩效的解决办法不是把这些信息存放在高层管理者那里，而是尽可能多地和员工沟通，这样做的收益远大于风险。"

"目前公司小事就是电话、电子邮件，大事就是大型团体会议，我觉得这种过度依赖电子邮件和大型团体会议之类信息贫乏且冷冰冰的沟通渠道不太好，希望以后公司多采用小型互动会议及表彰会之类的媒介进行沟通。"一位业务经理说。

通过了热烈的讨论，最后，在管理层的共同努力下，ST整体厨房公司制订出了高水平的、详细的沟通计划，并使用多种媒介反复传递信息，将所有可利用的渠道都利用起来了。从各种渠道按照传递的信息量从最丰富到最贫乏依次排列是：员工会议、小型团体会议、培训班、电子邮件、大型团体会议、录像、公司快讯、宣传手册和企业内部互联网。

沟通方案实施不久，又有员工陆续给公司提供了不少反馈意见。根据这些反馈，他们又改进了沟通方案，同时还起用了"聚光灯管理"方法，推进、确保各种方案和任务的实行。并决定每季度都要针对员工的战略意识做一次调查，调查结果要在人力资源部门的公告栏上公告，以此衡量所有员工在工作、学习上做得怎么样。

评估反馈显示，着重于将战略和员工个体联系起来的小型团体会议是最高效的，这可通过一个例子来证明。在一次以项目指南为核心议题的管理会议上，ST整体厨房公司举行了两次分组讨论，第一次是关于"沟通战略"的，第二次则聚焦于"战略与个人"。两次讨论都收到了非常正面的反馈，相当多的与会者甚至觉得第二次讨论，在诸如有效性、趣味性和实用性等方面都超出了他们的期望。一位与会者评论道："将来应该召开更多这样的讨论。它帮助人们参与到公司的各项目中来，并指导他们如何与他人交流。"

考虑到管理层曾经在是否改变一贯的会议形式，是否接纳互动型的分组讨论上犹犹豫豫，这些结果的意义就更为重大了。这也是ST整体厨房公司第一次将会议的焦点放在战略上。很明显，员工的战略意识在稳步上升。

思考题：

如何才能使沟通无障碍化？

虽然员工之间、部属之间、部门之间在沟通上有了很多的进步，但刘总也注意到，整个团队成员工作起来还是不太有激情，而且还经常听到有员工唉声叹气，甚至有相当一部分人在这儿上班像是为了混日子，得过且过，看不到他们有丝毫的上进心。于是，刘总从管理层开始着手实施“目标”讨论会。通过目标讨论会活动，整个ST整体厨房公司的员工都很兴奋，显得激情高昂。他们整个团队从来就没有这么热闹过。员工们在结束了“目标”讨论会后，都还沉浸在激动的氛围中，每个人都在憧憬着自己的目标，好像这些目标明天马上就可以实现。更重要的是他们的目标不再像以前那样是虚无缥缈的，而是很实际的，它将和公司的目标一起获得实现。

通过“目标”讨论会活动，每位员工都认为他们可以比以往做得更好，公司的业绩应该能走到行业的前列。而且自己的收入也可以比以前有更多的提高。他们突然发现自己两三年来，白白浪费了好多时间，因为他们原来可以做得更好，只是当初没有想到，也没有人要求他们这么做。当他们按每日销售量指标分配各门店和分销商的销售量以后，发现完成每天的任务并不是很困难，有的甚至还觉得很轻松。所以每个人都自觉地把自己原定的目标提高了好多。

但是，在接下来的日子里，刘总并没有获得意想中的结果。刘总终于很深刻地理解了“桥归桥，路归路”这句话的含义，即激情终归只是激情，行动终归是行动，这两者是完全不同的。时间已经过去一个多月了，刘总还是没有看到有一个人能把那天会议上的激情转变成产生业绩的行动。公司里除了原来的几个业务员能真正为公司创点效益之外，其他人的作用都不是太大。于是，刘总又召集各部门经理开会。大家都一致认为他们每个部门都努力了，就是其他部门没有配合好。销售部说，产品总是出质量问题，企划部的广告片制作得不好，售后服务也不及时，这都影响他们的业绩；售后服务也责怪起来说，有质量问题的产品太多，他们根本来不及服务，而且，销售人员为了业绩，经常过度承诺，这让他们雪上加霜；企划部门不服气，也站起来辩解说，销售部老是不按方案执行市场营销方案，做起事情来全都按自己的意愿行事，广告效果不好又来责怪他们，真是不公平……“好了，我知道了。”刘总实在听不下去了，他说：“我们能不能换个角度来考虑问题？比如想办法与相关部门合作，而不是整天去说别人的问题，大家都互助合作，而不是各自单干。”

接着，刘总给大家讲起了鸭子的协作精神：所有的鸭子都愿意接受团体的游动队形，而且都实际协助队形的建立。如果有一只鸭子落在队形外面，它很快就会感到自己越来越落后，由于害怕落单，它便会立即回到鸭群的队伍中。鸭子的领导工作，是由群体共同分担的，虽然有一只比较大胆的鸭子会出来整队，但是这只带头的鸭子疲倦时，它便会自动后退到队伍之中，然后几乎是在难以察觉的情况下，另一只鸭子马上替补领导的位置。而在队形后边的鸭子不断发出鸣叫，目的是为了给前方的伙伴打气激励。更重要的是，鸭子努力划脚的时候你是看不见的，你能看到的永远只是它们那优哉悠哉地游动的样子。这和优秀团队的运作很像，他们的脚在水面之下拼命划，你是感觉不出来的，除非你加入了他们的团队之中与他们一同工作。否则，如果你只能看到他们露出水面的悠闲身影，然后就学他们的样，他们优哉悠哉你也优哉悠哉，结果就是你会被别人远远地抛在后面。

最后，刘总说：“革命尚未成功，同志还需努力！我们要向鸭子学习协作精神，我们一定能成功！”大家也一起握起拳头高呼：“团结协作，我们一定能成功！”

确实，自此各部门之间的配合与协作比原来顺畅了许多，而且大家都能原谅别人的过错，并给予宽容。一个月下来，在产品质量、广告宣传、服务成本等方面都没有改变的情况下，整个公司的业绩竟然获得了大幅度提升，在某些市场甚至有冲到前列的趋势。

小结：从制订目标到看到成果，这一过程中需要团队有很好的协作精神。

刘总到 ST 整体厨房公司上任已有半年，并且取得了不错的成绩：公司的应收账款已近乎为零；公司也不再拖欠相关合作单位的各种费用；此外，公司在整个华东市场的占有率已经升到前五名，销售额与第四名不相上下。

人类自古就有“共苦容易，同甘难”。中国企业更是如此，ST 公司也不例外。当大家形成一个利益共同体，在向目标奋斗的过程中，每个人都非常努力，不分你我，不计得失。但在快要成功时，人们便开始患得患失，注意力开始从向目标奋斗的行动中转移到如何分配即将到手的成果上来。结果便在快要到达成功的“沸点”时熄火了，所有的努力也因此而付之东流。

幸好，刘总已经意识到这些问题对企业的危害性，因而及时地采取了激励措施，顺利地把ST整体厨房公司推向了成功的舞台。

由于前期开展的各项工作都做得比较扎实，ST整体厨房公司的各个部门也都不同程度地获得了一些可喜的成绩，公司接连开了几次庆功会。但在庆功会散场时，刘总的耳边听到一些不满的声音。这让刘总意识到自己在对团队的激励方面做得实在不足。于是他重新修改了激励措施：首先，改变了ST整体厨房公司一贯的“公平、同等”激励原则，重新实施了新的激励政策，即“要公平，必须不同”，相同了就是不公平。他深刻地认识到：在不同的区域或者不同的部门工作，获得同样业绩所付出的努力是不同的，因为他们面对的困难是不同的，因此，对业绩相同的人激励方式应该不同；而在接受同等激励的人中，每个人的需要不一样，也需要对他们进行不同形式的激励，才会获得预期的效果。在实施激励的过程中，刘总发现讲究激励的方式方法极其重要。比如，同样奖励一位非常优秀的销售经理十万元，不同的激励方法会获得完全不同的效果：如果你把十万元装在一个信封里，在表彰大会上郑重地放到他手里，他回到家里打开一看，心里可能会想：老板真小气，帮助赚了几千万，才给我十万元。因为这个时候，这位经理除了关注奖金的数额，其他一切都会被抛到九霄云外。如果稍微改变一下方式，在表彰大会上给的信封里，只装八万元，然后在表彰会结束后，把这位优秀经理请到办公室，对他说：“公司非常看重像你这样的优秀经理人，也非常感谢你家人对你工作的支持。考虑到你常年在外为公司奔波，冷落了妻子，也没时间看望父母，因此，公司决定拿出一万元来感谢你的妻子，感谢她对公司的支持，这是公司的一点心意。另外，这一万元送给你父母，感恩于他们为公司养育了你这么一个优秀的人才。”同时，刘总又召集管理层，制订了激励制度，制度规定：管理层在进行激励时一定要让大家知道发生了什么，不要因为奖励某个员工而影响了团队，也不因为团队而得罪了某个员工，一定要处理好个人与团体的关系……

有效的激励措施，使公司大受裨益，一下子从行业第二梯队冲到了第一梯队。

小结：有效激励是团队提升的助推器，团队领导者一定要根据不同对象采取因人而异的激励措施。

通过近一年的时间，ST 整体厨房公司的业绩已经获得了明显的提升。但“百技不如一诚”，在竞争对手的重拳反击下，整个队伍还显不够沉稳。刘总也知道，企业要获得更高层次的竞争力，要把团队推向更高境界，团队文化不得不修整。

刘总看着办公室墙上挂的 ST 整体厨房公司的价值观：“诚实、诚信、认真、超越”，感觉说得挺好，但不知道员工是如何想的。他走了一遍办公楼，除了大厅、餐厅、复印室及大楼里所有的公共场所，大多数管理人员和经理的办公室里都挂着，一共是 18 份。但当刘总与中层管理人员沟通时，一位部门经理却肯定地说，他从这些文件旁边走过数百回了，可是没有一次注意到它们，更不用说别人了。

问题很明显，ST 整体厨房公司的员工们根本就没看见这些价值观，更别说奉行了。

刘总认为，真正的领导艺术，是让员工主动想要跟随管理者，而不是强迫他们跟随，组织一个团队的最好方法，就是找到员工主动和管理者同时认可的价值观。

于是，刘总在一个星期五上午召开中层管理者会议。

人都到齐后，刘总宣布了会议的两项议程：一是为了让员工更多地了解他自己，要安排总经理自我剖析特别会议；二是让大家共同讨论一下公司和个人的价值观问题。

刘总的自我剖析结束后，他说：“我和你们中的大多数人在一起已经有好几年了，但可能彼此仍然不够了解。所以，我想知道，你们在工作之外喜欢做些什么？”

随后大家各抒己见：有人谈到喜爱狗；有人喜欢在休息的时候做些园艺；有人喜欢登山训练，梦想成为一名登山运动员；也有人是彩票狂热者……

就这样谈了 40 分钟，刘总决定进入下一个阶段，挖掘得更深入一点。

“我们做营销的动力是什么？”

“我认为是想要把握自己的命运。”有人回答说，“我们在工作时，既督促着每个人，也对自己的表现提出了较高要求。营销也一样，应该是一种责任。”

刘总在白板上写了责任。依照这样的程序继续下去，他让每个人畅谈了为什么他们工作之外的兴趣是重要的。每次当一个人解释了他的理由之后，刘总要求团队的其他人推导这些原因背后的价值观。不到半小时，他就在白板上写了32个价值观：责任、平衡、培养、独立、成就、超越、商业成功、公平、尊重、勤奋、诚信、优秀、精确、信赖、灵活、简单、个人成功、友善、幽默、乐趣、家庭团结、团队精神、努力工作、沟通、奉献、信任、客户满意、可靠、远见、创造力、信心、受到关注。

刘总解释说："不管你走到哪里，你总是同一个人。你工作的时候，同你在家和游玩的时候，没有什么区别，除非你精神分裂了。因此，你的行为反映了你对生活的态度，你的态度是为你的信念服务。这些态度和信念来源于对你而言更为重要的东西，那就是你的价值观。我们的价值观决定了我们经营方式的全部，包括我们如何雇佣员工、如何奖励员工、我们同客户之间的关系、我们的服务哲学、我们如何相互影响等。"

刘总在价值观清单的旁边画了三个方框，并在里面写上："价值观""信念和态度""行为"。"价值观"决定"信念和态度"，"信念和态度"决定"行为"。他解释了这张图表的前因后果，并着重强调这里的"决定"是双向的：行为为你的态度服务，态度又为你的信念服务，而你的信念建立在一个很重要的层面——你的价值观之上。

刘总指着会议室墙上挂着的加框文件，ST整体厨房公司价值观18个复本中的一个，说："没错，它们曾经是ST整体厨房公司的价值观，虽然它不是由团队共同创造的。不过，ST整体厨房公司原来的价值观有两个没有列在刚才我们所说的清单里，所以，我想把它加入到清单里面来。"

面对长达34条的价值观清单，刘总推荐了一个办法：每个人可以投3票，可重复选择相同的价值观。

最后，结果出来了。刘总选择了5个得票最多、最受赞许的价值观：客户满意度、信任、沟通、超越、尊重。这些价值观考虑得很周到，与会者都表示同意。

最后，刘总要求整个公司的员工都参与进来，确认这些价值观，限时三天。作为ST整体厨房公司的总经理，刘总给所有的员工发了一封电子邮件的问卷，邀请员工发表评论，提出新的价值观。

对此，刘总和管理层还确定了三个基本原则：让每个人都参与进来，建立一套更多员工认可的价值观；必须明确地沟通公司所期望的行为；监督并奖励正确的行为。

又一个星期五的上午，大家都聚集在会议室里，会议一开始，刘总就公布了员工讨论的结果：超过90%的员工在24小时内就回复了，并且，很多人的价值观增加到6个：客户满意度、信任、沟通、超越、尊重和诚实。

接下来必须要解决的是如何在整个公司里建设这个以价值观为基础的文化。经过讨论，决定把管理层分成四组，每组负责提出一个解决方案，下次会议时讨论这些解决方案。

会议如期举行，四个小组都拿出了让人满意的解决方案。

第一组将核心价值观作为工具运用，他们希望能够一起建立一个新的以价值观为基础的远景。

第二组建议通过公司的内部网络，收集员工们的价值观，并将这些价值观与公司的核心价值观整合、统一，然后，再传达公司的核心价值观和远景目标。

第三组让整个团队评价他们的沟通计划母本。这个母本涉及了三个层面：信息、听众和沟通平台。他们全面分析了谁需要了解ST整体厨房公司的价值观、愿景和任务，然后得出结论，存在五类主要的听众：客户、员工、股东、同行业以及普通大众。

最后，第四组提交了一个奖励和认可机制，以契合其他人已经展示过的成果。他们设计了一种新的工作描述格式，把价值观的描述建立于其中。此外，他们还做了一张很大的墙面海报，上面写着"在这里我们如何做事，为什么这样做"。这样，公司的文化就得到了明确的定义。

更重要的是，第四组还详细制订了针对工作职责与行为方式的相应奖惩机制：奖励承担工作区域职责和符合公司价值观的行为，处理和规范那些违背职责、公司价值观及公司文化的行为。

中午时分，员工们不仅列出一个全面的价值观启动执行计划的纲要，而且在此过程中也得到了快乐。自始至终，他们的做法体现了核心价值观中的各个要素：信任、尊重、客户满意度、沟通、诚实和超越。

接下来的日子里，整个ST整体厨房公司的员工因为这些共同的价值体系而团结成为整体。在共同价值观的指导和规范下，团体精神也形成了，团体精神愈强，则凝聚力就愈大。

现在的ST整体厨房公司，价值观已经形成了一面旗帜，它能极大地激发员工高昂的斗志和参与企业建设发展的积极性。它能使员工把自己的思想、情感、行为与整个企业联系起来，自觉地把个人生命融入企业的生命，把个人目标统一于企业的发展目标，达到一种"整体效果"。员工与企业有了一种息息相关的命运感以及同甘共苦的归属感。在实践中员工们已经认识到，企业的兴亡和发展必然影响到每一个员工的幸福和发展，并在下意识中将自己与企业融为一体，为企业的兴衰起伏，相应地表现出自豪喜悦和痛苦悲愤的情感体验，从而也树立起"企业荣则我荣"、"我与企业共存亡"的理念。这种理念增强了员工为振兴企业献身的事业责任感和使命感。这是形成凝聚力的直接动力。有了强烈的事业责任感和使命感，企业的员工就会充分发挥个体的主观能动性，从而使企业凝聚力发挥出积极的作用，这种强烈的事业责任感和使命感，使企业员工自觉以主人翁的态度来关心企业的发展，以主人的身份从事各自的工作。

为了帮助ST整体厨房公司更上一层楼，刘总借机加强了教育这一环节，通过开展形式多样的教育活动，利用各种宣传媒介与教育手段，结合行业形势，加强对员工的集体主义、合作精神教育，加强有利于凝聚力形成的文化心理、价值观和发展目标的教育。同时，为ST整体厨房公司引入良好的竞争机制，增加形成企业凝聚力的外部刺激因素，使员工们更加努力，更有危机感，从而激发潜在的热情。

从刘总上任的第一天算起，总共十一个月，ST整体厨房公司在整个华东市场，不管是销售量还是销售额，业绩都是名列第一。

小结：价值观成就凝聚力，凝聚力成就高绩效团队。（有改编）

（资料来源：http://www.360doc.com/content/07/0607/14/3680_543875.shtml，http://www.chinavalue.net/Article/Archive/2008/3/1/101650_10.html/）

实训练习

营销团队协作训练

1. 实训目的和要求：通过该项目的实训，让学生学会组建团队、合理分工协作，学会克服困难、解决问题，并提高沟通协调等多方面能力。

2. 实训内容：结合实战教学体验营销项目的实施，完成市场调研、采购商品、营销策划及实施、总结、提高等全过程。

3. 实训步骤：

(1)依托学生销售公司编制，进行小组组建及分工。

(2)营销团队实战运营，并拍摄主要实施过程。

(3)课内 PPT 汇报展示。

4. 实训方式:课内课外相结合。(见表 7-9)

表 7-9 评价表

小组序号:			学生姓名: 学号:		
小组成绩(教师评价或小组互评)			个人最终成绩		
任务及标准	满分	得分	项目及标准	满分	得分
任务完成	10		小组分解得分	40	
活动创意	10		个人角色及执行	20	
小组沟通	10		代表发言陈述	10	
合作情况	10		讨论发言	10	
			友好互助	20	
合计	40		合计	100	
评价者:			评价者:		
评价时间: 年 月 日			评价时间: 年 月 日		

综合练习

营销团队专题营销训练

1. 实训目的和要求:通过该项目的实训,使学生能组建好团队、合理分配角色、并能处理解决好团队的领导和执行力、矛盾和冲突等问题。

2. 实训内容:依托专题营销实战项目,完成团队协作相关事项。

3. 实训步骤:

(1)学生 8 人为一团队。

(2)拟定公司名称,创建公司文化,设立公司目标,制定绩效管理方案。

(3)团队讨论项目,确定方式和场所在课后实施,并拍摄下来。

(4)课内 PPT 汇报。

4. 实训方式:课内课外相结合(见表 7-10)。

表 7-10　评价表

小组序号：			学生姓名：　　　学号：		
小组成绩(教师评价或小组互评)			个人最终成绩		
任务及标准	满分	得分	项目及标准	满分	得分
任务完成	10		小组分解得分	40	
活动创意	10		个人角色及执行	20	
团队沟通交通	10		代表发言陈述	10	
团队合作情况	10		讨论发言	10	
			友好互助	20	
合计	40		合计	100	
评价者：			评价者：		
评价时间：　年　月　日			评价时间：　年　月　日		

参考文献

[1] 姚裕群.团队建设与管理[M].北京:首都经济贸易大学出版社,2009.

[2] 付亚和,许玉林.绩效管理[M].上海:复旦大学出版社,2008.

[3] 徐芳. 团队绩效测评技术与实践[M].北京:中国人民大学出版社,2003.

[4] 王丽娟,何妍.绩效管理[M].北京:清华大学出版社,北京交通大学出版社,2009.

[5] 马蒂・布龙斯坦.团队管理[M].北京:机械工业出版社,2007.

[6] 李惠波.团队精神[M].北京:新华出版社,2004.

[7] 哈佛商学院出版公司.团队管理[M].北京:商务印书馆,2009.

[8] 张国才.团队建设与领导:合力制胜[M].厦门:厦门大学出版社,2005.

[9] 阿代尔.团队建设与激励[M].北京:机械工业出版社,2006.

[10] 付伟.团队建设能力培训全案[M].北京:人民邮电出版社,2011.

[11] 阿杰.领导力[M].北京:中国三峡出版社,2010.

[12] 王青.团队管理[M].北京:企业管理出版社,2004.

[13] 宋振杰.团队领导[M].北京:北京大学出版社,2007.

[14] 兰西奥尼.团队协作的五大障碍[M].北京:中信出版社,2010.

[15] 约翰・巴尔多尼.卓越领导者激励团队的50种方法[M].北京:现代出版社,2011.

[16] 陈永亮.团队执行力[M].北京:北京大学出版社,2009.

[17] 罗杰・道森.优势执行力[M].重庆:重庆出版社,2010.

[18] 连云尧.实战执行力[M].厦门:鹭江出版社,2009.

[19] 张锡民.打造员工执行力[M].北京:北京大学出版社,2008.

[20] 科尔基特,勒平,韦森.组织行为学:提高执行力和承诺的要素[M].北京:北京大学出版社,2009.

[21] 张梦初.如何落实执行力[M].北京:中国经济出版社,2009.

[22] 经理人培训项目编写组. 培训游戏全案[M]. 北京:机械工业出版社,2010.
[23] 余世维. 打造高绩效团队[M]. 北京:北京大学出版社,2009.
[24] 哈里森·斯诺. 团队建设游戏教练手册[M]. 北京:企业管理出版社,2009.
[25] 戴天宇. 超越执行力——科学管理,从科学的制度设计开始[M]. 北京:清华大学出版社,2010.
[26] 淘金. 团队建设与管理[M]. 广州:暨南大学出版社,2010.
[27] 常亮中高层培训网. http://www.ceo—m.com.
[28] 侯军伟. 销售团队激励:在"大棒"和"胡萝卜"之间寻求平衡[EB/OL]. http://www.360doc.com/content/07/0607/14/3680_543875.shtml.
[29] 黄忠贤. 管理七剑应用案例:一个企业的完美拯救[EB/OL]. http://www.chinavalue.net/Management/Article/2008-3-1/101650_5.html.